张文显法学文选 卷七

司法理念与司法改革

张文显 著

Judicial Ideas and
Judicial Reforms

法律出版社

出版说明

张文显是我国著名法学家、教育家，吉林大学哲学社会科学资深教授，国家二级大法官，中国法学会副会长。1977年毕业于吉林大学法律系，之后在职攻读研究生，先后获得法学硕士和哲学博士学位，并留学美国哥伦比亚大学。三十四年来，他一直活跃在我国法学研究与法治实践的舞台上，致力于中国特色社会主义法学理论体系的建构、法学教育的改革与创新、中国特色社会主义法治建设理论的探索，在法学界和法律界形成了广泛的影响力。早在1994年，司法部有关部门的统计数据显示，他是法学界论著被引用率最高的三十六位学者之一，并排序在第四位。根据南京大学中国社会科学研究评价中心“中文社会科学引文索引（CSSCI）”的统计，他的论著被引用率一直位居法学界前十位。另据“中国人文社会科学学术影响力报告（2000—2004）”统计，在2000年至2004年法学论文被引用次数最多的前十位作者中，他位列第六名。2008年，改革开放三十年之际，他的论文《从义务本位到权利本位是法的发展规律》入选由王仲方等主编的《走向法治——30篇影响中国法治进程的法学论文》。2009年，在中华人民共和国六十华诞之际，《中国法律》评选出建国六十周年对新中国法学和法治建设最有贡献的六十位法律人，并在该刊《新中国60年法律人群英谱》中逐人介绍，他是其中之一。三十四年来，他撰写了大量文稿，在国内外做过近百场讲演和报告，这些文稿和讲演从不同方面反映了改革开放新时期我国法学研究、法学教育、法治建设的进程，具有很高的学术价值。适逢张文显甲子新开之际，应学界同仁盛情相邀，获法律出版社鼎力支持，遂成立编辑小组，编辑出版《张文显法学文选》。

《张文显法学文选》按照“十卷成集，单卷为著”的原则处理文稿的归类分卷问题。全书分为十卷。其中，《法学的理论与方法》、《法的概念》、《权利与人权》、《西方法哲学》、《部门法哲学》、《法治与法治国家》、《司法理念与司法改革》和《法学教育》，相应收录了著者主要研究方向的相关文稿；《学术讲演集》和《学术评论集》则分别收录了著者的部分学术讲演文稿和学术评论文稿。

《张文显法学文选》共精选各类文稿351篇，其中67篇系首次公开发表。所选文稿或万言长篇，或百字短文，均具有思想性、学术性和标志性，反映了著者的法学理论和研究范式，同时也展现了著者的学术历程。

《张文显法学文选》所收的文稿包括：著者在报刊或论文集上公开发表过的论文、文章和访谈，参与撰稿的著作、教材、文献中某些重要的章节，未公开发表的论文、文章、讲演文稿，为他人的著作、教材、学术思想、学术人生所撰写的序言或评论，为自己的专著和主编的丛书、教材、文集所撰写的序或后记，以及著者的硕士学位论文和博士学位论文。另外，为更好地体现学术讨论和争鸣的原貌，本文选还收录了其他学者对以上文稿的部分评论文章。

《张文显法学文选》收录文稿时采用以下技术方法：文稿在发表后被转载、收录的，按同一文稿对待，只收录首次发表的文稿;文稿同时在报刊和论文集上发表的,只收录报刊上发表的文稿;未公开发表的同名文稿在多个会议、讲座上宣读过的,只收录最优版本的文稿;个别题目相同或接近但内容有实质性不同的文稿,按不同成果对待,同时收录。

《张文显法学文选》所收文稿,大部分保持原貌,只校正文稿中的错字、漏字、衍字以及明显有误的标点符号,订正错误的引注。少量改动的文稿主要存在于以下情形中:有些文稿原来的文本比较长,发表时报刊杂志社限于篇幅进行了删减,本次按照原文本收入;有些文稿之间论题相同或接近,因而内容难免重复,本次在不影响原文整体性的前提下做了适当删节;有些文稿(主要是一些从著作和教材中选取出来的)采用了节选的方式;有些文稿最初是以讲演文本(或讲演录音稿)的形式出现,本次收入时适当进行了编辑加工;有些文稿发表时有"提要"、"关键词"等,本次予以全部删除。

《张文显法学文选》为每篇文稿标有题注。题注内容包括:对文稿发表时所使用的笔名做出说明,合著文稿的合作作者的姓名及排序,文稿首次发表的报刊或其他出版物的名称、时间,文稿被权威性文摘刊物转载或摘录情况,文稿再次发表或收入学术文集或其他出版物的情况,文稿以其他语言文字版本出版的情况,文稿在会议或讲座上的宣读情况,以及编辑小组认为应当做出说明的其他情况。

在编辑本文选时,著者逐篇审定了全部文稿。

《张文显法学文选》编辑小组

2011 年 6 月 20 日

著者序

学术是我生命中的永恒追求*

尊敬的老师们、同事们、同学们：

此时是我生命中最激动的时刻！作为一名法学教师，受聘担任吉林大学哲学社会科学资深教授，我深感这是崇高的荣誉、崇高的职务、崇高的使命。吉林大学是一所著名高等学府，有着深厚而优秀的哲学社会科学学术传统。吉林大学哲学社会科学资深教授在某种意义上代表着我国哲学社会科学领域的最高学术声望，对于以学术至上为永恒追求的我来说，没有比受聘担任这一职务更加让我满怀激情和感动的事情了。此时也是我生命中最感恩的时刻。我感谢吉林大学在那个特殊的年代接纳了我，并一直重点培养我，我所值得自豪的一切都是学校给予的；感谢法学院和理论法学研究中心，是这个优秀团队成就了我的学术事业；感谢学校党政领导和各级学术委员会对我学术工作的肯定和信任，聘我为哲学社会科学资深教授。

---

* 本文是2009年6月18日张文显在吉林大学哲学社会科学资深教授聘任仪式上的致辞。谨以此作为本文选的著者序。

1977年,我从吉林大学法律系毕业并留校任教,从此以后,我以学术为生命,将学术与生命等价。三十多年来,唯有学术能够记载我的人生轨迹,诠释我的人生价值;也唯有学术能够映射我的青春,延伸我人生的意义。即使在担任吉林省高级人民法院院长和国家大法官以后,学术仍然是我重要的活动领域。这不仅体现在我的时间、精力和资源配置上,更体现在我对法学理论的拓展和深化上。在履行维护公平正义、维护人民利益、促进社会和谐的司法职责的同时,我也把司法活动作为实践、检验和创新法学理论的平台,作为发展法学这门实践科学的基地,作为获得法律经验和法学研究第一手资料的一次"留学"。我在践行追求真理、追求公正、追求和谐的法官职业精神的同时,也在深切地体验着法哲学的至理名言。例如,古罗马法学家塞尔苏斯说过:法律是善良与公正的艺术。我体验到法官就是实现公正与善良的艺术家,法官以自己的良知和智慧维系着法律公正和社会良善。美国最著名的大法官之一霍姆斯说过:法律的生命不在于逻辑而在于经验。我体验到法官就像富有经验的"中医",他不是照抄法学教科书上的处方给病人开药治病,而是要凭借深厚的专业知识和丰富的实践经验分辨是非、判断利弊、合理推论、做出裁判。我国古代思想家孟子说过:徒善不足以为政,徒法不足以自行。我体验到法律与道德相结合的治国真谛,更深感培养大批高素质法律人才的重要性和紧迫性。诸如此类的经历和体验对于提高法学研究水平和法律人才培养质量是十分宝贵的。我的司法经历和体验正在不断地以理论形态和学术规范加以阐述和传播。

2008年初,在我工作变动前后,教育部部长与其他副部长和我谈话,谈话中他们都说:"文显,你永远都是教育界的人。"这句话让我深深感动,这句话也牢牢锁定了我毕生的学术和教育责任。教育部除了让我继续担任教育部学科发展与专业设置专家委员会副主任委员、教育部高等学校法学学科教学指导委员会主任委员之外，新任命我担任了教育部社会科学委员会法学学部召集人、第六届国务院学位委员会学科评议组成员。另外，我还担任着全国博士后管理委员会法学学科召集人、国家社科基金法学评审组副组长、中国法学会副会长、东亚法哲学学会理事长等重要学术职务。这些职务都注定了我的学术使命、学术情结和学术责任不可改变。

受聘担任吉林大学哲学社会科学资深教授，更使得学术成为我终生的事业。为此，我将致力于弘扬现代学术精神，营造解放思想、勇于创新、海纳百川、有容乃大的学术氛围；致力于学术传统的演进和学术范式的变革，坚持并创新以权利本位论为标志的学术传统和研究范式，继续推进中国法学进步和法治文明；致力于学术规范化和学风道德化建设，推动学术自由、学术民主、学术廉洁等方面的制度建设和风气建设；致力于优秀学术团队的培养和发展，引领团队成员心往一处想、劲儿往一处使，将每个人的学术潜力发挥到极致状态，继续保持我校法学理论专业在国内的优势地位和在国际上的影响力；致力于组织重大学术研究和学术活动，在即将完成中央马克思主义理论研究和建设工程法理学教材编写任务之际，我已着手中国特色社会主义法学理论体系研究重大课题的前期策划，并正在组织一系列高端学术会议和论坛；致力于学术研究成果的实践转化，使之充分体现哲学社会科学认识世界、传承文明、创新理论、资政育人、服务社会的核心价值。

同志们、同学们，今天的聘任仪式是我学术道路上新的里程碑，也是我更高学术使命的起点。路漫漫其修远兮，吾将上下而求索。我将始终坚持我所信奉的“自强不息”、“止于至善”的人格精神，艰苦奋斗、追求卓越、无私奉献，用自己的学问、学识和学品来证明：我无愧于今天的聘任仪式，无愧于前来参加仪式的每位嘉宾，无愧于学校党政领导和师生员工的重托！

我永远与我深爱的吉林大学在一起！永远奋进在中国法学前行的道路上！

目　录

始终坚持并充分发挥中国特色社会主义司法制度的优越性*

周永康同志在全国政法系统学习贯彻党的十七大精神和胡锦涛总书记重要讲话专题研讨班上指出：中国特色社会主义司法制度是以马克思主义法律观为指导，在充分考虑我国国情，总结我国社会主义司法实践成功经验，积极吸收人类法治文明优秀成果基础上建立起来的，是人类法治发展史上的伟大创造，具有鲜明的中国特色：在司法制度的本质上，坚持党的领导、人民当家作主、依法治国有机统一；在司法权的来源上，司法权来自人民，属于人民；在司法权的配置上，侦查权、检察权、审判权、执行权既互相制约，又互相配合；在司法权的行使上，审判机关、检察机关既依法独立公正行使职权，又自觉接受党的监督、人大监督、政协监督、群众监督；在司法权的运行方式上，坚持专门机关工作与群众路线相结合，等等。尽管我们的司法制度仍在完善、发展中，存在一些不足，但是总体上这一司法制度具有无可比拟的优越性：具有彻底的人民性、普遍的公平性和有效的协调性。这一司法制度符合我国国情，保障、促进了中国特色社会主义事业的发展进步。这是迄今为

* 本文是2008年9月25日张文显为吉林省高级人民法院青年法官所作的《正确认识和坚持社会主义法治》专题报告的第三部分。

止，党和国家领导人对中国特色社会主义司法制度的最系统、最具体、最深入的论述。周永康同志的论述丰富了社会主义法治理念，发展了马克思主义法学理论。认真学习周永康同志的这些论述，对于人民法院始终坚持并充分发挥中国特色社会主义司法制度的优越性具有重大的现实意义和深远的历史意义。

就绝大多数法官来说，对我国司法制度的社会主义本质和人民性本质是坚信不疑的，但对我国社会主义司法制度的中国特色及其优越性认识不很清楚、不很全面，甚至可能持有怀疑的态度；对坚持中国特色社会主义司法制度可能不存在立场问题，但对如何充分发挥中国特色社会主义司法制度的优越性，满足人民群众日益增长的、多元化的司法需求，还缺乏深刻认识和自觉行动，实际效果尚有很大差距，因而发挥社会主义司法制度的优越性的空间很大，甚至可以说是永无止境。

本文着重就如何充分发挥中国特色社会主义司法制度的优越性，谈谈我的认识。

一、充分发挥我国社会主义司法制度的优越性，要始终坚持党的领导、人民当家作主、依法治国的有机统一

司法权是党的执政权的组成部分，这就决定了司法工作必须坚持和服从党的领导；从另一方面，党的领导和党依法执政也是我国司法制度得以建立、司法工作顺利开展、司法改革取得成效、司法事业发展进步的根本保证。党的领导，不仅体现为党中央和地方各级党委的领导，也体现为法院内部党组的坚强有力的领导。

人民当家作主，是我国司法制度运行的政治基础和社会基础，人民的理解、拥护、支持和监督，是公正司法、民主司法、文明司法的根本保证和强大动力。坚持人民当家作主，最根本的是坚持人

民代表大会制度。人民代表大会制度是我国的根本政治制度,《中华人民共和国宪法》第2条规定:“中华人民共和国的一切权力属于人民。人民行使国家权力的机关是全国人民代表大会和地方各级人民代表大会。”第3条规定:“全国人民代表大会和地方各级人民代表大会都由民主选举产生,对人民负责,受人民监督。国家行政机关、审判机关、检察机关都由人民代表大会产生,对它负责,受它监督。”人民法院全体法官都要从人民代表大会这一根本政治制度出发,自觉地接受人大及其常委会的监督,充分体现司法权来自人民、属于人民、服务人民的人民性。

依法治国,科学立法,民主立法,建立完善的社会主义法律体系;依法行政,建设法治政府;深化司法体制改革,优化司法职权配置,规范司法行为,建设公正高效权威的社会主义司法制度;加强公民意识教育,在全社会弘扬法治精神,树立民主法治、自由平等、公平正义理念等,是我国司法权依法独立公正行使的制度基础和制度保证,也是司法权规范运行的法治环境和文化环境。

坚持党的领导、人民当家作主、依法治国的有机统一,要求人民法院必须坚持党的事业至上、人民利益至上、宪法法律至上,坚持对党负责、对人民负责、对法律负责的有机统一,做到党在心中、人民在心中、法律在心中、正义在心中。

二、充分发挥我国社会主义司法制度的优越性,要进一步发扬司法民主

司法民主是中国特色社会主义司法制度人民性的集中体现。司法民主包括两个方面:就内部而言,我国司法制度是以司法民主为核心建构起来的,人民法院的合议庭、审判委员会、院长办公会议和党组会议等,都是充分体现并保证司法民主的制度载体和运行机制,要充分发挥这些制度形式的民主机制,在审执工作中集中

法官们的法律智慧、政治智慧、哲学智慧和社会经验，确保审判和执行工作的质量、效率和效果。就外部而言，人民法院要全心全意依靠人民群众，充分挖掘、善于利用人民群众当中惩恶扬善、打黑除恶、除暴安良、化解社会矛盾纠纷的各种资源，包括民事调解、民间商谈的传统经验，以及与法律并行的道德力量和习惯影响力；要充分尊重人民群众对司法工作的知情权、参与权、表达权和监督权，真正把司法工作置于广大人民群众的监督之下，以民主促公正，以民主促效率，以公正赢得公信。

三、充分发挥我国社会主义司法制度的优越性，要加强政法机关的分工负责、互相配合和制约

党委及其政法委统一领导和协调之下的审判机关与侦查机关、检察机关、司法行政机关等政法机关的分工负责、互相配合、互相制约，是我国司法制度的社会主义本质和中国特色所在，也是我国司法制度的政治优势、法律优势和工作优势所在。它既能保证公正执法，准确有效地执行法律，又能有效应对、妥善处理复杂的社会问题。在新的历史起点上，人民法院要更加自觉地接受党委及其政法委的统一领导和协调，努力构建和谐政法格局，与其他政法机关一道共同履行维护党的执政地位、巩固国家政权、维护社会和谐稳定、促进社会发展进步的神圣职责。要不断完善和创新党委及其政法委对政法机关的领导和协调机制，并使之规范化、制度化。

四、充分发挥我国社会主义司法制度的优越性，必须注意继承和发扬我国传统法律文化中的精华

中国是世界上文明发达最早的国家之一，法制文明是中国古代文明的重要构成和明显标志。中国古代法制文明中有许多超越

时空、具有普遍价值的因素。例如，注重法律的人文精神，强调以人为本，以民为本，社会和合，善于通过人文精神对社会成员心理和观念世界的整合与引领，来维系和范导整个社会；注重礼法互补，主张德治与法治并存，"礼乐政刑，综合为治"，强调既"以法治国"，又"以德配天"，明德慎刑；注重法律的教育功能，主张以法为教，强调法律的任务不仅是"禁暴惩奸"，而且要"弘风阐化"，"仁义礼乐者，皆出于法"；注重治国者、执法者的道德品质以及对国家的责任感和使命感，主张"立法善于天下则天下治"，为官者、执法者要清正廉洁，光明正大，发挥以吏为师的榜样作用；注重法律的综合意义，主张对法律条文和典籍从天理、国法、人情的有机结合上予以解释和注释，"恭行天理，执法原情"，法律的实施也不能就事论事；注重法律效果与社会效果的互补和统一，主张赏罚严明，"赏当贤，罚当暴，不杀无辜，不失有罪"，"宽以济猛、猛以济宽"，"无讼是求、调处争息"；注重变法促进，强调通过变法革新来解决社会深层次矛盾，保持社会稳定，推动社会发展。诸如此类因素多得很，它们所包含的真理意义和价值意义即使在今天仍未褪色。实事求是地说，我国传统法律文化中确实有不少糟粕，但是更有很多积极因素。这些积极因素在人民群众当中具有根深蒂固的影响力，具有超越时空的生命力。我们要善于充分利用传统法律文化中的积极因素，使之成为我们当今的司法资源，以提升法律的社会效果，增强司法在老百姓当中的认同感和亲和力。

五、充分发挥社会主义司法制度的优越性，必须深化司法改革

党的十一届三中全会之后，我国就启动了司法改革。特别是党的十五大以后，在党中央的领导下，人民法院持续进行了十年司法改革，取得了明显成效。但是，我们也要看到，截至目前，司法改

革还没有把我国司法制度的优势和潜力充分挖掘出来,还没有把中国特色社会主义司法制度的优越性全部释放出来。充分发挥社会主义司法制度优越性有赖于建设公正高效权威的社会主义司法制度。党的十七大提出,要深化司法体制改革,优化司法职权配置,规范司法行为,建设公正高效权威的社会主义司法制度,保证审判机关、检察机关依法独立公正地行使审判权、检察权。新一轮司法体制改革必将进一步完善和创新我国的司法制度,推动司法公正、司法效率和司法权威,极大地解放和发挥中国特色社会主义司法制度的优越性,并使人民群众享有司法改革的成果,切身感受到社会主义司法制度的优越性。

人民代表大会制度的完善与司法的改革和发展*

伴随着改革开放的步伐和我国人民代表大会制度的不断发展完善，我省各级人大常委会走过了三十年的光辉历程。值此我省隆重纪念地方人大常委会设立三十周年之际，我谨代表省高级人民法院和全省法官干警，向全省各级人大代表、人大常委会组成人员和在各级人大辛勤工作的同志们致以崇高的敬意！对三十年来全省各级人大及其常委会对法院工作的监督和支持表示衷心的感谢！

1954 年 9 月 15 日，一届全国人大一次会议召开，标志着人民代表大会制度在全国范围内建立起来。人民代表大会制度是我国的根本政治制度，人大及其常委会是代表人民管理国家和社会事务的国家权力机关。但是，由于历史原因，建国之初只有全国人大设立了常委会，没有规定地方人大设立常委会。随着时间的推移，地方人大没有常设机构而形成的弊端越来越明显。就司法体制和司法工作来说，在地方人大常委会没有建立和正常工作时期，除法院院长由人民代表大会选举产生外，包括副院长、审判委员会委

---

* 本文是 2010 年 4 月 9 日张文显在“纪念吉林省地方人大设立常委会三十周年座谈会”上的发言。

员、审判庭庭长、审判员等法院组成人员，均由各级人民政府任命，致使行政权与司法权不分，严重影响人民法院依法独立公正地行使审判权，特别是涉府行政诉讼几乎不可能进行。同时，人大对司法机关的日常监督处于缺位或者真空状态。

1980年，我省各级人民代表大会设立常委会，从此以后，我省国家权力机关的工作实现了常态化，人民群众通过人大常委会更有效地管理地方事务，不仅有力促进了我省的国家政权建设，同时有效加强和完善了地方人民代表大会。省人大和市州县(区)建立人大常委会之后，院长之外的法院其他组成人员均由人大常委会任免，法院每年至少向人大常委会做一次专题工作报告，并经常性地接受执法检查和工作监督。这充分体现了人民当家作主，体现了国家权力机关对司法机关的决定权和监督权，也充分保证了人民法院依法独立公正行使审判权，标志着司法体制的科学化、民主化、法制化和司法活动的规范化。

三十年来，我省各级人大常委会对法院工作依法实施监督，全省各级法院自觉接受人大常委会的法律监督和工作监督，积累了人大监督与司法工作良性互动的宝贵经验。这些经验总结起来有以下几点：

第一，人大常委会的监督是实现司法为民的必然要求。人民代表大会制度是人民当家作主的根本途径和最高形式。人大对政府、法院、检察院等国家机关进行监督，是宪法赋予人大的一项重要职权，是党和国家监督体系的重要组成部分。人大监督的优势在于它能把坚持党的领导、人民当家作主和依法治国有机统一起来。各级人民代表大会对"一府两院"的监督通常是通过其常委会的监督体现和实现的。人民法院只有自觉接受人大常委会的监督，才能牢牢把握和正确行使人民所赋予的审判权，为人民司法，为大局服务，充分发挥依法调节社会关系、打击犯罪、保护人民、维护公正、促进和谐的审判职能，才能真正实现对法律负责与对人民负责相统一、把保护当事人的利益与实现最广大人民群众的根本利益相统一。

第二,人大常委会的监督是实现司法公正高效权威的重要保证。多年来,全省各级人大常委会通过认真履行重大事项决定权和监督权,大力加强对法院工作的监督。除了审议法院工作报告、听取专项工作报告和日常工作汇报、接待群众信访等基本形式依法实施监督之外,各级人大常委会还采取组织人大代表检查指导工作、开展人大代表视察活动、适时进行执法检查、积极推行执法责任制和错案责任追究制等形式,不断创新监督载体和方法。通过有效监督,进一步增强了法院工作的公开性和透明度,使人民群众对案件处理结果的评价和意见得到及时反馈,确保审判权、执行权不被滥用,促进了司法公正。通过人大常委会的监督,及时发现和纠正立案、审判、执行工作中的不规范、不公正行为,及早发现违法违纪问题的苗头,保障了司法廉洁。通过人大常委会的监督,为法院正确履行审判职责扫清障碍,保障了司法权威,为人民法院的立案、审判、执行、息访等中心工作创造了前所未有的良好的政治环境和法律环境。

第三,人大常委会的监督是人民法院实现科学发展的坚强后盾。多年来,全省各级法院不断增强接受监督意识,自觉把法院工作置于人大常委会的监督之下。始终坚持重大事项报告制度,对审判、执行、队伍建设等工作中遇到的重大问题,认真向人大常委会作专题汇报。对涉及服务经济社会发展的重点工作、重大部署,及时向人大常委会报告,争取监督和支持,确保法院工作始终服从服务于经济和社会发展的大局。始终坚持依法纠错原则,对人大常委会批办的监督案件,本着对法律负责、对群众负责、对人大负责的精神,严格按照法定程序进行全面、细致审查。着力加强队伍的思想政治建设、司法能力建设、反腐倡廉建设,对人大常委会组成人员在监督中发现的问题,高度重视,认真核实,严肃处理,及时反馈。通过人大常委会的监督,各级法院不断深化司法改革,完善工作机制,强化队伍建设,使人民司法事业沿着正确的道路科学发展。

第四,人大常委会的监督是人民法院改革创新的不竭动力。随着社会主义法治国家建设进程的加快,人民群众法治观念和维权意识不断提升,随着各种新问题新矛盾的大量出现,各类诉讼案件急剧增加,我国已超乎预想地提前进入"诉讼社会",改革开放初期全省法院年受理案件只有 4 万件,去年达到 25 万件,人民群众日益增长的多元化司法需求与人民法院司法供给之间的基本矛盾更加突出并将长期存在。为此,人民法院必须以人民的期望和呼声为第一信号,主动接受人大常委会的监督和指导,把人大常委会的监督、指导和支持作为破解这一基本矛盾的动力源泉,切实加强自身建设,深化司法改革,不断提高审判工作的质量、效率和社会效果,努力满足人民群众的新期待、新要求。

30 年的实践证明,设立地方人大常委会是我国加强社会主义民主法制建设、健全地方政权体制的重大举措,是人民代表大会制度的一次重大发展和完善。地方人大常委会的设立,完善了地方及整个国家权力机关的架构,保证了人民可以经常性地行使自己当家作主的权力,推进了民主法制建设的进程,促进了党的执政方式的更新,使我国的人大制度登上了代议民主发展史上新的高度。地方人大常委会的设立,保证了全国各族人民在依法实行民主选举的基础上,更加有效地实现了民主决策、民主管理、民主监督的经常化、制度化,保证了国家机关合理分工、协调一致地高效运转。地方人大常委会的设立,符合人民当家作主的本质要求,对于维护国家长治久安、保障人民安居乐业、促进经济社会和谐发展,具有深远的历史意义和重大的现实意义。

30 年风雨兼程,地方人大常委会的生动实践为中国特色社会主义民主制度的完善书写了浓重的一笔。当前,我省正处在改革发展和经济发展方式根本转变的攻坚阶段，人民法院服务经济社会发展、维护社会和谐稳定的任务日益艰巨，司法改革的压力和挑战不断增大，更加需要人大的有效监督与社会各界的大力支持。全省法院要在省委的坚强领导下，紧紧依靠人大及其常委会的监督，认真履行国家审判机关的职责，为保障人民权益、维护公平正义、促进社会和谐、服务改革发展作出新的更大的贡献！

认真实践科学发展观　忠实践行“三个至上”　推进和实现人民司法事业与时俱进科学发展*

最高人民法院组织召开这次全国部分高院院长座谈会，回顾总结改革开放三十年人民司法事业的发展历程和基本经验，分析探讨新的历史时期人民法院面临的形势和任务，研究谋划今后一个时期的人民法院工作，对于全面贯彻落实科学发展观，认真践行“三个至上”指导思想，推动和实现人民司法事业与时俱进、科学发展，具有重要意义。下面，我谈几点个人看法，与同志们交流探讨。

一、改革开放三十年人民法院工作的总体评价和基本经验

1978年12月，具有伟大历史意义的党的十一届三中全会胜利召开。以党的十一届三中全会为起点和标志，我们党从此开始了建设中国特色社会主义的新探索，我们国家从此开启了社会主义

---

* 本文是2008年11月25日张文显在最高人民法院召开的“全国部分高级法院院长座谈会”上的发言。

现代化建设的新时期。新时期最鲜明的特点是改革开放。这场历史上从未有过的大改革、大开放，推动了我国建设中国特色社会主义这一波澜壮阔的创新实践，使我国成功实现了从高度集中的计划经济体制到充满活力的社会主义市场经济体制、从封闭半封闭社会到全方位开放社会的伟大历史转变。改革开放的伟大实践有力地推动了我国法治的建设和发展，我国成功开辟了中国特色社会主义法治建设道路，成功实现了从人治到法治、从无法无天到规范有序的伟大历史转变。改革开放三十年，是我国法治建设重新起步、快速发展的三十年，也是人民司法事业改革创新、迅猛发展的三十年。回顾总结改革开放三十年的人民法院工作，我感到，最显著的成就是全面发展，最鲜明的特点是改革创新。

改革开放三十年，是人民法院全面发展的三十年。人民法院设置布局日趋合理，初步形成了中国特色的人民法院体系，全国法院的数量从改革开放初期的3187个发展到现在的3557个，不仅实现了量的增长，而且实现了质的优化；人民法院内部的组织机构进一步健全，职责分工进一步细化，为人民法院开展工作奠定了重要的组织基础。法治理念逐步确立并深入人心，公平正义理念、程序正义理念、司法民主理念、司法公开理念、司法人权保障理念等一系列重要的法治理念逐步得到确立，并指引着人民法院工作不断发展。审判和执行工作迅速发展，为中国特色社会主义建设事业提供了强有力的司法保障，人民法院受理案件的范围和类型从改革开放初期的刑事、民事审判领域，逐步增加到行政、国家赔偿、执行工作，知识产权、金融证券、海事海商、涉外商事、劳动争议、企业破产等新类型案件不断涌现，全国法院受理的案件从1978年的61万件发展到2007年的885万件，为推进中国特色社会主义现代化建设提供了有力的司法保障，为全面落实依法治国基本方略、加快建设社会主义法治国家作出了突出贡献。人民法院队伍建设迅猛发展，法官数量从改革开放初期的6万人发展到2007年的19万人,法官队伍的整体素质不断提高,知识结构、业务结构不断改善,法官职业化建设稳步推进。人民法院的基层基础建设得到加强,全国三千多个人民法庭按照国家标准进行了改建、扩建,人民法院的物质装备建设和信息化建设逐步得到改善。

改革开放三十年,是人民法院改革创新的三十年。在党的十一届三中全会作出的"健全社会主义民主、加强社会主义法制"的法制建设方针指引下,人民法院进入了恢复重建时期,由此拉开了人民法院司法改革的序幕。20 世纪 80 年代末期,随着经济社会迅猛发展,公民法律意识不断提高,社会对法律规则的依赖日益增强,一场以庭审方式改革为切入点的审判方式改革渐次展开,逐渐发展到强化庭审功能、强化合议庭和独任庭的职权、落实公开审判制度、强化对审判活动的民主监督,等等。自 1997 年 9 月党的十五大确立依法治国的基本方略,提出"推进司法改革"的战略任务以来,最高人民法院先后颁布两个五年改革纲要。经过十年的司法改革,人民法院在死刑核准制度、再审制度、执行工作、人民陪审员制度、人民法庭工作机制、审判委员会制度、案例指导制度、公开审判制度、案件管辖制度、未成年人审判制度、司法管理制度等方面进行了改革和完善,为建设公正高效权威的社会主义司法制度打下了坚实的基础。人民法院的司法改革经历了从自发到自觉,从零打碎敲、摸着石头过河到系统部署、整体推进,从人民法院自身的改革发展到上升为党的主张、党的法权意志的体现这样的发展阶段。回望人民法院改革开放三十年奋力前行的足迹,正是改革创新的伟大实践,推动了人民法院工作的全面发展。

改革开放三十年人民法院工作的基本经验,主要体现在以下几个方面:

一是必须始终坚持正确的政治方向,确保人民法院政治立场不动摇。坚持正确的政治方向,对于人民法院尤其重要。人民法院是国家审判机关，承担着刑事审判、民事审判、行政审判和强制执行等重要职能，在维护国家安全和社会稳定，维护广大人民群众的合法权益，推动经济社会发展，促进社会和谐等方面都负有重要的责任和使命。人民法院工作成效如何，直接关系到党和国家的工作大局。只有坚持正确的政治方向，才能为全面建设小康社会和构建社会主义和谐社会提供有力的司法服务和司法保障。三十年来，人民法院始终高举中国特色社会主义伟大旗帜，坚持社会主义法治理念，坚持中国特色社会主义司法制度，坚持党对司法工作的绝对领导，自觉抵制各种非马克思主义错误思潮的干扰，从中国国情出发不断巩固、发展和完善社会主义司法制度，保证了人民司法事业的健康发展。

二是必须始终坚持党的领导，自觉为党和国家的工作大局服务。是否坚持党的领导，是大是大非的问题，是政治原则问题。三十年来，各级人民法院领导和广大法官在坚持党的领导问题上一直认识清醒，立场坚定，态度鲜明，自觉同一切企图摆脱或者弱化党的领导的言行作坚决的斗争，并始终把各项工作置于党的绝对领导之下，认真贯彻党的路线方针政策，充分发挥人民法院的职能作用，积极主动地为党和国家的工作大局服务，为党和国家工作大局提供有力的司法保障。在涉及司法工作全局、法院改革发展等重大问题上，在遇有重大、疑难、敏感案件的审理时，主动向党委报告，取得党委的重视和支持。实践证明，只有坚持和服从党的领导，坚持为党和国家工作大局服务，人民法院的审判职能才能得到充分发挥，人民司法事业才能得到顺利发展。

三是必须始终坚持自觉接受人大监督，保持人民法院的人民性。自觉接受人大监督是人民法院工作不断发展进步的政治基础。人民代表大会制度是我国的根本政治制度，人民法院由人民代表大会产生、向人民代表大会负责、接受人民代表大会监督，是社会主义民主法治的必然要求。多年来，人民法院坚持向人民代表大会报告工作，广泛听取人大代表的建议和意见，主动接受并积极争取人大常委会、专门委员会、人大代表的监督和支持。正是由于人大的监督和支持，人民法院的审判质量不断提高，队伍建设不断推进，审判和执法环境不断改善，司法公信力保持良好水平。

四是必须始终坚持与其他政法机关互相支持、互相配合又互相制约，构建和谐司法。人民法院在党委的统一领导和政府的有力支持下，在宪法和其他法律的制度框架内，与检察、公安、国安、司法等政法机关分工负责、互相支持、互相配合、互相制约，准确有效地执行法律，共同履行维护党的执政地位、维护国家长治久安、维护人民群众利益、维护社会公平正义、保障和服务经济社会发展的神圣职责。这是党的执政权在政法工作中的集中体现，是中国特色社会主义政法事业的政治优势、法律优势和工作优势所在。

五是必须始终坚持全心全意为人民服务的根本宗旨，把维护和实现人民利益作为法院工作的根本出发点和落脚点。维护人民群众的利益是党的根本宗旨要求，也是人民法院工作的最终目标。三十年来，人民法院始终坚持群众路线，全心全意为人民服务，深入基层，巡回办案，就地调解，传承弘扬人民法院为人民的优良传统。人民法院在审判工作中，始终坚持“公正司法、一心为民”的方针，坚持以人为本，认真倾听群众呼声，切实为人民群众办好事、解难事，不断加强和改进司法作风，依法办案，公正司法，有效地维护和实现了人民利益，也进一步密切了与人民群众的联系，得到了人民群众的理解和支持。

六是必须始终坚持维护社会公平正义，把司法公正作为法院工作的生命线。法律是公正与善良的艺术。多年来，人民法院坚持公正司法，把维护社会公平正义作为司法工作的生命线，在维护公平正义的前提下，努力实现审判工作政治效果、法律效果和社会效果的有机统一。人民法院高度重视以效率保证和促进公正，把公正与效率有机地统一于高质量的审判和执行工作之中。三十年来，人民法院平反冤假错案，严打刑事犯罪，制裁违约侵权，维护人民利益，谱写了一曲曲公平正义之歌。

七是必须始终坚持“解放思想、实事求是、与时俱进”的思想路线，不断推进人民司法事业的发展进步。人民法院面对前进道路上不断出现的新问题和新情况，不断地解放思想，推进司法体制和工作机制的改革创新，破解人民法院工作各种难题，推动人民司法事业与时俱进。三十年来，人民法院坚持改革的社会主义方向，注重改革的前瞻性、合法性和实效性，使审判和执行工作、队伍建设、法院管理和物质技术装备水平不断得到提高。

八是必须始终坚持重视和加强队伍建设，为人民司法事业发展提供坚实的组织保障。长期以来，人民法院按照严格、公正、文明执法的要求，不断加强法官队伍的思想政治、党风廉政、司法能力、审判作风建设，致力于造就一支政治坚定、业务精通、作风优良、司法公正的法官队伍，确保司法权力掌握在忠于党、忠于国家、忠于人民、忠于法律的人手中。经过坚持不懈的努力，法官干警队伍不断充实和发展，整体素质显著提高，知识结构、年龄结构、职务结构日趋合理，呈现出人才济济的喜人景象。

九是必须始终坚持抓好基层基础建设，为人民法院工作发展打下坚实的根基。基层法院是人民法院树立形象的重要窗口，是化解社会矛盾纠纷的最前沿，是人民法院全部工作的根基，对于树立人民法院公正高效权威的良好形象，保证和推进人民法院整体工作的全面发展，具有特别重要的意义。三十年来，人民法院不断提高基层法院和人民法庭的司法能力水平，解决基层法院建设和发展所面临的法官短缺、经费保障不足、法庭布局不合理等实际问题，夯实基础工作，增强基层实力，激发基层活力，充分发挥了基层法院和人民法庭化解社会矛盾、促进社会和谐、保障人民权益、维护公平正义的主力军作用。

二、今年以来人民法院工作的概括性评价

新的历史时期,人民法院工作面临着新的形势和任务、新的机遇和挑战:党的十七大在提出全面建设小康社会各项新要求的同时,提出了全面落实依法治国基本方略、加快建设社会主义法治国家的战略目标,提出了深化司法体制改革、建设公正高效权威的社会主义司法制度的战略任务;中国特色社会主义初级阶段的基本国情和我国发展的阶段性特征,赋予了人民法院新的历史使命,特别是随着经济体制深刻变革、社会结构深刻变动、利益关系深刻调整、思想观念深刻变化,以民生问题为重点的人民内部矛盾凸显,且在司法领域集中体现,人民法院统筹兼顾各方面利益的难度不断增大;人民群众日益增长的司法需求与人民法院司法能力相对不足的矛盾,依然是新的历史时期困扰人民法院的主要矛盾,与新形势新任务的要求相比,现阶段法官队伍的司法理念、司法作风、司法能力、司法水平与维护社会公平正义的要求、与严格公正文明司法的要求、与妥善处理日益复杂的矛盾纠纷的要求、与人民群众日益增长的司法需求,还存在着相当大的差距;随着我国政治体制改革逐步向纵深推进,作为政治体制改革重要组成部分的司法改革也进入了新的关键时期,一些涉及体制性的深层次问题亟待解决。正如王胜俊院长在全国高级法院院长会议上所指出的:党和国家对人民法院工作的关心和重视程度越来越高,人民群众对人民法院公正高效司法的要求和期待越来越强烈,社会各界对人民法院审判活动的支持和监督力度越来越大;人民法院服务发展的责任更加重大,维护国家安全和社会稳定的任务更加艰巨,维护社会和谐稳定面临的挑战更加严峻,人民法院自身改革、建设和发展的要求更加紧迫。

适应新形势、面对新任务、满足新要求、迎接新挑战，新一届最高人民法院党组审时度势，与时俱进，确立了“三个至上”这一新时期人民法院工作的指导思想，提出了坚持“从严治院、公信立院、科技强院”的工作方针，提出了新时期人民法院“六个坚持、六个确保”的工作思路，提出了狠抓执法办案这个第一要务等一系列关乎人民司法事业发展的重大战略性举措，并紧紧围绕深入贯彻落实党的十七大精神和胡锦涛总书记在全国政法工作会议上的重要讲话这条主线，以深入开展“大学习、大讨论”活动为载体，深入贯彻实践科学发展观，促进了人民法院工作和人民司法事业的深入发展。

总体而言，今年的人民法院工作可以概括为这样三个关键词：高举旗帜、与时俱进、科学发展。

高举中国特色社会主义伟大旗帜，坚定了人民法院工作正确的政治方向。举什么旗、走什么路，这是我们党和人民事业发展的根本问题。旗帜的内涵包括主义、思想、理论、发展道路、前进方向、奋斗目标。党的十七大作出了一项历史性的重大决策：郑重地、鲜明地、完整地提出了高举中国特色社会主义伟大旗帜，坚持中国特色社会主义道路，坚持中国特色社会主义理论体系，并以此作为全党在新的历史起点上统一认识、统一行动，夺取全面建设小康社会新胜利、开创中国特色社会主义新局面的根本。这是我们党在全景式、大跨度地总结改革开放历史进程的宝贵经验的基础上，对在新时期以来建设、捍卫、发展中国特色社会主义的创新实践中，相继形成的马克思主义中国化的理论成果，做了完整、统一而鲜明、准确的大整合，彰显了我们党在新时期的全部理论创新和实践创新的集中成果，是马克思主义中国化最新成果的精辟概括。

今年以来，新一届最高人民法院党组始终把坚持高举中国特色社会主义伟大旗帜，坚持中国特色社会主义道路，坚持中国特色社会主义理论体系，作为人民法院坚持正确政治方向的根本保证。王胜俊院长在历次的重要讲话中，都突出阐述和强调了这一点。如在今年年初召开的最高人民法院党组理论学习中心组扩大会上，王胜俊院长开宗明义地提出"高举中国特色社会主义伟大旗帜，努力实现人民法院工作与时俱进"；在今年6月召开的全国高级法院院长座谈会上，王胜俊院长把"始终坚持高举中国特色社会主义伟大旗帜，确保人民法院工作正确的政治方向"放在了"六个始终坚持"的首位，要求全国各级人民法院"务必在举什么旗、走什么路、以什么样的精神状态、朝着什么目标前进等重大问题上统一认识、统一思想、统一行动，确保人民法院工作正确的政治方向。"强调人民法院坚持正确的政治方向，"必须始终坚持中国特色社会主义理论体系不动摇，必须始终坚持社会主义法治理念不动摇，必须始终坚持中国特色社会主义司法制度不动摇"。高举中国特色社会主义伟大旗帜，确保人民法院工作正确的政治方向，这是今年以来人民法院工作最鲜明的特点。

坚持与时俱进的思想路线，实现了人民法院指导思想和各项工作的与时俱进。解放思想、实事求是、与时俱进，是我们党的思想路线，也必然是人民法院工作的思想路线，更是实现党的十七大提出的战略目标和战略任务的要求。实现全面落实依法治国基本方略、加快建设社会主义法治国家的战略目标和建设公正高效权威的社会主义司法制度的战略任务，必然要求我们与时俱进。与时俱进，不是破旧立新，更不是推倒重来，而是顺应和适应形势和任务的不断发展，在原有工作的基础上谋求新发展、开创新局面。

今年以来，新一届最高人民法院党组更加强调与时俱进。在今年年初最高人民法院党组理论学习中心组扩大会上，王胜俊院长以"努力实现人民法院工作与时俱进"为主题，提出了人民法院工作要在五个方面实现与时俱进，即坚持高举中国特色社会主义伟大旗帜，努力实现人民法院工作指导思想的与时俱进；坚持以科学发展观统领司法工作全局,努力实现人民法院工作思路的与时俱进;坚持改革创新精神,努力实现人民法院司法体制和工作机制的与时俱进;坚持以思想政治建设为主线,努力实现人民法院队伍建设的与时俱进;坚持面向基层、服务基层、建设基层,努力实现人民法院基层基础工作的与时俱进。特别是在人民法院工作的指导思想上,旗帜鲜明地提出把“始终坚持党的事业至上、人民利益至上、宪法法律至上”确立为新的历史时期人民法院工作的指导思想,实现了人民法院工作指导思想的与时俱进。王胜俊院长突出强调:“始终坚持党的事业至上是人民法院工作沿着正确方向前进的政治保证”,“始终坚持人民利益至上是中国特色社会主义政治制度对人民法院工作的必然要求”,“始终坚持宪法法律至上是依法治国基本方略在人民法院工作中的具体体现”;“坚持‘三个至上’是坚持社会主义法治理念的必然要求。始终坚持这一重要指导思想,中国特色社会主义的人民法院事业就会兴旺发展,不断开创新局面”。在今年8月召开的全国大法官“大学习、大讨论”研讨班上,王胜俊院长更是开宗明义地提出了始终坚持“三个至上”,实现人民法院工作指导思想的与时俱进的主题,提出了坚持“三个至上”指导思想的各项要求。“三个至上”指导思想的确立,是今年以来人民法院工作与时俱进最显著的成就。

深入贯彻落实科学发展观,提出了实现人民司法事业科学发展的路径要求。科学发展观是发展中国特色社会主义必须坚持和贯彻的重大战略思想,也是人民法院工作必须始终遵循的重要指导方针。人民法院工作贯彻实践科学发展观,就是要紧密联系人民法院的职能特点和工作实际,不断深化对科学发展观基本内涵、精神实质的认识和把握,不断深化对人民法院工作客观规律的认识和把握,着力转变不适应科学发展观的思想观念,确保人民法院的各项工作,特别是审判、执行和涉诉信访等中心工作符合和体现科学发展观的要求。

今年以来,新一届最高人民法院党组更加注重人民法院工作实现科学发展,更加注重人民法院工作保障科学发展。王胜俊院长在历次的重要会议上,都突出强调要始终坚持以科学发展观为统领,确保人民法院工作为党和国家大局服务,提出了“六个坚持、六个确保”的工作思路,提出了“四个更加注重”、“五个统筹兼顾”的总体要求,强调“必须把走中国特色社会主义法治建设道路,坚持中国特色社会主义司法制度作为重要政治方向”、“必须把中国国情作为谋划工作的基本依据”、“必须把实现人民的新要求新期待作为工作的根本出发点和衡量标准”、“必须把促进社会和谐作为最重要的目标追求”、“必须把严格公正文明司法,保障社会公平正义作为司法工作的生命线”、“必须把建设高素质的干部队伍作为组织保证”。这一工作思路和基本要求,充分体现了科学发展观的基本内涵和精神实质,充分体现了人民法院的职能特点和工作实际,充分体现了人民法院政治性、人民性、法律性的高度统一,找准了人民法院贯彻实践科学发展观的结合点和着力点。特别是九月份以来,在深入学习实践科学发展观活动中,最高人民法院党组提出了贯彻落实科学发展观的主题,一方面要着力解决好人民法院如何服务科学发展的问题,另一方面要着力解决好人民法院如何实现自身的科学发展问题。王胜俊院长指出:人民法院深入学习实践科学发展观,既要解决好服务科学发展的问题,又要解决好自身科学发展的问题。要按照科学发展观的要求,结合审判工作的规律和特点,结合目前人民法院工作的实际状况,结合从严治院、公信立院、科技强院的工作方针来考虑,拓宽思路、群策群力、集思广益,认真考虑人民法院如何实现科学发展的问题。科学发展这一工作思路的确定,是今年以来人民法院工作最突出的标志。

三、实现人民司法事业与时俱进、科学发展的几点思考

人民法院工作贯彻实践科学发展观,重点要解决好两个方面的问题:其一是深入思考科学发展观对法院工作和司法事业发展的重大意义,从战略高度思考如何在法院工作中体现和落实科学发展观的基本要求,进而在科学发展观的指引和统领下,推动和实现人民法院工作、人民司法事业的科学发展;其二是人民法院工作、人民司法事业如何保障和服务经济社会的科学发展,并实现二者的有效兼顾和有机融合,达到全面协调可持续的发展目标。这两个方面的问题是相辅相成、有机统一的,只有实现二者的有效兼顾,才能紧扣科学发展观的要求。对于这一点,王胜俊院长在最高人民法院深入开展学习实践科学发展观活动动员大会上的重要讲话中也做了突出的强调。

解决好上述两个方面的问题,我认为要重点抓好以下工作:

(一)切实抓好“两个要务”——牢牢把握发展这个党执政兴国的第一要务和执法办案这个法院工作的第一要务

人民法院服务和保障科学发展,既包括经济社会方面的科学发展,也包括生态方面的、政治层面的、精神意识形态方面的科学发展。对于人民法院和人民法官而言,要在思想观念上实现从单纯的“居中裁判者”向“中国特色社会主义事业的建设者和捍卫者”的转变。胡锦涛总书记在全国政法工作会议上突出强调:“政法战线的全体同志,既是中国特色社会主义事业的建设者,又是中国特色社会主义事业的捍卫者,责任重大,使命光荣。”周永康同志在全国政法系统领导干部“大学习、大讨论”专题研讨班上,以《坚定不移地做中国特色社会主义事业的建设者和捍卫者》为主题,进行了

深刻而全面的理论阐述,并提出了十分鲜明的要求。人民司法事业是中国特色社会主义事业的重要组成部分,这一属性决定了人民法院的"建设者"使命。作为建设者,我们的每一项工作都是建设性的,不仅直接参与中国特色社会主义的经济建设、政治建设、文化建设、社会建设,发展社会主义物质文明、政治文明、社会文明、生态文明,服务和保障大局,全面建设小康社会,还要致力于人民法院自身的建设与发展,不断解放思想、深化改革,建设民主、法治、公正、高效、权威的社会主义司法制度,使人民司法事业随着中国特色社会主义事业的发展而发展。人民法院是人民民主专政国家机器的重要组成部分,这一属性决定了人民法院的"捍卫者"使命。作为捍卫者,人民法院肩负着巩固党的执政地位,巩固人民当家作主的国家政权,维护社会主义市场经济秩序、政治秩序、意识形态秩序和社会秩序,保障人民群众的民主权利和自由、人身权利、财产权利和其他合法权益,为经济社会发展和人民群众安居乐业创造和谐稳定的法治环境和社会环境的重要职责。建设者和捍卫者的定位,决定了人民法院和人民法官的根本政治方向、首要政治任务和基本政治准则。基于这样的定位,人民法院必须立足于解决当前和今后一个时期内经济社会发展面临的深层次矛盾和问题,着眼于服务和保障经济社会科学发展,转变思维方式,更新思想观念,在更高起点、更高层次、更高水平上思考和谋划人民法院工作。必须深刻认识到人民法院依法审判的根本目标和终极价值取向是保障和服务经济社会发展大局,树立依法审判与服务大局并重的意识,做适用法律和贯彻政策相结合的"大局服务者";必须深刻认识到我国正处于经济高速增长、政府职能迅速转变和社会需要协调发展的特殊历史时期,各领域的社会矛盾相对集中,社会价值和社会需求日益多元化和多样化的国情社情,树立依法判决与诉讼调解并重的意识,做裁判纠纷和定分止争相结合的"矛盾化解者";必须深刻认识到人民法院工作不仅要着眼于社会稳定,更要着眼于科学发展和社会和谐，树立维护社会稳定与保障科学发展并重的意识，做捍卫稳定和推动发展相结合的“和谐促进者”。我们必须自觉地、主动地、积极地贴近大局、服务大局，做到部署工作、处理问题、审理案件，都要置于大局中思考，从有利于大局来判断，绝不能片面强调司法所谓的“独立性、被动性、间接性、中立性”的特点，绝不能置身于党和国家工作大局之外，置身于人民群众的要求和期盼之外，机械执法、孤立司法、就案办案，这既是一个重要的司法理念问题，也是一个重要的司法实践问题，必须引起高度重视。

人民法院实现自身的科学发展，服务和保障经济社会的科学发展，必须紧紧抓住“执法办案”这个法院工作的第一要务。我们一定要明确，审判、执行和涉诉信访工作是人民法院的中心工作，执法办案是人民法院的第一要务。这是由人民法院的性质和职能所决定的。我们党和国家以经济建设为中心，人民法院就要以审判、执行、涉诉信访等工作为中心，什么时候脱离了执法办案，就脱离了法院工作的中心，既不能很好地服务和保障经济社会科学发展，也无法实现人民法院自身的科学发展。抓好执法办案这个第一要务，既要全面加强审判、执行和涉诉信访工作，深化司法体制和工作机制改革，强化审判监督管理，加强审判质量建设，全面提高审判和执行的质量、效率和效果，也要切实把握好统筹兼顾的根本方法和全面协调可持续的根本要求，统筹兼顾好人民法院的政治性、人民性和法律性，更好地贯彻和实践“三个至上”的指导思想，统筹兼顾好审判、执行和其他各项工作，统筹兼顾好法院系统上下如何实现全面发展和共同发展，以真正实现人民司法事业全面协调可持续的发展目标。

（二）切实贯彻“以人为本”的核心价值理念——把握和解决好发展为了谁和发展依靠谁的问题

以人为本是科学发展观的核心。这一核心包含着这样两个层面的内涵:其一是发展为了谁;其二是发展依靠谁。贯彻和体现以人为本的核心价值理念,解决好发展为了谁的问题,体现在人民法院工作中,就是要牢固把握司法为民的根本宗旨,始终坚持把实现好、维护好、发展好最广大人民的根本利益作为一切工作的出发点和落脚点,真正做到人民法院的发展为了人民、发展依靠人民、发展的最终成果由人民共享。我们必须进一步增强司法为民意识,坚持司法工作的群众性和大众化,结合工作实际,走好群众路线,把满足人民群众的司法需求作为法院工作的立足点,把人民群众的评判作为检验法院工作的重要标准,依法维护好人民群众的根本利益。要想方设法地拉近人民法院与人民群众、人民法官与人民群众之间的距离,进一步拓展人民群众参与司法的广度和深度,使司法工作始终贴近社会、贴近基层、贴近群众。要按照人民群众的期望和要求不断加强、改进法院各项工作,以及时的司法救济保护民权,以优质的法律服务减轻民负,以快捷的审判执行解除民忧,以公正的裁判保障民利。要紧紧围绕建设公正高效权威的社会主义司法制度的目标,把审理具体案件和服务经济社会发展紧密联系起来,不断创新各项司法为民举措,更好地践行司法为民宗旨。要切实提高广大法官干警的主动性、自觉性和积极性,不断提出新思路,推出新举措,探索新经验,把精力和智慧凝聚到司法为民上来,凝聚到推动经济社会科学发展上来。

实现人民法院工作的科学发展,也要始终坚持"以人为本"的核心价值理念。具体而言,就是要始终把法官干警队伍建设作为人民法院工作永恒的主题,把法院基层基础建设作为人民法院永恒的、不可动摇的根基。一方面,必须大力加强人民法院队伍建设,特别是要突出解决好思想政治建设和司法能力建设两个方面的问题,坚持不懈地加强法官干警队伍的社会主义法治理念和法治精神、职业伦理和职业道德教育,使广大法官干警切实加深对中国特色社会主义道路和中国特色社会主义理论体系的认识,加深对中国特色社会主义法治建设道路和中国特色社会主义司法制度的政治认同、理论认同和感情认同,坚定人民法院工作的正确政治方向,引领和推动人民法院工作、人民司法事业沿着正确的政治方向不断前进。要突出加强司法能力建设,着力解决好法官队伍的司法能力与维护社会公平正义的要求不相适应、法官队伍的整体素质与严格公正文明司法的要求不相适应、司法体制和工作机制与人民群众日益增长的司法需求不相适应等制约人民法院工作科学发展的突出问题和矛盾,不断增强法官队伍认识和把握大局的能力、认识和把握社会矛盾的能力、认识和把握社情民意的能力、认识和把握法律精神的能力,不断增强政治意识、法治意识、大局意识、责任意识和廉洁意识。另一方面,必须大力加强人民法院的基层基础工作,这是人民法院全部工作的根基。我们必须牢固树立面向基层、服务基层、建设基层的思想观念,在政策、人员、财力、物力等方面向基层倾斜,切实解决基层法院工作中存在的各种困难和突出问题。要着力提高基层法官干警的司法能力,使基层法院和人民法庭切实担负起保障经济发展、化解社会矛盾、维护社会稳定、促进社会和谐的职能作用。要着力解决基层审判力量不足的问题,建立完善上级法院法官到下级法院挂职锻炼制度,进一步完善选调生制度,改善基层法官队伍的年龄结构和知识结构,缓解基层审判力量严重不足的压力。要着力建立和完善长效稳定的基层法院经费保障机制,确保基层经费保障落实到位。要着力解决基层法官干警队伍的稳定问题,突出解决好基层法官干警的职级、职数问题。总之,我们必须始终把基层基础建设牢牢抓在手上。基础不牢,地动山摇。我们如果脱离了基层这个基础,人民法院工作、人民司法事业也就无从发展,更谈不上科学发展。同时,基于人民法院工作正处在一个新的历史起点上,我认为有必要着手制定人民法院事业发展纲要。人民法院事业是中国特色社会主义事业的重要组成部分,制定一个科学的发展规划有利于实现人民法院事业随着中国特色社会主义事业的发展而发展。要以科学发展观为指导,站在人民法院科学发展的战略高度,以建设公正高效权威的社会主义司法制度为根本目标,谋划和设定与法治国家建设、政治文明建设、和谐社会建设等相适应的司法发展目标,包括总体目标、阶段性目标、各项具体目标,以及主要措施和保障体系,等等。

(三)切实体现"和谐法治"的发展方向——坚持促进社会和谐的目标追求和体现和谐司法的理念要求

人民法院的科学发展必然体现为和谐发展,这也是和谐法治的必然要求。改革开放以来,随着我们党指导思想的与时俱进和社会经济、政治、文化的现代化,随着社会主义法制建设实践经验的丰富以及包括立法、执法、司法等在内的各项法制改革的深入推进,依法治国、法治国家的内涵越来越丰富和科学,特别是构建社会主义和谐社会战略思想和历史任务的提出与实践,为依法治国、建设社会主义法治国家进一步明确了指导思想和奋斗目标,丰富和创新了依法治国、法治国家的内涵,使我国法治现代化的目标定位越来越清晰,和谐法治成为法治现代化的必然选择。"和谐法治"这一目标定位充分体现着构建社会主义和谐社会的战略思想和中国特色社会主义的时代精神,代表着我国依法治国方略和法治国家目标的历史走向,是构建社会主义和谐社会的必然要求和重要保障,也是社会主义法治的主旋律和表征。"和谐法治"不仅将引领我们转换法治话语体系,从而提升我们的法治观念和法治实践,而且必将丰富和创新建设社会主义法治国家的理想模式、历史任务、实践途径。在构建社会主义和谐社会的历史进程中,法治现代化的根本目标是实现和谐法治。实现和谐法治,关键是用和谐精神统领法律价值体系,将和谐精神融入法律规范体系,用和谐精神指导法律运行实践,使我国法治充分体现社会主义和谐精神。

具体到司法实践中，就是要牢固树立和谐司法的理念。

坚持和谐司法，必须始终把促进社会和谐作为人民法院工作最重要的目标追求。衡量人民法院工作，不仅要看办理了多少案件、出台了多少改革措施、开展了多少次专项行动、接待了多少次群众来访，更要看是否化解了矛盾纠纷、是否理顺了群众情绪、是否促进了社会和谐发展。从这个意义上说，人民法院工作的价值正是体现在通过法律手段实现公平正义、服务和保障科学发展、促进社会和谐上。人民法院工作服务和保障经济社会科学发展，必须要将最大限度地增加和谐因素、最大限度地减少不和谐因素，确定为人民法院的工作目标，把最大限度地实现案结事了贯穿于审判和执行工作的全过程，把是否促进社会和谐作为评价和检验人民法院审判和执行工作的重要标准。要从有利于社会和谐出发，采取有利于社会和谐的方式进行司法活动，既要严格执法，又要文明司法，促进全社会和谐局面的形成、巩固和发展。党的十六届六中全会作出的《关于构建社会主义和谐社会若干重大问题的决定》和《中共中央关于进一步加强人民法院、人民检察院工作的决定》都明确要求，司法机关要坚持司法为民、公正司法，充分发挥司法维护公平正义的职能，最大限度地保护最广大人民的根本利益；要完善司法救助制度，让经济确有困难的群众打得起官司，确保有理有据的当事人打得赢官司，让打赢官司且具备条件执行的当事人及时实现权益，维护国家法律权威；要弘扬司法民主，健全巡回审判，依法扩大简易程序适用范围，落实当事人权利义务告知制度，方便群众诉讼；要进一步提高司法效率；要注重法律效果与社会效果相协调，发挥法律效果和社会效果的双重作用，做到既要严格执法、公正司法，又要立足于稳定社会，及时化解矛盾，消除纠纷，息讼宁人，努力减少社会对抗。党的十七大进一步提出，要优化司法职权配置，规范司法行为，建设公正高效权威的社会主义司法制度。所有这些，都是实现构建社会主义和谐社会总目标对司法机关和司法活动的具体要求,是党中央和谐社会理念在司法领域的具体要求,是达到善治与社会和谐的必然要求。

和谐法治是有中国特色的社会主义法治,其根本特征是“党的领导、人民当家作主、依法治国”的有机统一与和谐。其中,坚持党的领导是人民当家作主和依法治国的根本保证,人民当家作主是社会主义法治的本质要求,依法治国是党领导人民治理国家的基本方略,是坚持和完善党的领导、实现人民当家作主的基本途径和法治保证。人民法院坚持和谐法治的发展方向,贯彻和谐司法的理念,必须始终坚持“三个至上”的有机统一,正确地、统筹兼顾地处理好政治性、人民性和法律性的关系。要自觉接受党委领导,主动接受人大法律监督、政协民主监督、检察机关诉讼监督、新闻媒体舆论监督和社会各界的广泛监督,进一步密切与其他政法机关和社会各界的广泛联系,虚心听取社会各界和人民群众的批评、建议与意见,努力做到与党政各部门、与人大代表和政协委员、与政法系统各部门、与大众传媒形成和谐相处的局面,最大限度地获得理解、认可和支持,最大限度地减少误解、指责和反对。通过不断加强和谐司法环境建设,保障和实现人民法院工作、人民司法事业的科学发展。

“三个至上”的理论内涵与司法实践要求*

2007年12月25日，胡锦涛总书记在同全国政法工作会议代表和全国大法官、大检察官座谈时指出：希望大法官、大检察官要始终坚持党的事业至上、人民利益至上、宪法法律至上，切实承担起带领广大法官、检察官和其他工作人员保障科学发展、促进社会和谐的历史使命和政治责任，为建设公正高效权威的社会主义司法制度而不懈努力。总书记的这一重要指示既是对大法官、大检察官的勉励，也是对全国政法干警的殷切希望和要求。深刻领会总书记提出的“三个至上”的根本要求，并在司法工作中践行“三个至上”，是坚持人民司法的正确方向、开辟司法工作新局面、发展社会主义司法事业的迫切要求，是全面落实依法治国基本方略、加快建设社会主义法治国家的迫切要求，是建设公正高效权威的社会主义司法制度、保障和推进中国特色社会主义事业的迫切要求。

这里，我仅就“三个至上”的理论内涵及其在司法领域的实践要求，谈一些初步认识，与同志们交流。

---

* 本文根据2008年6月19日张文显在全国政法系统“大学习大讨论”专题研讨班上的发言修改而成，原文《坚持“三个至上”的重要指导思想，努力开创人民法院工作新局面》，发表于《全国政法系统学习贯彻十七大精神和胡锦涛总书记重要讲话辅导读本》（中国长安出版社2008年版）。

一、“三个至上”的理论解读

“至上”就是至高无上,就是崇高神圣。强调党的事业至上、人民利益至上、宪法法律至上,表明这三个问题对于政法工作具有极端重要性和最高原则性。

(一)党的事业至上

党的事业至上是由中国共产党的领导地位和伟大作用决定的。中国共产党是中国特色社会主义事业的领导核心。中国共产党的领导地位是经过长期斗争考验形成的,是历史的必然、人民的选择,是社会主义现代化建设的需要。中国共产党之所以居于执政地位、之所以发挥着伟大作用,归根结底是因为它始终代表中国先进生产力的发展要求,始终代表中国先进文化的前进方向,始终代表中国最广大人民的根本利益。

党的事业是与时俱进的概念。在当代中国,党的事业集中体现为高举中国特色社会主义伟大旗帜,夺取全面建设小康社会新胜利。中国特色社会主义伟大旗帜,是当代中国发展进步的旗帜,是全党全国各族人民团结奋斗的旗帜。高举中国特色社会主义伟大旗帜,最根本的就是要坚定不移地走中国特色社会主义道路,坚定不移地坚持中国特色社会主义理论体系。胡锦涛总书记在党的十七大报告中指出,改革开放以来我们取得一切成绩和进步的根本原因,归结起来就是:开辟了中国特色社会主义道路,形成了中国特色社会主义理论体系。并指出:中国特色社会主义道路,就是在中国共产党领导下,立足基本国情,以经济建设为中心,坚持四项基本原则,坚持改革开放,解放和发展社会生产力,巩固和完善社会主义制度,建设社会主义市场经济、社会主义民主政治、社会主义先进文化、社会主义和谐社会,建设富强民主文明和谐的社会主义现代化国家。中国特色社会主义理论体系，就是包括邓小平理论、"三个代表"重要思想以及科学发展观等重大战略思想在内的科学理论体系。这个理论体系，坚持和发展了马克思列宁主义、毛泽东思想，凝结了几代中国共产党人带领人民不懈探索实践的智慧和心血，是马克思主义中国化最新成果，是党最可宝贵的政治和精神财富，是全国各族人民团结奋斗的共同思想基础。

由此可见：党的事业至上，就是中国特色社会主义事业至上，也就是高举中国特色社会主义伟大旗帜，走中国特色社会主义伟大道路。如果我们偏离中国特色社会主义道路，偏离中国特色社会主义理论体系，那就是偏离党的事业，放弃党的事业，坚持党的事业至上也就无从谈起。

（二）人民利益至上

人民利益至上充分体现了我们党以人为本、全心全意为人民服务的根本宗旨。在党的十七大报告中，胡锦涛总书记在论述科学发展观时，强调指出要坚持以人为本，并对以人为本作了精辟论述，即"全心全意为人民服务是党的根本宗旨，党的一切奋斗和工作都是为了造福人民。要始终把实现好、维护好、发展好最广大人民的根本利益作为党和国家一切工作的出发点和落脚点，尊重人民主体地位，发挥人民首创精神，保障人民各项权益，走共同富裕道路，促进人的全面发展，做到发展为了人民、发展依靠人民、发展成果由人民共享。"在十一届全国人大一次会议闭幕式上，他再次强调新一届国家机构工作人员在履行职责的过程中要切实做到以人为本，全心全意为人民服务，诚心诚意为人民造福。

人民利益至上，充分体现了中国共产党作为执政党立党为公、执政为民的政治纲领。中国共产党既是中国工人阶级的先锋队，也是中国人民和中华民族的先锋队。党除了工人阶级和最广大人民群众的利益，没有自己丝毫的特殊利益。在任何情况下，都是人民利益高于一切,人民利益就是全部。

人民利益至上,意味着要始终以人民利益作为政法工作的根本标准,政法工作搞得好不好,最终要看人民满意不满意,看人民群众的基本权益是否得到了切实有效的保护。

(三)宪法法律至上

宪法法律至上是依法治国的题中之义和必然要求。法治概念是同现代社会的制度文明密不可分的,法治概念主要是制度范畴,而不是简单的依法办事。任何现代法治都意味着对国家公共权力的限制,对权力滥用的制约,对公民自由与权利的平等保护等;意味着国家机关的立法、行政、司法以及其他公共活动必须服从法律的一些基本原则,诸如人民主权原则、人权原则、正义原则、公平合理且迅捷的程序保障原则等等。因而,法治的核心是依法治国,而这里的“国”是作为国家机器和公共权力意义的“国”,所以,依法治国关键是依法治权,把权力运行纳入法治的轨道。强调宪法法律至上,就是弘扬“法大于权”,否定“权大于法”,就是实行法治,抛弃人治。

宪法法律至上是由我国人民代表大会根本制度所决定的。在我国,一切权力属于人民,人民行使权力的机关是全国人民代表大会和地方各级人民代表大会。宪法和法律是由全国人民代表大会或其常委会制定的,全国人民代表大会作为国家最高权力机关,它所制定的宪法和法律在国家生活中理所当然具有最高的权威。

宪法法律至上也是由法律规范的特殊性所决定的。我们生活的社会有各种各样的调整人们相互行为和社会关系的规范,诸如法律规范、道德规范、宗教规范、政治规范、经济规范、职业规范、各种礼仪习俗等。其中唯有法律规范是由国家制定或认可,并由国家强制力保证实施的,因而具有高度的统一性、普遍的约束力、极大的权威性,任何个人、组织、政党、国家机关都不得超越宪法和法律之上,更不得以言代法、以权压法、以权乱法。否则,必将受到法律的制裁。

宪法法律至上是建立在宪法神圣的理念之上的。我们的法律体系是由法律、行政法规、地方性法规、民族自治条例等组成的完整体系,宪法包括在法律之中。总书记不是笼统地讲“法律至上”,而是讲“宪法法律至上”,有意识地将宪法凸显出来,意味深长。宪法是国家政治宣言和根本大法,是治国安邦的总章程,在国家政治生活和社会生活中具有极其重要的作用。党的十六大以来,胡锦涛总书记反复强调“依法治国,首先要依宪治国;依法执政,首先要依宪执政”,为在全党全民中树立宪法意识、强化宪法权威,维护社会主义法制的尊严、统一和权威,提供了政治依据和理论基础。

(四)“三个至上”的有机统一

“三个至上”的有机统一是中国特色社会主义民主政治的鲜明标志,也是社会主义法治的必然要求。中国特色社会主义民主政治的本质特征是坚持党的领导、人民当家作主、依法治国的有机统一。“三个至上”正好对应坚持党的领导、人民当家作主和依法治国,并从中派生出对党负责、对人民负责、对法律负责的有机统一。党的事业至上、人民利益至上和宪法法律至上的有机统一,意味着它们之间本质一致、功能关联、相互依存、缺一不可。

“三个至上”的有机统一,从内容上说在于党的事业与人民利益的高度统一性。如前所说,在当代中国,党的伟大事业,归根结底,就是夺取全面建设小康社会新胜利、谱写人民美好生活新篇章,而这正是人民的愿望、人民的期待、人民的利益所在。

对于党的事业至上与人民利益至上的统一性,人们不难理解。人们时常发生质疑,甚至讳莫如深的,是宪法法律至上。有时候,我们听到这样一种荒谬的言论:如果宪法法律至上,那么,党的领导放在哪里?这种把党的领导与宪法法律对立起来的观点是典型的形而上学。还有另外一种更为荒谬的言论:党的领导(党治)与依法治国(法治)是相悖的,言外之意,不放弃党的领导就谈不上宪法法律至上。其实,宪法法律是党的主张和人民意志相统一的体现,宪法法律是通过法定程序上升为国家意志、表现为法律原则和规则的党的主张和人民意志,是党的事业与人民利益的制度表达。宪法法律是实现党的主张和人民意志的保障。遵守和执行宪法和法律,就是按人民意愿办事,也是贯彻党的主张,实现党的路线、方针、政策的重要保障。主张宪法法律至上,实际上也就是主张党的事业至上、人民利益至上;同样,主张党的事业至上和人民利益至上,也必然要求宪法法律至上。

二、"三个至上"在司法中的实践要求

"三个至上"既是对社会主义民主政治和法治理论的深化,也给司法工作提出了更高、更鲜明的要求。

(一)党的事业至上对司法的基本要求

在司法实践中,坚持党的事业至上,最根本的要求就是把司法事业作为中国特色社会主义事业的重要组成部分,随着中国特色社会主义事业的发展而发展;把司法工作作为党和国家工作的重要组成部分,并放在党和国家工作全局中来谋划、来推进,做到与党的事业同步,为党的事业服务。

坚持党的事业至上,要求司法工作要服务大局、服从全局,为大局创造和谐稳定的社会环境和公正高效权威的法治环境。大局是具体的,往往以党和国家根本任务或中心工作的形式表现出来,所以,服务大局就要悉心把握党和国家在具体社会发展阶段和历史时期的根本任务或中心工作,使法治的使命与之相适应,找准司法工作与党和国家工作大局的结合点以及服务大局的工作着力

点，以及根据形势的发展变化适时调整结合点和工作着力点的能力。大局通常也以党的政治纲领、路线、方针、政策、策略等表现出来。所以，服务大局就必须以党的纲领、路线、方针、政策和策略为统领，善于从党的纲领、路线、方针、政策和策略上观察、认识和处理法律问题和涉法事务，追求法律效果与政治效果的完美统一，并以政治效果检验法律效果。

坚持党的事业至上，要求司法机关必须自觉服从党的领导。党的事业是通过各级党委的领导职能和工作部署实现的。实践证明，司法机关只有始终坚持党委领导，依靠党中央和各级党委总揽全局、协调各方的政治优势，才能保持清醒的政治意识，把握正确的政治方向，才能科学判断形势、把握大局和全局，正确驾驭复杂局面、处理复杂问题。服从党的领导，首先要同党中央保持高度一致，坚持用中国特色社会主义理论体系指导司法工作，坚决贯彻执行党的纲领、路线、方针、政策和策略。同时，要认真执行同级党委的重大决定，主动接受各级党委及其政法委员会的领导和协调，特别是遇到区域性、全省性和全国性的重大案件，遇到触及经济、政治、生态、民族、宗教、外交、军事等热点问题的重大案件以及群体性敏感案件，牵涉到诸多政法机关和其他国家机关职权边界的重大案件，都应及时向党委汇报，以便得到正确指导、协调与支持。总之，正如胡锦涛总书记在全国政法工作会议上所强调的，在坚持党的领导这个重大政治原则问题上，头脑要十分清醒，立场要十分坚定，旗帜要十分鲜明，决不能有丝毫动摇。

（二）人民利益至上对司法的基本要求

在司法工作中，坚持人民利益至上，第一，要科学把握人民利益及其利益需求，满足人民群众的司法需求。马克思主义认为，利益就是人们企求满足的一种要求、愿望或期待，人们奋斗所争取的一切，都同他们的利益有关。在社会心理学中，满足既被当作人们需要的实现,进一步,又是新的需要的起点和契机,因而追求利益是人类最一般、最基础的心理特征和行为规律。随着社会经济、政治、文化的快速发展,随着价值多元化时代的到来,人们的利益需求愈加纷呈多变。要在司法工作中体现人民利益至上,切实维护人民利益,就必须科学地把握人民利益及其分化、变化、发展的客观规律和趋势,善于在纷呈多变的利益中分辨出人民群众的普遍利益、根本利益,分辨出人民群众最关心、最直接、最现实的利益。在此基础上,进一步认真研究人民群众日益增长的、多元化的司法需求,充分保障人民群众的诉权的实现。中共中央政治局常委、中央政法委书记周永康同志在全国政法工作会议上指出:随着经济社会发展和人民物质文化生活水平的提高,人民群众对政法工作提出了一系列新要求新期待:不仅要求保护人身财产安全,还期待保护社会政治权利;不仅要求对社会政治生活的知情权,还期待对社会政治生活的参与权;不仅要求执法公正,还期待执法公开透明;不仅要求社会平安,还期待社会和谐;不仅要求提供社会服务,还期待社会服务态度热情、优质高效;等等。只有把握这些新要求新期待,政法工作才能取得人民满意的效果,才能赢得人民的拥护。周永康同志还要求政法机关和政法干警把不断满足人民群众的新要求新期待作为加强和改进政法工作的切入点和着力点。我们要按照周永康同志的这一重要指示,深入开展调查研究,深刻把握人民群众的司法需求和期待,在此基础上改革司法体制,创新司法机制,提高司法能力,规范司法行为,为人民群众提供优质司法服务,不断满足人民群众日益增长的、多元化的司法需求,切实维护和发展人民利益。

第二,坚持人民利益至上,就要贯彻以人为本的理念,贯彻公正司法、一心为民的方针。人民司法的宗旨可以用两句话概括:一是维护社会公平正义,二是维护人民权益,这是一个问题的两个方面。正因为如此,党中央强调把维护社会公平正义作为政法各项工作的生命线，把切实维护好人民权益作为政法工作的根本出发点和落脚点。人民法院主要是通过具体审判和执行活动来体现和实现其维护公平正义、维护和保障人民权益的宗旨。为此，至少应当采取这样一些措施：一是优先审理涉及民生的案件，依法为民生案件设立绿色通道，优先立案、优先审理、优先执行。二是依法扩大简易程序适用范围，不断完善人民法庭巡回审判制度，进一步提高司法效率，最大限度地减轻当事人的诉累。要综合运用不同的审判方式来满足人民群众多元化的司法需求。三是进一步完善法律援助制度，让经济确有困难的群众打得起官司，实现法律面前人人平等，绝不能因为交不起诉讼费用或者缺乏收集证据的能力和出庭辩论的能力，而丧失或削弱诉讼权利。要确保有理有据的当事人打得赢官司，让打赢官司且有条件执行的当事人及时实现其权益。四是推进司法救助制度，特别是对刑事被害人的司法救助，让受害人感受到保护弱者、维护公平的司法关怀。

第三，坚持人民利益至上，就要严格执法、公正司法。要严厉打击那些严重暴力犯罪、涉黑涉恶犯罪、制售假冒伪劣商品图财害命的犯罪、多发性侵财犯罪、严重破坏社会治安的犯罪，以此增强人民群众的安全感，为人民群众创造安居乐业的良好环境；要依法追究在土地征用、房屋拆迁、企业改组改制、环境资源保护、安全生产等涉及民生问题的严重违法侵权行为，切实保护人民的生存权、环境权、发展权；要立足于构建和谐社会，以化解矛盾为主线，从源头上解决群众诉求，以定分止争为目标，综合运用司法手段解决社会矛盾，促成胜败皆服、案结事了、和解和谐的局面。

第四，坚持人民利益至上，要求各级司法机关在自己的部门利益与人民群众的利益出现矛盾时，必须无条件地服从人民利益。

（三）宪法法律至上对司法的基本要求

在司法工作中，坚持宪法法律至上，必须保证宪法法律的有效实施。实践证明,对宪法法律至上性的最后考验,往往不在于人们是否遵守了宪法和法律,而在于违反宪法和法律的行为是否受到了应有的追究和制裁。司法机关既是宪法法律的执行者,也是宪法法律的守护者,必须始终保持宪法法律至上的意识,忠实履行宪法法律赋予的职责,维护社会主义法制的尊严、统一和权威。司法机关必须严格遵守法定程序,坚持法律面前人人平等,敢于抵制地方保护主义、部门保护主义和特权保护主义,做到执法必严、违法必究。就此而言,坚持宪法法律的至上性,必然要求进一步加强司法,更加充分地发挥司法的功能。

坚持宪法法律至上,必须确保司法机关依法独立公正地行使司法权。党的十七大把深化司法体制改革作为全面落实依法治国基本方略、加快建设社会主义法治国家的重要任务,同时把建设公正高效权威的社会主义司法制度,保证审判机关、检察机关依法独立公正地行使审判权、检察权作为司法体制改革的目标。依法独立公正地行使司法权是维护社会主义法制的尊严、统一和权威的重要保障,是社会主义司法制度优越性得以充分发挥的基本条件。依法独立公正地行使司法权,意味着司法权专属于人民法院和人民检察院,司法机关以外的其它国家机关及其工作人员无权插手司法活动,不得干预司法机关行使司法权的正常活动,更不能代替司法机关对案件定性处理;意味着必须维护人民法院判决的既判力,保证人民法院的生效判决具有终局性和权威性。当前,大量存在的涉法涉诉无理访、闹访、缠访,无视生效判决的终局性和权威性,构成了对法律权威的严重挑战。对此,我们不能一味地迁就和退让,否则,必将助长涉法涉诉信访之风,甚至鼓励当事人无理取闹,进一步损害法律的尊严和权威。在社会主义法治国家初级阶段,司法的权威性非常脆弱,所以,各级党组织和领导干部要按照胡锦涛总书记的要求,带头依法办事,带头依法行政,支持和保障审判机关、检察机关依法独立公正地行使审判权和检察权,支持和帮助司法机关抵御、克服影响公正司法的各种干扰,有效推动执行难、申诉难等问题的解决,为司法机关依法履行职责创造良好的政治环境。

坚持宪法法律至上,司法机关必须做到公正司法、高效司法、廉洁司法、和谐司法,不断提高裁判和执行的公信力。宪法法律的至上性既来源于其立法上的党性、人民性、公正性,也取决于其司法上的公信力。当前,司法领域存在的有告不理、司法不公、审判迟误、执行不力,已经成为人民群众反映强烈的社会问题,这些问题的存在严重地损害了司法公信力,损害了人民群众对法律的信赖和信仰。针对这种情况,必须按照党的十七大和全国政法工作会议的要求,切实加强司法队伍建设,缜密规范司法行为,深入开展司法领域的反腐倡廉建设,坚决纠正损害群众利益的不正之风和侵犯当事人合法权利的不端行为,坚决查处司法队伍违纪违法案件,严肃惩治枉法裁判的腐败行为,以严格、公正、文明、清廉的司法形象赢得人民群众的信任,振兴司法公信力,维护宪法法律应有的尊严和权威。

人民法院司法改革的基本理论与实践进程*

2008年是中国改革开放三十年。连续三十年的大改革、大开放，使我国成功实现了从高度集中的计划经济体制到充满活力的社会主义市场经济体制、从封闭半封闭社会到全方位开放社会的伟大历史转变。改革开放的伟大实践有力地推动了社会主义民主法治建设和发展，使我国成功地实现了从人治到法治、从无法无天到规范有序、从“运动国家”到“法治国家”的伟大历史转变。改革开放三十年，是我国法治建设重新起步、快速发展的三十年，也是我国司法改革全面展开、逐步推进的三十年。

在纪念改革开放三十周年之际，回顾三十年来人民法院司法改革的历史进程，梳理三十年来人民法院司法改革的理论与实践，总结人民法院司法改革的成就，检讨人民法院司法改革的经验与教训，展望新时期新阶段人民法院司法改革的前景和趋势，对于坚定不移地高举中国特色社会主义司法理论旗帜，深入推进人民法院司法改革，建设公正高效权威的社会主义司法制度，具有十分重

---

* 本文发表于《法制与社会发展》2009年第3期，被《新华文摘》2009年第5期全文转载。张文显先后在“首届中国大法官论坛”和“中国法学会审判理论研究会2008年年会”上以此为主题发表了主题报告。

要的意义。

一、三十年人民法院司法改革的思想理论

（一）对"人民法院司法改革"这一命题的解读

对"人民法院司法改革"这一命题可以做出两种解读：其一是涉及人民法院的司法改革；其二是人民法院实施的司法改革。本文所说的"人民法院司法改革"是第一种意义，这种意义包括了人民法院开展的司法改革，但不限于人民法院的司法改革，而且主要的不是人民法院自身的改革，最重要的是由党中央领导的司法改革，由全国人大以立法形式实现的司法改革，以及政法机关之间互动性、互补性的司法改革。在推进依法治国的进程中，我们党始终高度重视司法改革，并始终把推进司法改革作为社会主义法治建设的组成部分作出部署，特别是党的十六大以后，党中央专门成立了司法体制改革领导小组，并于2004年底出台了《中央司法体制改革领导小组关于司法体制和工作机制改革的初步意见》，确立了司法体制改革的基本原则，对司法体制和工作机制改革进行了全面部署。这种意义上的司法改革是我国整个改革开放伟大实践的重要组成部分，是依法治国、建设社会主义法治国家的重要组成部分，是全面建设小康社会的重要组成部分。

（二）司法改革的核心是制度创新

通常，人们说司法改革的根本原因在于现行的制度不合理，所以要改革。但实际上，问题不那么简单，要从两个方面看：一方面司法制度本身存在着不合理性，或者说初创时的合理性已经穷尽，需要从体制和制度本身改革，即改制；另一方面司法制度是合理的，但是由于认识、具体体制、技术、人员等因素，限制了合理性的发挥，预期的合理性没有体现出来，所以要通过机制、方式方法的

改革让制度的优越性充分发挥出来。我认为人民法院司法改革两方面的针对性都有。在所有的司法改革成就中,我们更应当看重制度创新,制度创新带有根本性、长期性。

(三)司法改革的第一要务是司法事业的科学发展

科学发展有三层意思:第一,司法改革应当遵循司法规律,把人民司法作为中国特色社会主义事业的重要组成部分,随着中国特色社会主义事业的发展而发展;走中国特色社会主义司法道路,建设公正高效权威的社会主义司法制度,是人民司法事业健康发展和法院工作顺利推进的根本规律,司法改革必须沿着这条规律推进。司法的具体规律有很多,诸如化解社会矛盾的规律,程序公正的规律,审判管理的规律,法官职业化的规律,等等。第二,司法改革必须符合国情,最主要的是符合社会主义初级阶段的基本国情,符合全球化时代的特殊国情。在全球化时代,中国属于世界的一部分,是世界中的中国,是经济全球化、公共事务全球化、环境全球化、人权全球化之中的中国,在这个意义上,符合中国国情也就是符合当今世界的世情。在科学发展的意义上,不改革不行,乱改革也不行。三十年来人民法院司法改革,就是不断探索审判权运行和司法工作的客观规律,并尽可能在尊重司法客观规律前提下持续推进改革的过程。在探索司法客观规律的过程中,形成并不断丰富和发展了社会主义司法理论,引领人民法院司法改革不断推进和发展。第三,司法改革应当有利于人民司法事业的科学发展,即全面、协调、可持续发展,尤其是要有利于基层人民法院各项事业的发展。

(四)司法改革的根本目的是解放和发展司法能力,更好地满足广大人民群众的司法需求

经济改革是以解放和发展个人的生产力和社会的生产力为根

本目的,政治体制改革是以保证人民当家作主为根本,以增强党和国家活力、调动人民积极性为目标,扩大社会主义民主,建设社会主义法治国家,发展社会主义政治文明。在政治体制改革的总体框架之内,司法改革的宗旨则是不断解放和发展司法能力,包括维护党的执政地位的能力,维护国家安全和社会稳定的能力,维护人民群众合法权益的能力,维护社会公平正义的能力,服务和保障经济和社会发展的能力,化解社会矛盾纠纷、促进社会和谐进步的能力,不断满足人民群众日益增长的司法需求。在解放和发展司法能力方面,司法改革也不断地调动广大法官的积极性和创造力,法官个人的司法能力显著提高。

(五)司法改革的根本动力

司法改革的动力包括外在动力和内在动力。司法改革的外在动力是经济改革和政治改革。我国的司法改革是在经济体制改革和政治体制改革的宏观背景下展开的,是适应经济改革和政治改革而发生的。改革开放与法治建设息息相关、相辅相成:一方面,改革开放的伟大实践产生了对法律和法制的迫切需求,推动了法治的建设和发展,推动了司法改革;另一方面,法治建设和法制改革回应和适应了改革开放的需要,立法、执法、司法、普法等法治工作为改革开放创造了良好的法治环境。所以说,司法改革属于整个改革事业的重要组成部分。

司法改革的内在动力是广大人民群众日益增长的司法需求。20世纪80年代以后,随着改革的深化、开放的扩大、社会的发展,人民群众越来越习惯于从法律和权利的角度提出利益主张,当事人越来越要求通过法律程序解决矛盾和纠纷,把维护公平正义的最后诉求付诸于人民法院,寄希望于人民法官。人民群众日益增长的司法需求与相对落后的司法理念、司法体制、运行机制、司法能力以及相对匮乏的司法资源之间的矛盾日益突出。这些矛盾,必须通过改革来解决。而且,人民法院也主要从人民对司法的新要求中寻找改革的任务,从最不满意的地方改起。当然人民群众的司法需求是不断增长的,旧的矛盾解决了,新的矛盾又出现了,所以司法改革不是一朝一夕就能完成的,而是要持续改革,长期改革,改革是司法事业发展的永恒主题。

(六)司法改革的指导思想

人民法院司法改革固然有一些属于摸着石头过河的事项,也有过失与教训,但总体上是在正确的思想理论指导下进行的。

总体上来说,司法改革的指导思想就是中国特色社会主义理论体系。中国特色社会主义理论体系是我们党在实事求是地总结和反思在艰辛探索社会主义建设规律、开展社会主义建设过程中的经验教训、成败得失的基础上,创立并不断丰富和发展起来的当代中国的马克思主义。它包括三个组成部分,即邓小平理论、“三个代表”重要思想和科学发展观。中国特色社会主义理论体系的鲜明特征在于,它是思想解放的结晶又是思想解放的武器,就精髓来说它是改革的理论体系,是发展的理论体系,是通过改革推动发展的理论体系。这个理论体系运用于人民法院工作,必然要求解放思想,改革创新,推进司法改革。中国特色社会主义理论体系与社会主义法治建设的实际相结合,形成了中国特色社会主义法治理论和法治理念,并使之成为中国特色社会主义理论体系的重要组成部分。中国特色社会主义法治理论和法治理念,是直接指导司法改革的理论基础,它不仅决定了司法改革的政治方向,也构成了司法改革的战略策略、理论坐标和检验标准。

具体而言,直接指导司法改革的基本理论包括:

1. 司法民主的理论

司法民主包括两个方面:一是司法为民;二是民主司法。司法为民是我们党以人为本的崇高精神和“立党为公、执政为民”的伟大理念在司法领域的集中体现。司法为民充分体现了社会主义司法制度和人民法院的人民性本质。根据这一理论，要始终把实现好、维护好、发展好最广大人民的根本利益，作为改革和发展社会主义司法制度的出发点和落脚点，作为一切司法工作的出发点和落脚点，通过公正高效的司法活动依法保障人权，依法维护人民权益，做到司法惠民、司法护民。同时，还要考虑司法活动如何更快捷、更方便、更有效地实现好、维护好、发展好最广大人民的根本利益，做到司法便民、司法利民。正如胡锦涛总书记在全国政法工作会议上所强调的："政法工作搞得好不好，最终要看人民满意不满意。要坚持以人为本，坚持执法为民，坚持司法公正，把维护好人民权益作为政法工作的根本出发点和落脚点，着力解决人民最关心、最直接、最现实的利益问题"。

2003 年，最高人民法院提出了"司法为民"，并将其作为法院工作的根本宗旨和要求，制定了关于实践司法为民宗旨的 23 条意见，对指导人民法院正确进行司法改革起到了重要的作用。2005 年，最高人民法院又明确把胡锦涛总书记关于"公正司法，一心为民"的谈话精神确立为人民法院工作的指导方针，并把这一指导方针作为新时期人民法院衡量全部司法活动、包括司法改革的根本标准，强调深入推进法院司法改革，无论是谋划方案还是具体实施，都必须贯彻落实"公正司法，一心为民"的指导方针，确保法院改革的正确方向和有效实施。

民主司法是人民当家作主的政治制度在司法领域的体现。坚持民主司法，首先要求坚持人民代表大会制度。新中国建立前夕，关于国家机构名称，毛泽东、周恩来等老一辈革命家强调指出：我们的国家机构都要冠以"人民"，政府称为人民政府，法院称为人民法院，检察机构称为人民检察院，1954 年建立人民代表大会制度，更是以"人民"为前置。现行《宪法》第 2 条规定："中华人民共和国的一切权力属于人民。人民行使国家权力的机关是全国人民代表大会和地方各级人民代表大会。"《宪法》第3条规定:"全国人民代表大会和地方各级人民代表大会都由民主选举产生,对人民负责,受人民监督。国家行政机关、审判机关、检察机关都由人民代表大会产生,对它负责,受它监督。"《人民法院组织法》第17条规定:"最高人民法院对全国人民代表大会和全国人民代表大会常务委员会负责并报告工作。地方各级人民法院对本级人民代表大会及其常务委员会负责并报告工作。"这些规定表明,在我国,司法权来自人民,属于人民,为了人民。具体而言,就是人民法院由人民代表大会产生,向人民代表大会负责,接受人民代表大会监督,依靠人民代表大会支持。其次要切实保障人民群众对司法工作的知情权、参与权、表达权、监督权,真正把司法工作置于广大人民群众的监督之下,以民主保公正,以公正得公信。要全心全意依靠人民群众,充分挖掘、善于利用人民群众当中惩恶扬善、禁黑除恶、除暴安良、化解社会矛盾纠纷的各种资源,包括民事调解、民间商谈的传统经验,以及与法律并行的道德力量、习惯做法;加强人民陪审制度,随着人民群众法治实践的丰富,依法办事的能力显著提高,人民陪审制度可以进一步拓展。第三,要坚持和发展法院内部的民主组织体系和工作机制。我国司法制度是以司法民主为核心建构起来的,法院的合议庭、审判委员会、党组会议等都是司法民主的载体,要充分发挥这些制度形式的民主机制,在审执工作和法院的其他工作当中,集中法官们的法律智慧、政治智慧、哲学智慧和社会经验,确保审判和执行工作的质量和效率。

2. 司法独立的理论

司法权既是统一的国家权力体系的组成部分,又是一种相对独立的国家权力。司法权运行既有权力运行的一般规律,又有其特殊规律。其最显著的特殊规律就是司法权行使(运行)的独立性。法院司法的独立性根源于诉讼当事人的复合性、对抗性,法院必须在双方或多方当事人之间保持独立和中立地位,不受其他任何因素的干扰而平等对待任何一方当事人,唯有此,才能作出公正的判决,所以说司法独立是保证司法公正的必然要求。司法独立在现代民主法治社会显得尤为突出。现代民主法治社会的突出标志是政府必须在宪法和法律授权的范围内活动,并且要依照法定程序执法,政府侵害公民和法人的合法权益,可以被公民、法人告上法庭,成为被告。政府和法院都是国家机关,如果法院不独立行使审判权,受制于政府,那就没有公民和法人胜诉的可能,对公民和法人是极不公平的。司法的独立性还表现在司法权运行的受动性,受动性的简明表达就是"不告不理"。相对于当事人而言,法院应是受动的,应当实行不主动干预的原则。法院介入社会的程度是有限的,这个限度就是"不告不理"。在当今世界,"不告不理"是法律诉讼最基本最普遍的原则。司法独立也是防范和抵制地方保护主义和部门保护主义的制度要求。基于对司法独立客观必然性和现实必要性的认识,我国宪法明确规定,人民法院依法独立行使审判权,不受行政机关、社会团体和个人的干涉。当然,司法独立并不意味着法院不受监督和制约。各级法院必须正确处理好与党委、与权力机关、行政机关以及与人民群众的关系。要服从党委对法院工作的领导,使司法权的行使有政治保证;要接受权力机关的监督,对权力机关负责,维护和实现人民的意志;要接受上级法院的监督和指导,保证司法权的统一行使;要接受其他机关、团体和人民群众的监督,以便正确地适用法律,防止司法腐败现象的发生。特别是要正确认识和处理法院与人大的关系。我国宪法、监督法等法律都明确规定人民法院由人民代表大会产生、向人民代表大会负责、受人民代表大会监督。人大及其常委会对法院的监督是法院独立审判不受干扰的基本保证,也是实现司法公正和效率的基本保证。我们所说的"司法独立"并不是西方"三权分立"政治体制下的司法独立,也不是某些西方国家标榜的法官独立审判,而是法院作为整体依法独立行使国家审判权。具体而言:国家的司法权只能由国家各级司法机关统一行使，其他机关、团体和个人都无权行使此项权力；人民法院依照法律规定独立行使审判权，不受行政机关、社会团体和个人的干涉；司法机关审理案件必须严格依照法律规定，正确适用法律。

3. 司法公正、效率、权威理论

公正，或者说公平正义，是社会主义法治的价值追求，是社会主义司法理念的核心。司法公正是社会公平正义的底线。党的十六大报告指出，“社会主义司法制度必须保障在全社会实现公平和正义”，明确指出了社会主义司法制度的根本价值。经过多年的努力，各级人民法院对司法公正在理论上形成了许多共识，如司法公正不仅包括实体公正，而且包括程序公正，还包括行为公正或形象公正；不仅要通过审判活动实现司法公正，而且要以人们看得见的方式彰显司法公正，让裁判或认定的过程变成当事人感受民主、客观、公正的过程；司法的正当程序不仅是实现司法公正的必要手段和内在要求，而且本身具有独立的价值。

司法公正往往需要由司法效率来保证。效率意味着及时获取证据，防止因时过境迁证据被转移、毁损灭失，使得当事人受到损害的合法权益无法补救。提高司法效率，不仅可以使被害人的权利及时得到救济，还可以使受损害的法律秩序及时得到恢复，同时有助于公众增强对司法机关的信任。如果效率低下，案件久拖不决，必将使纠纷长期处于不确定状态，当事人之间长期处于对抗或敌对状态；在当事人疲惫不堪的情况下拿到一个“公正”的判决，此时的当事人对司法机关已经没有什么感激，更谈不上什么公正感、信任感。

为此，2001 年，最高人民法院明确把“公正与效率”确立为 21 世纪人民法院工作的主题，逐步形成了司法公正与效率的理论体系，要求各级人民法院根据实现司法公正与提高司法效率的要求，推进司法改革和创新。在 2006 年 5 月中共中央印发的《关于进一步加强人民法院、人民检察院工作的决定》中，也明确要求人民法院要在党的领导和人大监督下，坚持“公正与效率”的法院工作主题，切实提高保障社会公平和正义的能力；要以保障在全社会实现公平和正义为目标，以解决制约司法公正和人民群众反映强烈的问题为重点，推进司法体制改革，并反复强调了促进司法公正，提高维护国家安全和社会稳定的能力，保障社会公平正义的能力。当然，在公正与效率的关系上，应坚持以公正统领效率，以效率保障公正。

司法不仅必须是公正、高效的，而且必须具有权威性。诚然，司法公正高效和司法公信是司法权威的基础，但它们之间毕竟不能划等号，司法权威是一个相对独立的范畴。司法权威是法的本质特征所必然要求的。法区别于其他社会规范的根本特征在于它是由国家制定并由国家强制力保证实施的。国家强制力包括执法强制力和司法强制力等在内，在法治社会司法强制力是保证法律实施的最后一道防线，如果司法没有足够的强制力，就难以保证法制的统一、尊严和权威。司法权威以法院裁判效力的终局性和不可违抗性为根本标志。在我国社会主义初级阶段，司法的权威性非常脆弱，所以，党中央强调：各级党组织和领导干部要带头依法办事，带头依法行政，支持和保障审判机关、检察机关依法独立公正地行使审判权和检察权，支持和帮助司法机关抵御、克服影响公正司法的各种干扰，有效推动执行难、申诉难等问题的解决，为司法机关依法履行职责创造良好的政治环境。

纵观改革开放三十年的人民法院司法改革，都是在围绕着实现司法公正、提高司法效率、增强司法权威展开的。

4.“三个至上”重要思想

胡锦涛总书记提出的“始终坚持党的事业至上、人民利益至上、宪法法律至上”，是对社会主义民主法治建设客观规律的科学总结，是对马克思主义法治思想和社会主义法治理念的丰富和发展,集中体现了坚持党的领导、人民当家作主、依法治国有机统一的社会主义法治的本质特征,体现了中国特色社会主义司法制度政治性、人民性、法律性的有机统一,体现了人民法院工作对党负责、对人民负责和对法律负责的高度一致,对于在新的历史条件下建设公正高效权威的社会主义司法制度,保障和推进中国特色社会主义事业,具有极其重要的指导意义。

"三个至上"重要思想是人民法院司法改革理论的又一次升华。人民法院司法改革是我国政治体制改革的组成部分,是发展我国社会主义民主政治的组成部分。党的十六大报告指出:"发展社会主义民主政治,最根本的是要把坚持党的领导、人民当家作主和依法治国有机统一起来。党的领导是人民当家作主和依法治国的根本保证,人民当家作主是社会主义民主政治的本质要求,依法治国是党领导人民治理国家的基本方略"。坚持党的事业至上、人民利益至上、宪法法律至上,正好对应了党的领导、人民当家作主、依法治国,并由此派生出对党负责、对人民负责、对法律负责。因此,"三个至上"的指导思想与社会主义民主政治的本质要求是一致的,是在新的历史起点上推动人民法院司法改革的根本指导思想,司法改革必须体现"三个至上"及其统一性。

5. 和谐司法理论

改革开放以来,随着我们党指导思想的与时俱进和社会经济、政治、文化的现代化,随着社会主义法制建设实践经验的丰富以及包括立法、执法、司法等在内的各项法制改革的深入推进,依法治国、法治国家的内涵越来越丰富和科学,特别是党的十六大提出社会和谐、十六届四中全会明确提出构建社会主义和谐社会、十六届六中全会作出《关于构建社会主义和谐社会若干重大问题的决定》,构建社会主义和谐社会的战略思想和历史任务明确提出,为依法治国、建设社会主义法治国家进一步明确了指导思想和奋斗目标,丰富和创新了依法治国、法治国家的内涵。在这样的背景下,“和谐法治”理念呼之欲出。和谐法治不仅要求立法要和谐,司法也要充分体现和谐的精神,实现“和谐司法”,并在和谐司法理念的指引下从事司法活动,引领司法改革。

和谐司法是中国特色社会主义司法制度的基本特征。其内涵包括:第一,司法目的要和谐。要通过审判、执行和涉法信访,定分止争,化解社会矛盾,促进社会和谐。法院产生的直接原因就是社会出现了矛盾纠纷,当社会矛盾纠纷大量增多而私权力无法解决的时候,就需要有一种公权力来取代私权力解决矛盾纠纷,法院由此产生。因此,任何社会形态下、任何时候,解决社会矛盾纠纷都是法院司法权的最基本的属性和功能。现阶段,随着经济体制深刻变革、社会结构深刻变动、利益关系深刻调整、思想观念深刻变化,社会矛盾凸显,对人民法院依法妥善协调各方面的利益关系,最大限度地化解社会矛盾纠纷,提出了更迫切、更现实的要求。形成矛盾纠纷的原因是多方面的,解决矛盾纠纷的途径和方法也应该是多元化的,但无论选择怎样的解决途径和方法,其最终的目的都是要定分止争、案结事了、息事宁人。第二,司法职能要和谐。在党委的统一领导和人大的监督下,在宪法和其他法律的制度框架内,与检察、公安、国安、司法等政法机关分工负责,互相支持、互相配合、互相制约,准确有效地执行法律,共同履行维护党的执政地位、维护国家长治久安、维护人民群众利益、维护社会公平正义、保障和服务经济社会发展的神圣职责。这是党的执政权在政法工作中的集中体现,是中国特色社会主义政法事业的政治优势、法律优势和工作优势所在。司法改革要充分展示和最大限度地发挥这种制度优势,而不是削减这种优势。第三,司法过程中各个主体之间要和谐。这需要法官能够切实尊重、维护当事人的诉讼权利及选择。一是当事人享有自主实施诉讼行为的自由,即诉讼权利的行使与放弃依据当事人的自愿;在符合法律规定的条件下,自主选择有利于自己诉讼利益的诉讼手段,法官应予准许;在不违反法律规定情况下，当事人之间形成的纠纷解决合意应得到法官的确认和支持。二是在发挥辩论原则的主导作用的同时，对于当事人在权利实现过程中遇到的无法克服的诉讼能力障碍，法官应适当介入，避免当事人之间在诉讼结构关系上的失衡。如在当事人因客观原因无法收集证据时，法官可以依职权调查收集证据。第四，司法工作模式要和谐。司法的基本职能在于，通过调整利益关系以解决社会矛盾和纠纷，这就要求司法工作模式能够立足和谐，促进和谐，减少、化解社会矛盾和纠纷对正常社会秩序的冲击。中国古代司法文化是一种和谐文化，不是对抗文化，始终强调法律与社会的融合，调解作为中国古代司法重要的工作方式在这其中发挥了很大作用，这对于社会主义司法仍然具有不容忽视的现实意义。

二、三十年人民法院司法改革的实践进程与基本成就

（一）司法改革的基本进程

三十年的司法改革经历了从恢复重建到体制机制改革，从零敲碎打到整体纵深推进这样一个与时俱进的过程，不断完善和发展着中国特色社会主义司法制度，不断使中国特色社会主义司法制度的优越性得到充分展示和发挥。

1. 恢复重建时期

在中国特殊的历史背景下，恢复重建是一种特殊形式的改革。“文化大革命”当中，造反派“踢开党委闹革命”，“砸烂公检法”，司法机关是重灾户。司法机关被打砸抢，档案被抢走或撕毁，很多司法干警被揪斗，司法队伍被解散，检察机关不再存在，法院成为各地公安机关军管会下属的“审判组”，大批法院干部被下放或调离审判岗位。1975 年《宪法》甚至以法律的形式规定由公安机关行使检察机关职权（实际上取消了国家检察机关），取消人民法院独立

审判及陪审制度、公开审判和辩护制度。在“群众专政”的名义下，大搞“群众立案”、“群众办案”、“群众审判”，私设公堂，进行非法审判和非法惩办，社会主义司法受到严重破坏，人民的权利和自由受到肆意践踏。1978 年《宪法》恢复了人民检察院职权。“文化大革命”结束之后，伴随着 1982 年新宪法的颁布实施、三大诉讼法的陆续出台与不断完善、人民法院组织法和人民检察院组织法的修改完善，我国的社会主义司法制度得以恢复和重建。恢复不是简单复原，重建也不是复制原样，而是包含了许多制度创新。在恢复重建的过程中，发生了中国现代历史上最重大的法律事件，即对林彪、江青反革命集团的大审判。1980 年 11 月 22 日，《人民日报》发表了题为《社会主义民主和法制的里程碑》的特约评论员文章，指出“对林彪、江青反革命集团的审判，是我国民主和法制发展道路上的一个引人注目的里程碑，它充分体现了以法治国的精神，坚决维护了法律的权威，认真贯彻了社会主义民主和法制的各项原则”。在这篇评论员文章中明确指出对林彪、江青反革命集团这一历史性审判中蕴含的现代法律原则：司法独立、司法民主、实事求是、人道主义和法律平等。

2. 法院内部的综合改革

20 世纪 80 年代中期，特别是党的十三大以后，确立了社会主义初级阶段理论，经济体制改革进一步深化，政治体制改革稳步推进，对外开放日益扩大。在这种改革开放的宏观背景下，司法改革被提到历史日程上来。

人民法院的司法改革在开始阶段是为了适应经济体制改革和对外开放的要求，着重于加强和改进人民法院工作。1988 年 7 月，第十四次全国法院工作会议提出了六项改革措施：一是改善执法活动，要求认真执行公开审判制度，改进合议庭工作；二是改革现行法院人事管理制度，制定法官法，建立具有中国特色的社会主义法官制度；三是改革法院干部教育培训管理体制，建立一个多层次的正规化的法院干部教育培训体系；四是改革和加强法院系统的司法行政工作，加强法庭建设，改革法院业务经费管理办法，解决法院办案经费不足的困难；五是大力加强基层建设，加强建设、调整和充实人民法庭，加强对人民调解委员会的业务指导；六是积极开展同外国法院间的司法协助工作。这些改革措施贯彻了党的十三大深化经济体制改革，推进政治体制改革，发展社会主义民主和加强社会主义法制建设的部署，以改革总揽全局，着重加强人民法院改革和自身建设，目的是解决长期困扰和严重影响审判工作的问题，革除弊端，为法院创造一个良好的工作环境，使审判工作逐渐正规化和规范化。

3. 审判方式改革

进入90年代，随着社会主义市场经济体制框架的基本确立，经济社会关系急剧变动，公民法律意识极大提高，社会对法律规则的依赖日益增强，案件数量大幅上升。陈旧的司法设施、落后的司法理念、低下的办案效率、捉襟见肘的司法经费，远远不能适应人民群众的司法需求。由此，一场以举证责任改革为切入点的审判方式改革渐次展开，且逐渐波及诉讼机制，并更加深入地触及司法体制。

1991年，七届全国人大四次会议通过《民事诉讼法》，确立了“谁主张谁举证”的证据规则。从此，由举证责任分担开始，引起了庭审方式和诉讼制度的变革，进而推动了审判方式的改革。1996年八届全国人大四次会议审议通过了《关于修改〈中华人民共和国刑事诉讼法〉的决定》，这是我国社会主义民主与法制建设的重大成果，也为人民法院改革和完善审判方式创造了更好的条件。1996年7月，最高人民法院召开了全国法院审判方式改革工作会议，确定以学习贯彻修正后的刑事诉讼法、推进刑事审判方式改革为重点，全面改革和完善民事、经济、行政审判方式。这次会议标志着审判方式改革从试点走向全面实施阶段。会议确定了审判方式改革的指导思想:以宪法和诉讼法等法律为依据,以保障裁判公正为目的,以公开审判为重心,强化庭审功能,强化当事人举证责任,强化合议庭职责。会议提出了改革和完善审判方式的具体任务和要求:改革和完善刑事审判方式,实行控辩式庭审方式;改革和完善民事经济审判方式,强化庭审功能,强化当事人举证责任,强化合议庭职责;完善行政审判方式,审判活动紧紧围绕审查被诉具体行政行为的合法性进行,强化被告的举证责任,进一步健全行政审判的裁判形式。会议还确定了一批改革试点单位,一场以刑事诉讼为核心的审判方式改革在全国法院全面铺开。与此同时,民事、经济、行政审判方式的改革和完善也得到进一步推进。这期间,最高人民法院制定了一系列的规范性文件,包括《第一审经济纠纷适用普通程序开庭审理的若干规定》、《经济纠纷案件适用简易程序开庭审理的若干规定》、《人民法院立案工作的暂行规定》、《关于民事经济审判方式改革问题的规定》等,积极推进了改革的开展。

审判方式改革的主体是法院,方式是自下而上,内容限于诉讼机制的健全和完善。轰轰烈烈的审判方式改革极大地解放了思想,为建设中国特色社会主义诉讼制度和法院制度积累了有益的经验,引起了社会各界对司法改革的重视和关注。

4. 建设法治国家战略中的司法改革

1997 年党的十五大明确提出"依法治国,建设社会主义法治国家"的目标,同时指出:"推进司法改革,从制度上保证司法机关独立公正地行使审判权和检察权"。司法改革首次以党的纲领性文件被确认,首次正式纳入法治国家战略,使司法改革有了坚实的理论基础和坚强的政治保障。按照党的十五大精神,1999 年最高人民法院制定了《人民法院五年改革纲要》(又称"一五改革纲要"),这是法院系统第一次以纲要的形式推出阶段性改革规划。改革纲要指出:"从 1999 年起至 2003 年,人民法院改革的基本任务和必须实现的具体目标是:以落实公开审判原则为主要内容,进一步深化审判方式改革；以强化合议庭和法官职责为重点，建立符合审判工作特点和规律的审判管理机制；以加强审判工作为中心，改革法院内设机构，使审判人员和司法行政人员的力量得到合理配备；坚持党管干部的原则，进一步深化法院人事管理制度的改革，建立一支政治强、业务精、作风好的法官队伍；加强法院办公现代化建设，提高审判工作效率和管理水平；健全各项监督机制，保障司法人员的公正、廉洁；对法院的组织体系、法院干部管理体制、法院经费管理体制等改革进行积极探索，为实现人民法院改革总体目标奠定基础。”“一五改革纲要”的制定与实施，有力地推动了司法改革的历史进程，在审判程序、审判管理等方面的改革成效明显。

5. *着力推进司法体制改革*

进入新世纪以后，中国加入了世贸组织，迎来了更深层次的市场经济变革。为了适应社会主义市场经济发展、经济全球化的进程和社会的全面进步，2002 年，党的十六大作出了推进司法体制改革的重大战略决策。十六大指出“加强对执法活动的监督，推进依法行政，维护司法公正，防止和克服地方和部门的保护主义。推进司法体制改革，按照公正司法和严格执法的要求，完善司法机关的机构设置、职权划分和管理制度”。2003 年 5 月，由中央政法委牵头成立了中央司法体制改革领导小组，由此司法改革成为中央主导、各部门紧密配合、社会各界广泛参与的国家统一行动。2004 年 12 月，中央司法体制改革领导小组出台了《关于司法体制和工作机制改革的初步意见》，提出了改革和完善诉讼制度、诉讼收费制度、检察监督体制、劳动教养制度、监狱和刑罚执行体制、司法鉴定体制、律师制度、司法干部管理体制、司法机关经费保障机制这 10 个方面 35 项改革任务，成为改革开放以来改革事项最为全面、改革力度较大的一次重要司法改革。2006 年 5 月，中共中央作出了《关于进一步加强人民法院、人民检察院工作的决定》，对司法改革、司法建设、司法工作、司法理念所涉及的一系列重大问题和突出问题作出了明确的决定，明确了“公正与效率”的法院工作主题。根据党中央关于司法体制改革的总体要求和部署，最高人民法院推出了《人民法院第二个五年改革纲要（2004－2008）》（又称“二五改革纲要”），确定人民法院司法改革的基本任务和目标是：改革和完善诉讼程序制度，实现司法公正，提高司法效率，维护司法权威；改革和完善执行体制和工作机制，健全执行机构，完善执行程序，优化执行环境，进一步解决“执行难”；改革和完善审判组织和审判机构，实现审与判的有机统一；改革和完善司法审判管理和司法政务管理制度，为人民法院履行审判职责提供充分支持和服务；改革和完善司法人事管理制度，加强法官职业保障，推进法官职业化建设进程；改革和加强人民法院内部监督和外部监督的各项制度，完善对审判权、执行权、管理权运行的监督机制，保持司法廉洁；不断推进人民法院体制和工作机制改革，建立符合社会主义法治国家要求的现代司法制度。该《改革纲要》围绕上述八个方面的任务和目标，提出了五十项具体改革内容。

6. 着力推进司法事业科学发展的司法改革

党的十七大之后，司法改革进入全新阶段，即进入通过司法改革实现中国特色社会主义司法事业科学发展的新阶段。党的十七大确立了科学发展观的指导思想地位，并以科学发展观为统领谋划和部署司法改革，对司法改革的目标和重点作出了更加全面、深刻而准确的表述：“深化司法体制改革，优化司法职权配置，规范司法行为，建设公正高效权威的社会主义司法制度，保证审判机关、检察机关依法独立公正地行使审判权、检察权。”十七大之后，中央政法委立即组织中央和国家机关有关部门进行广泛深入地调研论证，于2008年12月推出了《中央政法委关于深化司法体制和工作机制改革若干问题的意见》（以下简称《意见》），并由中共中央转发。该《意见》全面贯彻党的十七大精神，以中国特色社会主义理论体系为指导，以始终坚持党的领导、始终坚持中国特色社会主义方向、始终坚持从我国国情出发、始终坚持群众路线、始终坚持统筹协调、始终坚持推进改革为原则，提出在继续抓好2004年中央确定的司法体制改革和工作机制改革事项的基础上，从人民群众司法需求出发，以维护人民利益为根本，以促进社会和谐为主线，以加强权力监督制约为重点，紧紧抓住影响司法公正、制约司法能力的关键环节，进一步解决体制性、机制性、保障性障碍，并设定深化司法体制和工作机制改革的重点是：优化司法职权配置、落实宽严相济的刑事政策、加强政法队伍建设、加强政法经费保障。围绕这四个重点，《意见》规定了二十九项改革内容。与此同时，最高人民法院也从法院工作实际出发，提出了深化人民法院司法改革的具体意见。在党中央的正确领导下，人民法院司法改革呈现出诸多新的特点和趋势：第一，把司法改革作为人民法院科学发展的战略问题，在深入学习实践科学发展观的活动中，最高人民法院党组提出既要解决服务科学发展的问题，又要解决好自身科学发展的问题，只有解决好法院的科学发展，才能更好地服务科学发展。第一次把人民法院的科学发展提高到战略高度加以思考，并提出要按照科学发展观的要求，结合审判工作的规律和特点，结合目前人民法院工作的实际状况，结合从严治院、公信立院、科技强院的工作方针来考虑，拓宽思路、群策群力、集思广益，认真考虑人民法院如何实现科学发展的问题。第二，把司法改革放在以人为本的基点上，更加明确改革发展为了谁、依靠谁这一前提问题，把维护最广大人民群众的利益作为司法改革的根本出发点和落脚点，司法改革的成果要惠及于民，由人民共享，不断满足人民群众对司法工作的新期待、新要求。第三，把发展依靠人这一科学发展观的思想落实在法院队伍建设上，提出全面加强法官队伍建设，除了继续推进法官职业化建设之外，更加重视法官队伍的思想政治建设、反腐倡廉建设、工作作风建设、司法能力建设。第四，更加强调司法改革与发展要做到全面、协调、可持续，特别是把人民法院基层基础建设放在重中之重，着力破解制约人民司法事业科学发展的瓶颈问题；以建设公正高效权威的社会主义司法制度为发展目标，统筹司法体制改革、司法职权配置、司法行为规范；在审判和执行工作中努力做到依法、独立、公正的协调一致。

（二）司法改革的基本成就

人民法院司法改革的成就主要体现在体制改革和工作机制改革两大方面。这里重点论述体制改革方面的成就。司法体制改革是最深层、最关键的改革，也是难度最大的改革。人民法院司法体制改革既包括法院外部的体制改革，也包括内部的体制改革。这两个方面都有实质性进展，并为今后更深层次的司法体制改革积累了经验，奠定了基础。

1. 人民法院外部性体制改革

人民法院外部性体制改革，着力点是正确处理好党与司法的关系，人大与法院的关系，政府与法院的关系。外部性司法体制改革的主题是在坚持党的正确领导、保证人大的法律监督的前提下，保障人民法院依法独立行使审判权，或者说是保障审判权独立运行。

改革党对司法的领导模式——从“以党代法”到“依法执政”。在长期的革命战争年代和建国之初，党对司法工作的领导表现为直接指挥、直接决定，甚至实行党委审批案件制度。尽管“五四宪法”确立了“审判独立”原则，但是由于各种原因，特别是1958年中共中央实施“党的一元化领导”之后，党权代行司法权的党委审批案件制度一直延续下来。1979年9月9日，中共中央发出了《关于坚决保证刑法、刑事诉讼法切实实施的指示》（中发〔1979〕64号文件，以下简称《指示》）。该《指示》严肃地分析和批评了党内严重存在着的忽视社会主义法制建设的错误倾向，指出：“在我们党内，由于建国以来对建立和健全社会主义法制长期没有重视，否定法律、轻视法律；以党代政、以言代法、有法不依，在很多同志身上已经成为习惯；认为法律可有可无，法律束手束脚，政策就是法律，有了政策可以不要法律等思想，在党员干部中相当流行。”“各级党委要坚决改变过去那种以党代政、以言代法、不按法律规定办事，包揽司法行政事务的习惯做法。”《指示》明确要求各级党委要保证法律的切实实施，充分发挥司法机关的作用，切实保证人民检察院独立行使检察权，人民法院独立行使审判权，使之不受其他行政机关、团体和个人的干涉。至此，党委审批案件的制度被取消，从体制上保证了人民法院独立行使审判权。1982 年中共中央《关于加强政法工作的指示》，进一步明确了各级党委对政法工作的领导主要是管方针、政策，管干部，管思想政治工作，监督所属政法机关模范地依照国家的宪法、法律和法令办事。1986 年 7 月 10 日，中共中央针对党内依然存在的严重蔑视社会主义法制的严重倾向，发出《关于全党坚决维护社会主义法制的通知》（以下简称《通知》），十分严肃地指出：目前有的党组织和党员、干部，特别是有的党政军领导机关和领导干部，仍然自恃特殊，以言代法，以权压法，甚至徇私枉法，把自己置于法律之上或法律之外。他们当中有的习惯于个人说了算，损害法律的尊严，不尊重国家权力机关的决定和决议；有的对司法机关的正常工作横加干涉，强制司法机关按照他们的意图办事，强行更改或者拒不执行法院的裁判，任意调离秉公办事的司法干部；有的无视宪法和刑事诉讼法，任意决定拘留和搜查公民，或者强令公安、司法机关去干一些非法侵害公民人身权利和民主权利的事，甚至把政法干警作为他们搞强迫命令和以权谋私的工具，等等。这些现象虽然发生在个别单位和少数人身上，但是影响很坏，严重损害了党的威信和社会主义法制的严肃性，必须引起全党的充分重视。《通知》要求各级党委正确认识和处理与国家权力机关、行政机关、司法机关的关系，支持国家机关依法行使职权。1989 年 9 月，江泽民同志就任总书记后的第一次记者招待会上就公开表态:“我们绝不能以党代政,也绝不能以党代法。这也是新闻界讲的究竟是人治还是法治的问题。我想我们一定要遵循法治的方针。”把党与法的关系问题提到人治与法治的范畴,并把这个问题作为中央第三代领导核心的执政纲领的切入点,意义非常重大。特别是党的十六大和十七大明确提出实行依法执政。胡锦涛总书记指出;依法执政是新的历史条件下马克思主义政党执政的基本方式。依法执政,就是坚持依法治国、建设社会主义法治国家,领导立法,带头守法,保证执法,不断推进国家经济、政治、文化、社会生活的法制化、规范化,以法治的理念、法治的体制、法治的程序保证党领导人民有效治理国家。从以党代法到依法执政、保证司法机关依照宪法和法律独立公正地行使审判权和检察权,确立了在党的领导下司法机关独立行使职权的司法体制。这是我国司法改革取得的最具有显示度和标志性的成果,是我国政治文明的重大进步。

改革人大对法院的监督模式,确立依法监督、集体监督、公开监督的新模式。人民法院由人民代表大会产生、对人民代表大会负责、接受人民代表大会监督、依靠人民代表大会支持,是中国特色社会主义政治制度下人大与法院的基本关系。这一基本关系的确立也经历了一个过程。“五四宪法”规定,法院由国务院或省级人民委员会(人民政府)产生;各级法院院长由同级人大选举,副院长、庭长、副庭长和审判员由地方各级人民委员会(人民政府)任免;法院向同级人大负责并报告工作;法院审判只服从于法律。可见,人大与法院的关系比较松散,人大对法院的制约仅限于法院向人大报告工作和选举院长,监督力度明显不强。“八二宪法”和1983年新修订的《人民法院组织法》对人大与法院的关系进行了重大改革:首先,法院由同级人大产生并对人大负责,明确了法院权力的来源和监督的主体;其次,法院院长由同级人大选举,副院长、庭长、副庭长和审判员由同级人大常委会任免,确立了人大对法官的人事任免权；再次，人民法院依照法律规定独立行使审判权，不受行政机关、社会团体和个人的干涉，但要向人大报告工作，这意味着法院的审判权要受权力机关的监督，赋予了人大及其常委会对审判工作的监督权。人大对法院的全面监督，确立了司法权力来源于人民、对人民负责、受人民监督的中国特色社会主义司法制度。但是，20 世纪 80 年代以来，各地纷纷实行人大对法院的“个案监督”，有的地方人大常委会制定了实施个案监督的地方性法规，有些地方甚至演化为人大常委会领导同志个人对法院发号施令，致使法院的独立审判受到严重影响，地方保护主义、部门保护主义和特权保护主义有所抬头。2006 年 8 月 27 日，十届全国人大常委会第二十三次会议通过了《中华人民共和国各级人民代表大会常务委员会监督法》，以法律的形式停止各级人大常委会对法院审判的个案监督，禁止人大常委会组成人员个人对法院的监督，把监督的重点放在通过司法解释的备案制度监督最高人民法院的司法解释，通过审议法院工作报告、专项报告、询问和质询、执法检查、特定问题调查和人事任免对法院进行法律监督和工作监督。《监督法》的出台，明确了人大对法院的监督既是制约，也是支持，更是促进，通过人大代表建立法院与社会公众沟通的桥梁，通过权力机关的支持优化司法环境，支持法院队伍建设，保障改革创新，促进法院充分发挥司法功能。

改革行政与司法的关系，“一府两院”格局形成。司法与行政合一是中国延续了几千年的政治法律制度，县太爷既是地方行政长官，又是地方的大法官，皇帝既是“国家元首”，又是国家的最高裁判者。这种传统法律文化根深蒂固，影响着中国法制现代化的进程。在革命战争时期，司法与行政长期合二为一，法院是根据地政府内部的一个部门，在政府的领导下行使审判权。建国后，“五四宪法”确立了在人民代表大会制度下“一府两院”的政治格局，司法机关与政府属于同级国家机关，分工协作、彼此尊重并互相监督，在机构、人员、职能上分立。但是，法院的设置仍然需要行政机关的批准，各级法院助理审判员的任命、人员编制和办公机构由司法行政机关负责。尽管“八二宪法”和1983年修订的《人民法院组织法》删除了这些规定，然而实行多年高度集中的计划经济体制和“分灶吃饭”的财政体制，以及现有体制下的行政权泛化，使司法职权与行政职权仍然保持着千丝万缕的联系，甚至出现“司法权地方化”、“司法权行政化”的弊端。但是，以宪法的形式规定司法权与行政权分立毕竟是中国法制发展史上的伟大变革，为司法权真正独立于行政权奠定了宪政基础。不仅如此，法院通过对行政行为的司法审查，促进了行政机关依法行政，实现了司法权对行政权监督的宪法原则。自1982年起，人民法院根据《中华人民共和国民事诉讼法（试行）》的规定，开始试行受理部分行政案件。1988年9月5日，最高人民法院行政审判庭成立，各级人民法院逐步建立了行政审判机构，为全面开展行政审判工作奠定了组织基础。1990年10月，《中华人民共和国行政诉讼法》正式实施，标志着我国行政诉讼制度正式建立。对具体行政行为的司法审查是我国宪政建设、民主政治建设和民主法制建设具有里程碑意义的一件大事，标志着我国社会主义民主和法制建设进入了一个新阶段。随后，全国人大及其常委会先后颁布了《国家赔偿法》、《行政处罚法》、《行政复议法》等法律，国务院相继发布了《全面推进依法行政的决定》和《行政复议条例》，与行政诉讼相关的法律体系进一步完善。进入新世纪以来，党和国家更加重视依法执政和依法行政，制定了《行政许可法》等保证依法行政的法律法规。根据这些法律法规，最高人民法院制定了《关于执行中华人民共和国〈行政诉讼法〉若干问题的解释》、《关于行政诉讼证据若干问题的规定》等一系列重要的司法解释，进一步完善了行政审判制度，使我国行政审判制度日趋走向成熟，司法权对行政权的监督在国家经济社会生活中的作用越来越重要。

改革政法机关之间的关系，确立公检法司安等政法机关之间“分工负责、互相配合、互相制约”的司法制度。建国初期，虽然宪法和法律确立了公、检、法三机关之间互相制约、互相配合的关系，但是为了迅速有效地镇压反革命，也为了解决财政经济困难，公检法在很长时间内合署办公。至“文革”期间，检察机关一度被撤销，“七五宪法”规定由各级公安机关代行检察职权，直到“七八宪法”恢复人民检察院设置。十一届三中全会以后，随着《宪法》、《刑法》、《刑事诉讼法》等法律的相继出台，确立了公检法三机关“分工负责、互相配合、互相制约”的司法制度。在刑事诉讼活动中的关系也体现为检察机关对公安机关、审判机关双向制约和监督，同时也要受到公安机关和审判机关的制约和监督。1996 年新修改的《刑事诉讼法》，变“纠问式”庭审为“抗辩式”庭审，形成了带有当事人主义色彩的混合式诉讼模式。这种诉讼模式对侦查和公诉证据要求有了更高的标准，更加强调了制约关系，使司法机关之间独立性增强，标志着我国刑事诉讼程序步入民主化、科学化轨道。

2. 人民法院内部的体制改革

如果说法院的外部性体制改革主题是保障人民法院在党的领导和人大监督下依法独立行使审判权，其内部性体制改革则着眼于保证公正司法、高效司法、文明司法、廉洁司法。1988 年 7 月，最高人民法院召开第十四次全国法院工作会议，提出了人民法院自身改革和建设的六大措施，在人民法院司法改革的历史进程中占有重要的地位，为其后人民法院司法改革的深入推进打下了重要基础。最高人民法院 1999 年颁布的《人民法院五年改革纲要》和 2004 年颁布的《人民法院第二个五年改革纲要》，也更多地关涉法院内部的体制改革和审判方式改革。

优化上下级法院之间的职权配置，探索分工科学、职责明晰的法院内部体制。在体制上，人民法院内部上级法院对下级法院的关系主要是审判监督、工作指导、干部协管等。但在以往的实践中，时常发生下级法院就个案审判向上级法院“请示”，以及上级法院对下级法院某些事务的“包办”，致使司法行政化趋向日益明显。为了切实保证审级独立和审级监督，维护当事人的诉讼权利，维护公正合理的诉讼秩序，全国人大常委会通过修改刑事诉讼法、民事诉讼法和行政诉讼法，最高人民法院通过制定司法解释和指导性文件，进一步明晰和优化了上下级法院之间审判权和执行权的配置，其中死刑核准权收归最高人民法院统一行使、对民事再审案件提级审理、对一审民商事案件管辖权的改革、建立省区市高级人民法院对辖区内执行工作统一领导、统一指挥、统一管理的执行体制等，是法院内部体制改革的重要举措。

建立“统一立案、分类审判、集中执行、专门监督”的工作体制。改革开放以来，人民法院内部的工作体制发生了一系列重大变化。1979 年开始建立经济审判庭，1986 年组建行政审判庭，1999 年中级以上法院设立赔偿委员会，一些法院还设立了房地产审判庭、涉外经济审判庭、少年法庭、知识产权审判庭等专业审判庭。为了加强调解工作，许多法院借鉴深圳市中级人民法院的经验，成立了“经济纠纷调解中心”。随着改革开放的深入，人民群众的维权意识日益增强，诉讼制度完善和法院司法救助措施的扩大，人民法院受理的案件迅速增多，原来自收自审自判自执的工作体制已不适应新形势、新情况和新任务，为此各地法院相继进行了立审分立、审执分立、审监分立的体制和机制改革。1995 年，最高人民法院设立执行办公室（2008 年 11 月改为执行局）；2001 年 8 月，最高人民法院审判监督庭正式成立，之后，全国各级法院也相继成立了执行庭和审监庭。经过这些改革，在人民法院内部形成了“统一立案、分类审判、集中执行、专门监督”的工作体制，使诉讼中的立、审、执、监等各个过程相对独立、相互制约，从而强化了审判的自我监督功能，有利于保障公正司法。2003 年以后，为了进一步提高司法效率，法院开始健全以人民法庭建设、审判法庭建设和信息化建设为重心的司法政务管理制度,建立以审判流程为机制的审判管理制度,使法院内部职权配置和分工更加合理,确保审判工作公正高效运行。与此同时,从合议庭到审判委员会各类审判组织和执行组织也进行了重大改革。

上述法院外部性体制改革和内部性体制改革,推动了司法文明,促进了中国特色社会主义司法制度的科学发展。

三、余论

回观和反思人民法院的司法改革,可以看到三十年的改革积累了一些宝贵的经验,诸如:司法改革必须坚持党的领导,重大改革、体制性改革必须在党中央和各级党委的正确领导下进行,并且应当是自上而下进行;司法改革必须坚持中国特色社会主义道路,坚持正确的指导思想,坚持正确的政治方向;司法改革必须从中国国情出发,不能超越社会主义初级阶段的基本国情,不能脱离全球化的时代背景;司法改革作为政治体制改革的组成部分,必须依法推进,合宪合法,涉及全局性、体制性、程序性的改革事项,应当先修法后改革;司法改革必须坚持积极稳妥、循序渐进的改革方略,司法改革是一项长期而又艰巨的任务,等不得,也急不得,既要有所作为,又不能急于求成;司法改革必须在建设公正高效权威和谐的社会主义司法制度的前提下,处理好阶段性目标和总体目标之间的关系,处理好理想与现实的关系、当前与长远的关系、需要与可能的关系,等等。

过去三十年间人民法院的司法改革也有一些需要认真总结和汲取的问题和不足,诸如:有关司法改革的理论研究不够深入和系统,致使某些改革的理论参照、制度参照、文化参照有失偏颇;某些改革没有充分考虑到中国国情,既有一刀切、大一统的问题,也有过于超前、脱离实际的问题;法院的外部性体制改革进行得比较深入,而内部性体制改革相对进展缓慢,成效不及前者;法官职业化建设偏重专业化、甚至学历化建设,而时常忽略思想政治建设、反腐倡廉建设、工作作风建设,忽略社会主义法治理念教育和法官职业精神教育等,致使法官队伍建设呈“一手硬、一手软”的态势;对基层法院的改革和发展关注不够,很多基层法院长期存在的法官断层、法官素质偏低、经费困难、保障不力等问题,不仅没有根本解决,反而愈加突出。

附:司法改革的四个争论*

民主司法与人大外部监督的问题

人民代表大会制度是我国的一个根本制度,在这个体制之下,法院必然要接受人大监督,不仅是必须接受,也是应当接受人大监督。一个脱离了人大监督的法院不可能是一个公正的法院。但问题在于人大如何来监督法院。过去曾经有人主张,人大应该施行全面的监督,其极端表现就是个案监督。现在仍然有些人认为个案监督有必要,因为现在法院对案件的处理时常存在司法不公。我个人认为,让人大对法院进行个案监督,能够解决一些具体的问题,但从制度上来说不啻于饮鸩止渴。由议会或说代议机关来监

* 本文作者是郑成良,发表于《社会科学报》2009 年 7 月 16 日,是对 2009 年 6 月 26 日张文显在复旦大学社会科学高等研究院所作的“中国司法改革的理论与实践”学术报告的评论。

督法院,有各种各样的形式,但凡是司法体制有效运转的国家,不论其社会体制属于什么性质,基本没有由议会来进行个案监督的做法。唯一的例外就是英国。英国的上议院在理论上既是代议机关又是最高审,是终审法院,它能对下级法院实施个案监督,但是它是按照司法程序而不是政治程序来处理案件。要是按照政治程序来处理案件,裁判的结果就会变成力量对比的产物,这时候,法律是如何规定的,当事人和证人在法庭上说了什么、做了什么,都变得不重要了。如果我国允许代议机关用司法程序监督,那就得在人大里面设一个法庭,在法庭里进行举证、质证,大家都有平等的机会。如果不是这种程序,人大不按司法程序来监督,就相当于法院之外还有一个不按司法程序来判案的法庭,这是十分危险的。我认为,在我们的体制下,唯一可行的监督就是人大加强对法官行为的监督,而不要介入对法官判断的监督。人大完全可以监督法官的行为,这种监督进行得越严格、越彻底越好。

民主司法与人民陪审制度的问题

人民陪审员制度目前是有争议的。我不认为应该彻底废止这个制度,因为这毕竟体现了司法民主,但是必须做彻底的改造。有些人主张小修小补,我觉得是没有意义的。我多次到法院调研的经验表明,没有一个法官告诉我人民陪审员能够真正发挥作用,他们完全是在法官的诱导下参与庭审的。甚至极端一点,有的地方陪审员在庭审、合议的时候什么也不说,完全同意法官的意见。尽管我的经验不一定反映全局,但也决不是罕见现象,至少可以说在很多地方人民陪审员不起实质作用,只有个装饰作用,宣示我们的司法是民主的。陪审员制度为什么不起作用呢?是因为我们的法律赋予了人民陪审员过大的权力,这种权力大到他无法行使。就如让一个普通的市民担任车间主任,他能够胜任,但是如果让他当一国总理，去应对金融危机，他马上就会感到无所适从。我们现在的制度设计就是这样，让人民陪审员和法官行使同等的权力，既能够认定事实，又能够适用法律进行裁判，这种权力因超出他的能力范围而导致其无法行使。西方的陪审制度能发挥作用，就在于他们的陪审员的权力被设计成和他个人的能力相适应，陪审员可以不懂法律，但是在双方当事人的辩论下，所争议的事实的真伪是只需普通人凭常识就可以分辨的。因此，如果我们要对陪审制度进行改革，方向就是将陪审员的权力限定为只认定事实，不适用法律。

关于和谐司法的问题

和谐司法是一个很好的理念。过去我们曾经尝过照搬西方（司法模式）的苦头。建国之初，我们很重视调解，后来我们学西方，减少调解，主要靠裁判来处理民间纠纷，结果发现这样不行，法院办案压力越来越大，案件判决之后当事人不服，上访的和闹事的越来越多。有时候，法院甚至不是减少社会矛盾的机构，反倒成了挑起和加剧社会矛盾的机构。由此我们觉得必须要重视调解，调解其实就是和谐。讲和谐司法、讲调解是对的，但是什么东西都应该有个度，而不能讲过头。现在有一种倾向：离开合法性、不论是非地片面强调和谐。在坚守合法性底线上，法院是不能退步的，有些不讲理、不讲法的当事人不愿意和法律合作，他们不忠实于法律，法律对他们有利他们就喊依法办事，法律对他们不利他们就跳脚骂娘。这些人缺乏足够的正直和诚实。对于这种机会主义者不讲合法性光讲和谐，最后恐怕导致的是不和谐。因为行政机构可以讲“下不为例”，但是司法不能讲“下不为例”。司法要想取信于民，它的每一个个案都必须构成一个先例，类似的情况类似处理，否则就是司法不公。所以司法机关如果守不住合法性底线，向一些不讲法律、不讲道理、不满足利益就跳就闹的人过度让步，最后就无法实现和谐司法。

关于"三个至上"的提法

关于"三个至上",有些人在私下里是不赞成的。我觉得这个理论是可以成立的。有人说"要是三个至上发生冲突了,到底谁至上呢?"官方的解释是"不会发生冲突,怎么会发生冲突呢?"我觉得这种怀疑是有道理的,官方的解释也是有道理的。在理论层面上,三个至上是不会发生冲突的,因为我们党是没有特殊利益的,党的利益就是人民的利益,党执政的基本方式是依法执政,因此党的事业当然不会和人民利益、宪法法律发生矛盾。人民利益和宪法法律会发生矛盾吗?如果说人民利益指的是人民的根本利益和共同利益,它和宪法法律当然也不会发生矛盾,因为宪法法律就是人民根本利益和共同利益的体现。但是,如果不能正确理解"三个至上"的内涵,在实践层面就可能发生矛盾。例如,有的人把乡党委、县委、市委的工作等同于党的事业。几年前,有一个乡党委认为有一种经济作物能帮老百姓增加收入,但是老百姓不懂科学,不愿意种植,于是党委决定强制推行,把农民已经种上的作物都推倒换成新的作物。如果说党的事业在这个乡所管辖的区域内就是乡党委所做的一切工作,还要让宪法法律为这些工作无条件地服务和"保驾护航",矛盾就会产生。另外,人民的根本利益、共同利益和宪法法律不会发生矛盾,但是有时候我们的司法官员、行政官员处理问题,会把一部分"人民"的利益甚至一个"人民"的利益当作人民的利益,这时候的"人民利益"就有可能和宪法法律发生矛盾。因此,我觉得"三个至上"在理论上能够成立,如果它的内涵被正确理解,在实践的层面上也不会发生矛盾。然而,在当下的现实生活中,我们也确实需要警惕以党的事业之名行违法决策之实,或者离开合法性的底线对某个人或某些人的法外诉求过分迁就的做法。

司法改革的六个问题*

张文显(主题发言):我想就司法改革(检察改革)讲六个问题:

第一是改革观问题,就是什么是改革、改革意味着什么的问题。在经济体制改革方面,理论准备比较充分。在司法改革中同样存在什么是改革、改革意味着什么这个问题。对于什么是改革,有人认为是自我完善,有人认为是自我创新、推陈出新,有人将改革等同于变法。那么,我们今天所说的司法改革是一种什么性质的改革呢?我认为,既不是体制的自我完善,也不是变法,而是一种制度创新。如果从制度创新的角度来谈司法改革(检察改革)的话,可能思路会比较清楚一些。

第二是司法改革的目的和目标模式问题。仍以经济体制改革为参照。我们国家的经济体制改革目的很明确,就是解放和发展生产力。因为生产关系束缚了生产力的发展,所以要改革经济体制以解放和发展生产力。经济体制改革的目标模式清楚,1987 年,十三大明确提出的是有计划的商品经济,十四大明确提出的是市场经济。确立目标模式对改革有重要意义。当目标模式有一个科

---

* 本文是张文显在国家检察官学院 2001 年在珠海市召开的“中国法治之路与检察改革研讨会”上的发言,发表于孙谦、樊崇义、杨金华主编《司法改革报告——检察改革·检察理论与实践专家对话录》(法律出版社 2002 年版)。

学概念表述出来时,大家都知道我们是朝着一个什么方向去改革,也就知道了要改什么,要发展什么。我认为,司法改革到今天目标模式这个问题好像还没有明确提出来。现在,我们司法改革的目的到底是什么?目标模式是什么?有人说是公正与效率;有人说是司法独立。我认为,公正、效率之外,必须有权威。在我们的法治进程中,如果我们的司法机关只具有公正性、效率性,而没有权威性的话,这种改革最终是不会成功的。检察改革的目标模式是什么,法院改革的目标模式是什么,一定要用一个科学的概念或命题明确提出来,无论是以外国的模式为参照,还是以有中国特色的理论来概括。我想,任何一项大的改革,如果没有一个科学的关于目标模式的表述,那么这种改革必然是小打小闹,而不会有真正体系意义上的改革。

第三是改革的合理性问题。我认为,改革的合理性有两种:一种是现行制度预期的合理性,就是我们现行的制度从它设计的时候,从它建构的时候,本身的、预期的合理性是什么。大家都讲到了世界各国的检察制度,那么,国外的检察制度设计的时候它的合理性是怎样定位的?应该好好研究一下。如果说我们现行的司法制度、检察制度的合理性已经穷尽了,它的潜能已经发挥完了,不改革就没有出路了,这是一种合理性问题。还有一种就是现实的合理性,就是我们的体制所设计出来的合理性没有充分发挥出来。现在,我们的检察制度应有的合理性、它也能够充分实现的合理性由于制度的原因、体制的原因或者技术方面的原因而没有充分展现出来,例如,在维护人权、法律监督等方面检察制度的合理性就没有充分展现出来,所以要进行改革,以充分展现它的合理性。改革的合理性涉及两个方面的问题,即改革究竟要改什么?从哪些方面去改?如果说我们现行制度预期的合理性没有展现出来,那么,这种改革肯定不是推倒重来的改革;如果本来就不合理,本来就不应该是一种独立的权力、独立的机构,那么,这种改革就是另外一种改革,恐怕就是一种推倒重来的改革。我个人的观点是,我们的检察制度从法律定位上看,其合理性如果现在没有充分展现出来的话,可以通过改革使它的合理性充分展现出来;到了它的合理性穷尽的时候,我们再来新一轮改革。

第四是改革的合法性问题。我认为司法改革不同于经济改革。过去,我们的经济体制虽然叫计划经济体制,但是严格来讲,当时的经济制度只是个框架,并没有严密的法律来规定。我们有人民公社、国有企业,但有多少根本性的制度来规范它?没有。所以说,我们经济方面的很多改革不涉及突破法律的问题,或者说,即使突破的话,也没有硬邦邦的法律规范作依据说这是违法的、这是违宪的。但是,司法改革,包括法院的改革和检察院的改革已经有了完备的宪法、组织法、诉讼法,甚至内部的规章制度。任何一个稍微大一点的改革都涉及改革的合法性。我自己有这么一个看法,我认为现在的法院改革和检察院的改革多少都有一点违宪之嫌。有的法院改革,搞竞争上岗,结果把庭长免了。审判员和庭长,法院内部是无权力让他下岗的,只有同级人大把他免了,然后才有岗位,才有竞争上岗的问题。像这种改革,实际上都是违背了宪法和组织法的,也违背了人民代表大会组织法。类似这样的现象很多。比如,法院取消经济审判庭,改为民事审判一庭、二庭等等,这些严格来说,也是违宪、违背组织法的。因为法律明确规定了的东西,法院是无权自己去动的,只有人大(立法机关)才能动。因此,我认为中国应该成立一个司法改革委员会来解决这样一些体制上的问题。否则的话,我们司法机关在改革过程中自己就在违法,怎么还谈得上让别人来尊重法律呢?这恐怕涉及的问题还比较多。当然,我不是说,改革不能突破法律,而是说改革应当是先修法,特别是先修宪,然后改革;或者,至少是应当先试点,后推广。而这试点和推广,不是法院、检察院自己来做,而应当是由中国的司法改革委员会来做。

第五是改革的策略问题。我们是要渐进的改革，还是激进的改革？我认为，目前为了维护我们的法律秩序，应采取一种渐进的改革，而不是激进的改革；是有所作为的改革，但不是急于求成的改革。其实，我们的法院失去了很多机会，检察院也失去了很多机会。比方说，去年网络上评论得比较多的"青岛考生状告教育部事件"，我认为当时法院如果受理的话，那就开了一个先河，对确立司法审查制度、对法院在实现社会公正方面的作用会推动很大。结果，法院不予受理。改革不光是口头上说，是要通过具体的事例来推动的。美国的宪政改革不就是通过美国联邦法院首先确立了一个司法审查制度实现的吗？是法官们在推动美国宪政制度的改革。而我们中国的法官、检察官有没有这样的魄力，在一些重大的具体案件上来一点突破呢？这种改革虽然是渐进的，但它是最有效的。谁也不能因为人民法院受理了青岛考生状告教育部的案子，就批评人民法院。即使批评了，也破了一个先例，在中国的法制史上、政治制度史上也是有贡献的。

第六是改革的动力和资源问题。现在检察院、法院的改革动力来自哪里？是来自检察院、法院的内部还是外部？如果评价一下，我认为主要还是来自内部，所以，它的动力源不足。而我们的经济体制改革和政治体制改革，动力源主要来自体制外部，形成了一种强大的压力，不改也得改。现在检察院、法院搞改革，一是看到社会上都在搞改革，不搞好像落伍；二是一到人代会的时候就担心赞成票会下降，出于这样一种压力在进行改革。司法改革必须把外部推动力组织起来。关于司法改革的资源问题，大家都提到了究竟是本土资源还是国际资源，我认为这两者不是矛盾的，而是统一的。我们现在有很多机会，你自己不想改革，但外部世界、尤其是法律全球化推着你改革，比如说，我们加入多个世界人权公约后，在整个的诉讼机制上，就不能不考虑到世界范围内的司法惯例，我国的司法在世界上的信用问题。

最后,我建议,在司法改革的过程中,在中央成立一个司法改革委员会,认真研究中国司法体制的过去、现状和未来,提出一个理想的、科学的、民主的、符合权力运行规律的、有利于保障人权的目标模式。

司法体制改革应当体现“三个代表”重要思想*

实事求是地说,我国的司法体制改革理论准备严重不足,理论资源相当有限,仅就理论研究而言,深度的司法体制改革条件尚不具备。

司法改革的每一条建议都要像法院做出判决那样,进行科学论证,其中包括利弊分析,必要性与可行性分析,长远目标与眼前目标分析,特别是要有法律社会学的分析,例如党委审批案件情况,人大过问或干预审判工作的情况,再审情况及其对审判公正与效率的调查研究,等。

司法体制改革的理论证成(合理性分析):制度的合理性是否穷尽了,是制度本身不合理,还是合理的、基本合理的制度在实行过程中由于各种原因而影响了它的展现。

司法体制改革的目标模式:在经济改革中党中央提出了社会主义市场经济模式,作为对计划经济模式的否定。司法体制改革也应当有清晰的目标模式,以保证改革的方向性、连续性,作为政治体制改革的司法改革不能摸着石头过河。

---

* 本文是2003年5月31日张文显在“司法体制改革研讨会”上的发言提纲。

司法体制改革的制度参照:改革不可能是凭空的,没有概念,没有参照系。参照就是比较分析,有各种司法制度可以用来作为参照,但最重要的是符合中国国情和中国所处的世情。

党的十六大把“三个代表”重要思想作为全党和全国人民的指导思想,是全局性的指导思想。特别是像司法体制改革这样的重大问题,更应当有明确的指导思想。我们应当着力研究司法体制改革如何以“三个代表”重要思想为指导,或者说怎样体现“三个代表”重要思想。司法体制改革应当以“三个代表”重要思想为指导,自始至终贯彻“三个代表”重要思想,成为贯彻“三个代表”重要思想的伟大实践。

第一个体现:通过司法体制改革使我们的司法机关、司法活动、司法工作真正体现解放、保护和发展社会生产力的要求。解放、保护和发展社会生产力不是空的,生产力最主要的体现为人权、物权、知识权利的保护,因为人权、物权、知识权利是先进生产力的载体,解放、保护和发展生产力是通过保障人权、物权和知识权利而实现的。

第二个体现:体现先进文化。先进文化也是具体的,当我们进行司法改革的时候,我们也要充分考虑先进的司法文化、诉讼文化、法律文化、法治文明,例如,契约自由、权利推理、罪刑法定、无罪推定、正当程序、充分说理、诉讼成本最小化。再如,民主司法、和谐司法、公正司法、廉洁司法等。

第三个体现:体现最广大人民群众的利益。法律是人民群众共同意志和利益的表现,司法作为法律的适用,要体现人民的利益,就是要忠实于法律,只服从法律。忠实于法律,就是忠实于人民;只服从法律,就是人民的利益至上。体现最广大人民的利益,还要确保诉讼正义,通过诉讼正义实现全社会的正义,平等保护社会各阶层的合法权益,平等尊重和保护一切有益于人民和社会的劳动,平等保护一切合法的劳动收入和非劳动收入,平等保护各种所有制经济成份的利益,对外商投资实行国民待遇。改革本身就是回应广大人民群众的呼唤和要求。要注重社会弱势群体权利保护,我们每个人在特定时间和场合都可能成为社会弱者,所以,尊重和保护社会弱势群体的权利也是保护每一个人的权利。

当代中国司法制度建设的精神基础(指导思想、价值观念、道德信仰与实践):中国特色社会主义理论;"三个代表"重要思想;以社会正义为核心、体现公平与效率相统一的价值观;依法执政、依法治国的治国理念;社会主义的、人民大众的道德情感和道德观念。

制度参照:(宏观的)政治体制或宪法体制的参照;(微观的)司法体制的参照:中国特色社会主义司法制度(以世界政治文明、司法文明为参照,以中国司法传统为参照,以国际司法或准司法经验为参照)。

司法改革与建构的关键因素:首先要深入研究我国司法体制的基本矛盾。找准基本矛盾才能为司法改革确定目标,制定改革纲要。其次要抓住主要矛盾。主要矛盾是基本矛盾在一个时期的集中反映,抓住主要矛盾就抓住了司法改革的突破口,或者说"切入点"。当前我国司法体制的基本矛盾是什么,主要矛盾是什么,还没有一个正式的说法。

检察改革的思考与建议*

张文显(会议总结发言):首先对会议作两点评论:第一点,一个真正贯彻百花齐放、百家争鸣方针的学术会议本身或本质上就是一个思想市场,这次研讨会鲜明地体现了思想市场的特征。思想市场有三大特征,分别是:一是学术平等;二是研讨自由;三是理论竞合。通过这次研讨,理论清晰了,找出了区别所在,也使一些观点接近了,在某些问题的看法上形成了共识。第二点,学术会议应有三条具体功能:一是荟萃法学研究的成果,丰富理论资源;二是激发研究兴趣;三是推动研究的深化。这次会议非常好地实现了上述三个功能,是一次非常成功、按预定目标进行的会议。

下面,我从推动检察改革研究的角度提出问题和建议。

第一是在检察制度、检察改革研究方面还有很多基础性工作要做。我列举一些大家容易忽视的问题,也是比较适用的一系列基本概念、关键性概念的分析问题。在讨论中使用一个概念,运用一个词语,往往表达的是不同的意义,甚至表述的思想内容差别很大,比方说检察到底是指什么?是不是检举和督查意义上的检察,

---

* 本文是张文显在国家检察官学院2001年在珠海市召开的"中国法治之路与检察改革研讨会"上的发言,发表于孙谦、樊崇义、杨金华主编《司法改革报告——检察改革·检察理论与实践专家对话录》(法律出版社2002年版)。

还是别的意义上的检察？检察权到底是什么？法律监督的主体是谁？这些都存有语义上的混乱。宪法明确规定检察机关是法律监督的专门机关，它的内容是监督法律实施的情况，特别是对政府、个人活动合法性检察和监督。陈光中教授所讲的司法是指与诉讼活动相联系的国家活动，而法理学上讲的司法是指法律的适用，概念不同，它的覆盖面就不一样，如果运用司法概念不一致，讨论检察改革是否属于司法改革就不会形成一个共识。从诉讼法角度看，绝大多数人认为法律监督是对侦查监督和审判监督，但从法理学的角度讲，不能把检察院的法律监督限定在这么狭隘的范围内，而是指对国家机关和公民活动合法性实施的监督，这些问题都是学科和语义上的差别。总的来讲，要对这些问题进行界定，它的好处是无论把检察权和审判权合二为一，使司法一元化，还是把检察权和审判权作为二元对立的概念都有利于检察改革，没有必要把检察权纳入司法权后才能改革，司法不包括检察照样能提出改革。

第二是检察机关怎样与时俱进，不断地调整检察和检察权的内容。检察机关和检察教育研究部门应当有理论上的创造，在研究主攻方向上，检察改革应当克服一个重大的、理论上的误区：以刑为主和以诉为本的检察制度，只有突破这个误区，才能恢复它作为国家法律监督机关应有的地位和作用。

第三是关于法理基础问题。检察权、检察制度、检察改革的法理基础需要进一步深化，真正找出检察制度的合法性、正当性、权威性、科学性，如果理论研究不足，理论资源缺乏，当要取消这项权力时，说不出为什么不能取消，当希望增加一项权力时，又说不出为什么要增加。

第四是检察制度改革应当明确不是否定现在的检察制度，其实质是制度创新。

第五是检察制度改革目标模式问题。有三种模式：第一种是公诉人模式。这种模式缩小了检察机关作为国家法律监督机关的地位和作用;第二种是政府律师模式。这种模式混淆了行政执法与法律适用的界限,使检察机关依附于行政机关,不符合权力运行的规律;第三种是监督模式。除了公诉权以外,监督权也加强了,不仅是一般的法律监督,而且要扩大到宪法监督,由谁提出违宪诉讼?我认为在现有的政治体制下,作为法律监督机关的检察机关提起违宪诉讼的可能性最大,可行性也最好。这三种模式究竟哪一种是理想的模式,有利于依法治国、建设社会主义法治国家的模式,我们可以考虑、研究。

第六是法律监督的法律化和制度化问题,应作为一个课题来研究,我赞成检察改革的监督模式,公诉和监督不能是并行的概念,监督是上位概念,公诉是下位概念,检察院组织法把它定性为法律监督机关,然后列举了一些职权,但并不等于说这就是检察机关职能职权的全部清单。

最后,我建议这次会议之后,国家检察官学院或者检察理论研究所把“中国检察改革战略研究”作为一个大课题,检察改革面临的不是战术性问题,而是战略性问题,应当有战略性的研究为检察改革提供理论指导和智力支撑。作为战略研究应涉及以下八个方面:

其一,检察改革的科学内涵,实质为检察改革定性、定位,理清改革观,善待改革,不能随便用改革。

其二,检察改革的宏观背景,涉及的方面很多,如加入WTO,反对司法腐败的强烈呼唤,国家范围内的司法改革浪潮,还有出于自身的制度完善等,甚至包括知识经济、信息网络等趋势,都应当作为检察改革的宏观背景。

其三,要对检察改革的理论资源和制度资源进行一番整合。近年来有关司法改革包括检察改革在内提出了许多非常好的理论和观点,也有国内、国外制度等很多资源可以进行整合,这方面挖掘得不够,和审判改革的研究成果相比较,检察改革研究相对薄弱。

其四,检察改革的指导思想。

其五,检察改革的核心理论与目标模式。

其六,检察改革中的制度创新。

其七,检察改革的策略方法。

其八,检察改革的领导与指导。

张文显(自由发言):检察制度改革、司法制度改革问题,实际上是宪政问题。因为依法治国的核心、重心是依宪治国。司法改革涉及整个宪政体制的改革。我们搞法理的人认为宪法研究这几年比较落后,不过最近一段时间有点活跃,就是在讨论宪法的司法化问题,怎样把宪法诉讼引入到司法领域里面。如果真能走到这一步的话,那在中国法治道路上是具有划时代里程碑意义的。在这样一个背景下,检察制度的改革具有广阔的空间。我们不要就目前检察的现状来做文章,要把视野放得更开阔一些。前面我们争论的诉讼监督、检察监督,仍然是在刑事诉讼的领域里做文章,这样的文章是小文章;这样的文章即使肯定了检察院,由检察院继续加强审判监督,仍然是小监督。我认为,在检察改革过程中,检察院的监督权不仅不能削弱,而且应该扩展和加强。这种扩展、加强,不是说对于审判监督的扩展和加强,而是对于整个社会法治状况的监督要扩展和加强。我认为,重心要转向两个方面:第一,对宪法的实施进行监督。第二,对侵犯人权的行为进行监督。我们的检察监督归根结底是为了保障人权,而我们的人权现在最受到冷落的地方、最受到忽略和侵犯的地方在哪里?我认为不在法院,甚至也不在公安,而是在更广阔的执法领域里。例如,有一个人经过合法的、正当的程序注册了一个网吧,从工商局、公安局、文化局那里依法获得了批准书,可过了不久,上级来文要整顿社会治安,要整顿文化市场,不管三七二十一就把它拆了,老百姓装修房子、购买设备花了几十万元,一夜之间化为乌有,像这样的事情谁来管?公安、工商、城建等领域里公共权力对私人权利的严重侵犯谁来管?我认为应该由法律监督机关来管。我想,监督要加强就是要向着宪政的方向来加强,就是向着执法法律监督的方向来加强,就是向着全面维护人权的方向来加强。

论和谐司法 *

“和谐司法”是我们党的社会主义和谐社会理论和构建社会主义和谐社会的伟大纲领在司法工作中的具体体现和运用。最近几年，全国司法机关在社会主义法治理念的指引下，致力于和谐司法建设，取得了显著成效。实践充分证明，“和谐司法”的命题完全符合科学发展观的要求，符合中国特色社会主义司法事业的发展规律，人民群众越来越感受到和谐司法的优越性。在和谐司法取得重大法律效果和社会效果的情况下，我们应认真总结和谐司法的经验，探索和谐司法的规律，深入开展和谐司法建设。

一、深刻认识建设和谐司法的重大意义

（一）建设和谐司法是构建社会主义和谐社会的必然要求

民主法治是社会主义和谐社会的首要标志，社会主义和谐社会首先是一个民主的社会、法治的社会。民主法治，就是社会主义民主得到充分发扬，社会主义法制更加完善，依法治国基本方略得

* 本文是张文显在“纪念人民法院建院六十周年理论研讨会暨中国法学会审判理论研究会 2009 年年会”上的学术报告，后被作为其主编的《人民法院为大局服务为人民司法的理论与实践》（人民法院出版社 2010 年版）一书的序。

到全面落实,人民的权益得到切实尊重和保障。用民主法治表征社会主义和谐社会,超越了历史上任何一个时代的思想家和政治家的和谐理念及其对和谐社会的描述,表明社会主义是人类历史上具有先进政治基础和文明制度环境的和谐社会。

必须指出,并非任何一种类型的法治都是和谐社会的基础,和谐社会所需要的是和谐的民主,和谐的法治,包括和谐的司法。

（二）建设和谐司法是建设中国特色社会主义法治的必然要求

在建设中国特色社会主义的过程中,我们也走出了一条建设中国特色社会主义法治的道路。中国特色社会主义法治的基本特征和标志是:党的领导、人民当家作主、依法治国的有机统一;依法执政与依法治国的有机统一;依法治国与以德治国的有机统一;法治国家与法治社会的有机统一;继承中华传统法律文化优秀基因与借鉴人类社会法治文明成果的有机统一。这“五个有机统一”彰显了和谐法治精神,同时也为“和谐法治”的提出提供了实践基础。如果说法治是人类文明的标志,那么,和谐法治则是人类文明的更高标志,把人类文明提升到最高阶段。

和谐法治是中国特色社会主义法治的目标模式。“和谐法治”这一目标定位充分体现着构建社会主义和谐社会的战略思想和中国特色社会主义的时代精神,代表着我国依法治国方略和法治国家目标的历史走向。和谐法治是构建和谐社会的必然要求,是社会主义法治的主旋律和表征,和谐法治也是构建社会主义和谐社会的重要保障。“和谐法治”概念不仅将引领我们转换法治话语体系,从而提升我们的法治观念和法治实践,而且必将丰富和创新建设社会主义法治国家的理想模式、历史任务、实践途径。也就是说,我们要建设的法治,既不是中国历史上的重刑主义,严刑峻法,也不是西方以个人主义为本位的自由主义法治,而是与社会主义和谐社会相适应的和谐法治。和谐司法是和谐法治的关键,又是和谐法治的保障,更是建设和谐法治的重心。随着中国特色社会主义法律体系的形成,法治建设的重心必将从立法转向执法和司法。党的十七大报告已经明确指出要加强宪法和法律实施,维护社会公平正义,维护社会主义法制的统一、尊严、权威。在这个重心转移过程中,建设和谐司法的任务日益凸显。

(三)建设和谐司法是发展中国特色社会主义司法事业的必然要求

中国特色社会主义司法事业是党的事业的重要组成部分,构建社会主义和谐社会是党的伟大事业,法官干警既是社会主义和谐社会的捍卫者,又是社会主义和谐社会的建设者,人民法院应当成为构建和谐的楷模。

中国特色社会主义司法的首要特征是坚持党对司法工作的绝对领导,既包括党对司法工作的政治领导、组织领导,也包括党对司法工作的思想指导和统一协调。建设和谐司法,正是为了保证党对司法工作的领导和指导。

中国特色社会主义司法是人民代表大会根本政治制度范畴内的司法。依据宪法规定,人民代表大会是国家权力机关,统一行使国家权力,国家行政机关、审判机关、检察机关都由人民代表大会产生,向人民代表大会负责,受人民代表大会监督,依靠人民代表大会支持。在这样的前提下,人大行使立法权、监督权、重大事项决定权以及其他重要权力,各级人民政府行使行政管理权和行政执法权,人民法院和人民检察院行使司法权。人大根据党的主张和人民的意愿,通过制定法律、作出决议,决定国家大政方针,并监督和支持“一府两院”依法行政、公正司法,保障各国家机关协调有效地开展工作,把人民赋予的权力真正用来为人民谋利益。虽然各国家机关分工不同、职责不同,但都是在中国共产党领导下、在各自职权范围内贯彻落实党的路线方针政策和宪法法律,为建设和发展中国特色社会主义服务。我们的政体还有利于集中力量办大事,发挥社会主义制度的优越性。在人民代表大会政体之内,国家机关之间的关系与西方“三权分立”体制下的国家机关之间的关系有着根本区别。在西方资本主义国家,通常实行立法权、行政权、司法权“三权分立”,分别由议会(国会)、政府和法院把持,它们经常以牺牲民众的利益为代价争吵不休、互相扯皮。

(四)建设和谐法治,是深入学习和实践社会主义法治理念的重要载体

学习和实践社会主义法治理念是一个不断与时俱进的过程。最高人民法院提出的“人民法官为人民”主题实践活动,省委政法委提出的大调研、大排查、大走访、大整治活动,都是通过执法为民、服务大局、促进社会和谐来建设和谐司法的具体活动,是实践社会主义法治理念的生动载体。建设和谐司法,比任何单独一项活动更能体现出社会主义法治理念的意义。当前,司法工作面临许多难题,人民法院日益成为各种社会矛盾纠纷的集散地,如何化解各种矛盾、实现社会和谐稳定,和谐司法无疑是一大法宝。

在新的历史起点上,提出建设和谐司法,必将对司法理念、司法模式、司法能力、司法效果产生深远影响。

二、和谐司法的基本要素

探讨和谐司法的基本要素,是要搞清楚建设和谐司法的着力点。

(一)和谐的司法体制

和谐的司法体制可以表述为:在党委的统一领导、人大的依法

监督和政府的有力支持下，在宪法和其他法律的制度框架内，各政法机关既依法制约监督、更有力协同配合，以准确有效地执行法律，共同履行维护党的执政地位、维护国家长治久安、维护人民群众利益、维护社会公平正义、保障和服务经济社会发展的神圣职责。这样的体制，既不是过去曾经实行过的"党委一元化领导、公检法合署办公"，也不是各自独立、孤立办案，互相钳制、互相扯皮，更不是争权夺利、分庭抗礼。政法干警同属一个职业共同体，有着共同的专业背景、职业规范、价值取向和工作目标，这是和谐司法体制得以运行的基础。

在和谐司法体制之下，还可以提出"和谐公安"、"和谐检察"、"和谐审判"、"和谐执行"、"和谐司政"等。

（二）和谐的司法文化

和谐司法必须有深厚的文化底蕴。无论是公安文化、检察文化、法院文化、司法行政文化，还是诉讼文化，都应当注入和谐的基因，使之成为和谐司法文化的标志，成为和谐社会文化的组成部分。和谐司法文化建设的目标在于，促进干警对和谐司法的高度认同，让和谐司法成为全体干警牢固的理念，甚至成为一种主义。

（三）和谐的司法模式，即和谐司法的工作模式

在过去相当长的时期内，司法（政法）工作遵循"专政模式"、"斗争模式"，这与那时的大背景有关。从新中国建立到"文革"结束，我们处在以阶级斗争为纲的年代。那时，人们的潜意识里本能地把法律、法制、司法与阶级、阶级矛盾、阶级斗争相关联，与对敌专政划等号，把司法机关简单地理解为无产阶级专政的工具。从党的十一届三中全会果断宣布阶级矛盾和阶级斗争不再是我国社会的主要矛盾，到党的十六大提出社会和谐、十六届四中全会明确提出构建社会主义和谐社会，再到党的十六届六中全会做出《关于

构建社会主义和谐社会若干重大问题的决定》,极其深刻地改变了传统的法律观、法制观和政法观、司法观,使司法战线告别了“专政模式”、“斗争模式”,确立了和谐司法模式。

和谐司法的本质特征是执法为民、司法为民,尊重和保障人权,维护公平正义,促进社会和谐,保障经济和社会发展,而不是单纯的“暴力”、“惩罚”、“镇压”,不是令人望而生畏的“刀光剑影”。

(四)和谐的工作目标

实现定分止争、化解矛盾纠纷、维护社会稳定、促进社会和谐是司法机关司法权和执法权运行的本质属性,也是党和人民对司法寄予的期待。

(五)和谐的司法环境

如果说前四项是和谐司法的内在要素,那么,和谐的司法环境则是和谐司法的外部要素。构建和谐的司法环境,首先要求司法机关树立和谐司法的良好形象,不断提升司法机关的公信力。其次要大力营造和谐的司法工作局面。和谐司法环境主要涉及司法机关与党委、人大、政府、政协的关系,与大众媒体和社会各界的关系。正确处理好这些关系,始终自觉坚持党的领导、接受人大监督、积极争取政府的支持、认真对待政协和社会各界的监督,与主流和非主流媒体建立互信机制,一方面充分尊重媒体对司法工作的知情权和报道权,另一方面积极引导媒体进行客观公正的报道,在全社会弘扬法治精神,最大限度地提高舆论效果。当前,一些地方司法工作的外部环境还不是很好,制约着司法工作的正常开展和司法事业的科学发展,在建设和谐法治的过程中,应高度重视和谐司法环境建设。

三、和谐司法的实践要求

和谐司法是个实践命题,建设和谐司法有许多实践要求。择其要者,有:

第一,以促进社会和谐为价值目标。和谐是当代中国社会主义核心价值,是主流文化中的主导因子;和谐是法治价值体系的中轴,法律价值体系包括自由、公正、秩序、效率、人权等等,和谐是价值体系中的元价值,是统领自由、公正、秩序、效率、人权的最高价值,也是把这些价值统合在一起的价值基础。社会之所以需要法律,我们之所以要加强司法工作,发展社会主义司法事业,归根结底是为了保障和促进社会和谐。建设和谐司法,本身并不是终极目的,终极目的是促进社会和谐,构建社会主义和谐社会。

第二,以和谐善治为司法工作模式,即实行和谐司法、和谐执法。和谐善治直接涉及转变司法工作的理念、树立和谐作风、采取和谐方法和取得和谐效果。

第三,以和谐的法律效果、政治效果和社会效果作为最根本的政绩标准,把是否实现当事人和睦、促进社会和谐作为衡量司法工作的标准。

四、人民法院践行和谐司法的基本经验

第一,坚持为民、惠民、利民、便民的司法理念和工作模式。

第二,坚持宽严相济的刑事司法政策,全力维护社会稳定和人民平安,尽最大可能化消极因素为积极因素,努力减少社会对抗。

第三,坚持"调解优先、调判结合"的民事司法政策,努力做到定分止争,案结事了,全力化解矛盾纠纷。

第四,坚持协调和解的行政司法政策,切实维护行政相对人的

合法权益，支持政府依法行政，全力促进公民与政府的相互理解和信任。

第五，坚持刚柔相济的民事和行政执行政策，全力争取打赢官司的当事人及时、完整地实现其合法权益。

第六，坚持以化解矛盾、促进和谐为第一要务，认真做好涉诉信访工作，努力使当事人停访。

联动司法:诉讼社会境况下的司法模式 *

早在 1984 年我在美国留学期间,就曾写过一篇题为《美国:诉讼社会》的文章,其中谈到:所谓“诉讼社会”,它的表现是:人人都在告状,到处都有官司,诉讼就像“流行病”一样到处蔓延。在写这篇文章的时候我根本不会预料到,20 年后的中国这么快地进入“诉讼社会”。

一

“诉讼社会”这一概念表征一个社会呈现涉法纠纷急剧增长、诉讼案件层出不穷的态势。一般而言,如果一个社会每年约有 10% 的人口涉诉,则该社会即可被认定为“诉讼社会”。进入 21 世纪以来,我国每年约有一亿人(次)牵涉各类诉讼或准诉讼、类诉讼程序。[1]根据最高人民法院公布的数据,2009 年全国法院共受理各类案件 11378875 件。我们姑且以每一个案件平均涉及 6 个当事人及直接利益关联人计算,在一年之内就有将近 7000 万人(次)涉

* 本文是张文显在“人民法院深入推进三项重点工作理论与实践研讨会暨中国法学会审判理论研究会 2010 年年会”上的主旨演讲,后发表在《法律适用》2011 年第 1 期。

诉,约占全国人口总数的5.24%。[2]同时,根据《中国法治建设年度报告(2009年)》、《2009年中国人权事业的进展》和国务院法制办等相关部门公布的统计数据,2009年全国各级行政机关作出行政处罚、受理行政复议、进行行政调解等案件1200余万件,经济仲裁和劳动仲裁部门受理合同及财产纠纷仲裁、劳动纠纷仲裁76万件,人民调解组织处理各类民间矛盾纠纷767万件,各级政法机关处理涉法涉诉信访约180万人(次),上述这些准诉讼和类诉讼活动中相当一部分是多人诉、多人访、群体诉、群体访,以每案2.5人计算,则涉及的人员约为5500万人(次)。把上述这些诉讼、准诉讼、类诉讼所涉人数加在一起,则涉诉人口达到1.2亿,占全国人口的9.2%;如果再把人民群众诉诸民间组织、行业协会等调处的涉法矛盾纠纷加进来,则涉诉人口比例将更高。以总人口和涉诉人口比例不变来计算,十年之内就有十多亿人(次)与诉讼或曾经与诉讼沾边——被别人起诉(告诉),或起诉别人(告诉),主动或被动地充当证人,或者因为与案件当事人有直接利益关联而涉诉。由此,我们可以得出这样一个结论:我国已经进入"诉讼社会"。

"诉讼社会"的到来,使人民法院面临着一系列深刻而严峻的挑战:

挑战之一:案多人少的矛盾日益加剧,法院和法官不堪重负。20世纪80年代初期,全国法院每年受理的各类案件总量大约在40万件左右。随着改革开放的深入、市场经济体制的建立、社会形态的急剧变迁和全球化进程的不断加速,经济社会关系日益复杂化,[3]社会矛盾纠纷千奇百怪;与此同时,人民群众的维权意识日益增强,越来越习惯于从法律和权利的角度提出利益主张,越来越要求通过法律程序解决矛盾和纠纷,甚至在一段时间内把诉讼推崇为解决纠纷的权威方式,把维护公平正义的最后诉求付诸于人民法院、寄望于人民法官,由此导致人民调解、基层调解、行政调解等调处矛盾纠纷的第一道防线逐渐弱化和缺失,大量矛盾纠纷集中涌入司法渠道,人民法院由最后一道防线瞬间演变为第一道防线;加上依法治国基本方略的全面实施和司法体制机制改革的不断深化,我国诉讼制度的不断完善和司法便民利民惠民措施的不断扩大,当事人诉讼成本降低甚至是零成本,致使人民法院受理的案件迅速增多,出现了新闻媒体所称的"诉讼爆炸"、"诉讼井喷"现象。自2005年以来全国法院受理的案件总量年均递增5.95%,2009年案件总量比1978年增长了19.87倍,突破千万件,达到11378875件。以全国法院实有法官190216人计算,人均办案54.25件,不少基层法院的法官人均结案数达到300件以上。以人口只有2700万的吉林省为例,2009年,全省法院受理各类案件总量达到266858件,是1978年的25倍,而同期法官干警人数只增加3倍,是1978年的4倍,[4]每名法官人均办案为五十件左右,若除去在政工、行政、综合、后勤、法警等部门工作的法官,在审判执行工作一线办案的法官人均办案七十件左右,特别是在大多数基层法院和人民法庭,法官人均办案超百件已成常态。在案多人少的矛盾日益加剧的情况下,法官是超负荷工作、法院是超负荷运行。由于案多人少,突击办案,审判质量、效率、效果可想而知。同时,由于法院工作累、压力大、待遇低、身体难以支撑等次生原因,致使最近10年法官流失情况非常严重,人民法院吸引优秀法律人才、稳定优秀法官极其困难。据部分法学院院长反映,法学院优秀毕业生中几乎很少有首选法官职业的。

挑战之二:处理案件的难度和平衡利益关系的难度越来越大。其原因在于:一是案件类型日益复杂,涉及民生案件增加,群体性诉讼增多。在建国后的很长时间内,人民法院受理的案件主要是常见的刑事案件和婚姻家庭纠纷案件,但随着社会转型和利益格局的巨变,新型案件、疑难案件、涉外案件层出不穷,征地拆迁、土地承包纠纷、社会保险、教育医疗、消费者权益等涉及民生问题和群体性利益的案件逐年增加,与人格权、生存权、环境权、发展权等人权问题关联的诉讼也呈现攀升趋势。二是当事人利益博弈的心理、争取利益最大化和胜诉的欲望强劲,许多案件的审理结果是胜败皆怨,而不是胜败皆服。当事人往往对诉讼风险是社会风险或商业风险的继续没有正确认知,败者不服不满自不多言,胜者也因未必是百分之百胜诉而不尽满意,人民法院统筹兼顾和有效平衡各方面利益的难度也越来越大。最高人民法院强调"当事人胜败皆服",要求"让人民满意",就目前而言,还只是一个理想化的目标追求,事实上很难真正做到,诉讼中的非理性因素越来越构成对司法裁判和法律尊严的冲击。三是案件事实与法律规范之间呈现张力。个案事实和类案事实无明确法律规范可供适用,法律缺如、法律矛盾、法律不明确等情形时常出现,使法律的不确定性彰显,而法官的法律解释与当事人或其代理律师、辩护律师对法律的解释由于价值判断的不同而存在差异,当事人对判决不服,有的还由于其他因素的介入,成为社会关注的焦点。诸如多年来被广泛质疑的医疗侵权案件法律适用的"双轨制"问题、"同命不同价"问题、刑事附带民事案件的精神损害赔偿问题,即使在侵权责任法实施后,也没有完全解决;行政审判中,征收案件"公共利益"的认定问题;曾引起社会广泛关注的诸如"泸州遗产案"、"南京彭宇案"、"手术签字案"、"史上最牛钉子户案件"等民、行案件,"民工偷葡萄案"、"许霆案"等刑事案件,都给司法带来了诸多难度和负面影响。究其原因,一方面,立法预设的法律规范无法覆盖万花筒般的现实社会生活,更不可能应对社会转型期复杂多变的经济社会矛盾,有些法律法规公布之日就呈现出滞后性。另一方面,立法中的行业保护主义、部门保护主义,使出台的法律之间出现矛盾,特别是立法中的"争议搁置"的做法,使本应在立法中解决的难题,留给了法官。

挑战之三:大量社会矛盾积聚法院,转化为涉诉矛盾,致使涉诉信访总量始终居高不下。据中央有关部门的统计数据显示,进入新世纪以来我国信访案件大量增加,其中反复访、长期访、激烈访、进京非正常访中70%是涉法信访,其中涉诉信访又占到70%左右。2009年全国法院处理涉诉信访案件1357602件(次),相当于每名法官人均处理涉诉信访7.15件。涉诉信访居高不下的原因,其一是进入新世纪以来人民法院背负了太多的社会责任,把本应由行政机关、社会组织化解或通过行政、经济、社会等手段更能有效化解的矛盾纠纷,诸如企业改制、征地拆迁、劳动争议、教育医疗、社会保障等等,由于相关部门的职能弱化甚至不作为,而集中涌入司法渠道。事实证明,这些矛盾纠纷,人民法院既管不了,也管不好。其二是就目前而言,涉诉信访终结机制的建立和运行困难重重,对无理访的分流稳控举步维艰,即便对一些涉诉信访案件人民法院经过反复甄别已确定为无理访,但一旦发生重复访、激烈访、进京访等问题或者领导机关批办,又回流到司法程序。涉诉信访以及处理涉诉信访的机制在敦促人民法院公正、高效、廉洁、和谐司法的同时,一些缠访、闹访、无理访也使司法的权威和尊严受到了严重的伤害,人民法院处理涉诉信访所付出的人力、精力和物力几乎与常规审判持平,特别是法院的主要领导的精力往往投入在涉诉信访之中。

挑战之四:人民群众日益增长的多元化司法需求与人民法院司法供给之间的基本矛盾更加突出。在现阶段,人民群众对司法的要求越来越多元,对司法的关注越来越强烈,对司法的期望值也越来越高。这种需求已不仅仅体现在司法活动的公正高效方面,对司法的民主、公开、文明、廉洁、和谐等方面都提出了新要求、新期待。但就目前而言,人民法院化解矛盾纠纷、维护公平正义、促进社会和谐的司法能力和工作状态还不适应人民群众日益增长的多元化司法需求和期待,这一矛盾是社会主义初级阶段社会基本矛盾在司法领域的具体反映。当前,人民法院的司法理论和理念、司法体制和机制、司法能力和作风、司法资源等与诉讼“井喷”所显现出来的与人民群众日益增长的司法需求和期待的不适应性愈加突出,以致诉讼难、申诉难、执行难、信访多的抱怨之声不绝于耳。

上述这些挑战的存在和发生使得人民法院的司法公信力受到严重影响。除党报党刊之外,大众媒体和网络对法院的负面报道和批评声音时常出现,任何一起普通案件的处理,甚至法院和法官工作中的任何一点瑕疵,都有可能迅速转变为社会热点问题,并呈现出交织放大的局面。人民法院的工作报告在人民代表大会全体会议上的实际赞成率一直不甚理想,也说明司法的公信力不高。

二

面对如此严峻的挑战,人民法院必须树立联动司法理念,拓展联动司法渠道,创新联动司法方法。这是在诉讼社会境况下推进和实现人民法院工作、人民司法事业科学发展的必由之路。

“联动司法”是相对于“独立司法”而言的。长期以来,在学理上把审判机关依法独立行使审判权称之为“独立司法”(或曰“司法独立”),在实践中又往往把独立司法扭曲为孤立办案、封闭运行。然而,人民法院独立行使审判权不等于人民法院独立司法,更不能等同于孤立办案、封闭运行。独立司法是指,就国家机构性质、功能和职权分工而言,人民法院是国家的审判机关,国家的审判权只能由人民法院统一行使,其他机关、团体和个人都无权行使此项权力;人民法院依照法律规定独立行使审判权,不受行政机关、社会团体和个人的干涉;人民法院审理案件必须严格依照法律规定,正确适用法律。司法独立并不意味着人民法院的司法活动不受法律监督和制约,更不意味着脱离党的领导和人大的监督。联动司法是指,人民法院在行使国家审判权、履行国家审判机关职能、服务经济社会发展大局的过程中始终坚持党的领导,依靠党委统揽全局、协调各方的政治优势;自觉接受人大及其常委会的监督,依靠人大的支持排除非法干涉,维护司法权威;主动争取政府的支持和配合,实现司法权与行政权的和谐联动;积极促成法院与社会的良性互动,提高司法的公信力;努力实现法院系统内部上下级法院之间、不同地区和行政区域的法院之间、普通法院与专门法院之间的互相配合、互相支持。独立司法与联动司法是辩证的关系,一方面,就政治体制和国家职权分工来讲,必须坚持司法独立和统一,保持人民法院判决的终局性,不能出现司法多元化;另一方面,就司法体制的运行和效能来讲,必须实行联动司法,尽最大可能吸收有利于化解矛盾纠纷、维护公平正义、促进社会和谐、保障发展大局的政治的、经济的、文化的、社会的元素和能量。

(一)联动司法是坚持中国特色社会主义政治制度的基本要求

人民法院作为中国特色社会主义的重要组成部分,要履行好为大局服务、为人民司法的神圣使命,必须始终坚持中国特色社会主义政治制度。首先,必须紧紧依靠党的领导。党的领导是我国社会主义政治制度的核心,司法权是党的执政权的重要组成部分,只有始终坚持党的领导,紧紧依靠党中央和各级党委总揽全局、协调各方的政治优势,才能始终保持清醒的政治意识,始终把握正确的政治方向,才能科学判断形势、把握大局和全局,正确驾驭复杂局面、处理复杂问题。特别是遇到区域性和全国性的重大案件,遇到触及经济、政治、生态、民族、宗教、外交、军事等热点问题的重大案件以及群体性敏感案件,遇到诸多国家机关职权边界模糊或意见严重分歧的重大案件,只有及时向党委汇报,依靠党委的正确指导、协调与支持,才能妥善处置和化解。

第二,要紧紧依靠人大的监督和支持。人民当家作主是我国社会主义政治制度的本质所在。人民当家作主的制度载体是全国人民代表大会和地方各级人民代表大会。人大的监督和支持是人民法院工作的力量源泉和权力基础。人大监督既是对人民法院公正廉洁司法的监督,也是对挑战司法权威、损毁司法尊严的违法言行的监督,既保证人民法院的人民性本质,也维护人民法院的司法权威。

第三,要紧紧依靠政府的支持和配合。各级人民政府掌握着丰富的公共资源和常规的国家强制力。建立司法与行政的联动机制,而不是人民法院自己单打独斗、孤军奋战,无疑能够更加有效地破解司法工作中遇到的问题和困难。如对刑事被害人或其亲属的司法救助,对生活确有困难的申请执行人的司法救助,对涉诉信访中于法无据、但情理之中的信访老户的司法救助,没有司法与行政的联动和公共财政的支持必然是寸步难行。再如许多因计划生育、环境保护、劳动纠纷、知识产权、职业病、传染病等引发的群体性、集团型、多主体诉讼,没有行政机关的配合和支持,人民法院也将是一事无成。

党的十七大以来,最高人民法院和各地法院创造了许多联动司法的经验。例如,党委领导、人大监督、政府支持、各界配合、法院主办的综合治理"执行难"的联动执行工作格局的初步形成,党委领导、法院理诉、政府解难、多元化解的处置涉诉信访的工作机制的初步建立,等等,都是依靠中国特色社会主义政治制度优势,破解人民法院工作困境的成功经验。这些经验是对中国特色社会主义司法的理论和实践的丰富和发展。

(二)联动司法是发挥中国特色社会主义司法制度优越性的重要经验

周永康同志在2008年全国政法系统领导干部学习贯彻党的十七大精神和胡锦涛总书记重要讲话专题研讨班上强调指出:中国特色社会主义司法制度是以马克思主义法律观为指导,在充分考虑我国国情,总结我国社会主义司法实践成功经验,积极吸收人类法治文明优秀成果的基础上建立起来的，是人类法治发展史上的伟大创造，具有鲜明的中国特色，其鲜明的特色之一就是：在司法权的配置上，侦查权、检察权、审判权、执行权既互相制约，又互相配合。我理解，这既是中国特色社会主义司法制度的鲜明特色，也是中国特色社会主义司法制度的政治优势、法治优势和工作优势，既能保证公正廉洁司法，准确有效地执行法律，又能有效应对、妥善处理复杂的社会问题和重大案件。在新的历史起点上，人民法院要充分认识和善于运用我国社会主义司法制度的中国特色和政治优势，努力促成在党委及其政法委统一领导和协调之下，在宪法和法律的制度框架内，司法（政法）机关之间既互相监督制约、更有效协同配合的和谐司法（政法）工作格局，共同履行好维护党的执政地位、维护国家长治久安、维护社会和谐稳定、维护人民群众利益、维护社会公平正义、保障经济社会发展进步的神圣职责。

（三）联动司法是整合社会资源化解社会矛盾、创新社会管理的必由之路

诉讼是社会矛盾的集中反映，要化解以诉讼方式表现出来的社会矛盾，必须采取社会化的方式，诸如专门机关工作与群众路线相结合，司法职业化与司法民主化相结合，司法调解与人民调解、行政调解、民间调解相结合，诉讼程序与非诉讼程序的对接，多元纠纷解决机制等等，都属于矛盾化解的社会化方法。社会化方法不仅能够从源头上减少矛盾、化解纠纷、弱化冲突，也有助于从根本上缓解人民法院面临的案多人少的压力，破解困扰人民法院的诸多瓶颈问题。为此，人民法院要积极推动专业调解组织的建设，充分发挥群团组织、行业协会和其它社会组织、企事业单位调解力量的作用，构建党委领导、政府主导、社会各界广泛参与的多元矛盾纠纷化解机制，促进各种纠纷解决方式相互配合、相互协调和全面发展；构建政法、综治、维稳、信访部门综合协调，有关部门、单位

各司其职,人民调解、行政调解、司法调解相互协调配合的“大调解”格局。要积极参与社会管理创新,充分发挥人民法院作为社会管理的特殊组织形式的作用,通过惩恶扬善、弘风阐化、权利救济、人格恢复等来引导社会从失范无序到规范有序的发展。

(四)联动司法是创造良好司法环境,实现法院与社会良性互动的必要选择

人民法院审判工作质量、效率和效果的提升,人民法院司法公信力的提高,都离不开良好的司法环境。为此,人民法院要积极争取人民政协和社会各界的关心和支持,紧密与社会各界和人民群众的联系,善于把各种外部政治优势、法治优势和社会优势转化为我们的工作优势。人民政协作为具有中国特色的多党合作和政治协商的重要机构,肩负着政治协商、民主监督、参政议政的重要职能,政协委员作为社会各界的精英人士,具有广泛的影响力。人民法院要主动接受人民政协的民主监督,虚心听取人民政协对审判工作的意见,加强与政协委员的联系,不断提高司法能力。要真诚欢迎和积极引导公众有序参与司法活动,进一步完善人民陪审员制度,保障公民依法参加审判活动,促进司法公正。要善于建立人民法院与新闻媒体之间的互动、互信机制,通过大力推行司法公开,向媒体全面开放,接受媒体的舆论监督和支持。以我本人的工作体验,司法越是对媒体开放和公开,媒体与司法的距离越小,媒体了解的情况就越充分、越真实,其报道就越客观恰当,当事人和人民群众也就越认同以至佩服法院的裁判,社会就越加支持法院的工作,良好的司法环境也由此而形成。

(五)实施联动司法也是深化人民法院司法改革、优化法院系统内部司法资源配置、发挥司法整体效能的根本途径

联动司法不只是一个外部性概念,也是一个内部性概念。长

期以来,受"法院独立"和"审级独立"概念的影响,人民法院系统内部缺乏应有的横向联动,上级法院对下级法院也仅局限于业务指导、审判监督和干部协管,缺少一体化的纵向联动。2008 年以来,最高人民法院深入贯彻落实科学发展观,把社会主义法治理念与人民法院工作实际创造性地结合起来,大力推动法院之间协调联动,逐渐打破了司法壁垒,减少了司法冲突,规范了法律适用,而且通过扩大指定管辖、提级管辖、委托执行、协助执行、委托取证、委托保全、信息共享等,较好地发挥了人民法院的系统优势和整体功能,提升了人民法院为大局服务、为人民司法的能力,同时也打破了地方保护主义的束缚,更好地维护了社会公平正义,维护了社会主义法制的统一和尊严,联动司法的优越性越来越彰显出来。

联动司法的制度空间和工作余地很大。今后,我们将深入研究探索联动司法模式,树立联动司法理念,大力推进人民法院内部的体制改革和制度创新,推进诉讼法律制度的完善和创新,进一步优化司法职权和司法资源配置,以公正高效、和谐联动的司法制度和司法活动,满足诉讼社会境况下人民群众对法院工作的新要求新期待。

注 释

1 准诉讼主要指各类仲裁机构受理的纠纷和诉求,类诉讼主要指各种调解组织受理的调解案件。

2 每件案件平均涉及 6 个当事人及直接利益关联人的判断,是以吉林省法院审理诉讼案件的统计分析为依据的。2009 年,吉林省全省法院共受理各类案件 266858 件,其中刑事案件 18443 件,被告人 30036 人。在每个刑事案件中,被告人数为 1.6 人,以被害人数与被告人数 1:1 来测算,则每个刑事案件涉诉人数为 3 人,而实际上,在许多刑事案件中,特别是黑恶势力犯罪和非法吸收公众存款、集资诈骗、非法传销等涉众型经济犯罪案件中,被害人是被告人的数倍、数十倍、乃至上百倍，例如吉林"海天"集资诈骗案中，受害人达3万多人（当然这些受害人中，有许多也直接或间接参与了集资诈骗，他们既是受害人，也是违法者，又是案件的证人和附带民事诉讼的当事人）。这一判断也考虑到一审与二审和再审的案件比例关系。

3 从社会学的角度分析，传统社会中简单社会关系滋生矛盾的可能性比较小，且主要依靠社会自身的调节机制得以化解；而现代社会和后现代社会中复杂社会关系衍生社会矛盾的可能性较大，且需要通过法律手段加以调节，通过司法程序定分止争、平复纠纷。进入新世纪之后，我国进入经济转型和社会转轨的特殊时期，各种社会矛盾凸显，而且往往互相叠加、交织，致使诉讼案件激增。

4 1978年吉林省全省各级法院法官干警总人数为1675人，1985年为4617人，2009年为6887人。

铭记发展史　开创新局面
奋力推进吉林人民司法事业再创辉煌*

今天我们隆重集会，共同庆祝吉林人民司法事业六十年暨吉林省高级人民法院建院六十周年。举办纪念庆祝活动的目的在于，回顾吉林人民司法事业六十年所走过的从新民主主义司法、到社会主义初级司法、再到中国特色社会主义司法的基本道路，总结吉林人民司法事业发展进步的基本经验，凝练数以万计的吉林司法人心手相传的宝贵精神和优良传统，以此，铭记发展史，开创新局面，奋力推进具有中国特色、吉林特点的人民司法事业再创辉煌。

最高人民法院、吉林省委、省人大、省政府、省政协、省军区、驻长部队、长春市和省直有关部门的领导同志非常重视我们这次庆祝活动，不仅莅临大会表示祝贺，而且对我们的工作给以亲切指导，充分体现了最高人民法院党组、省委、省人大、省政府、省政协、长春市和有关方面对我省人民司法事业的关心和支持，对全省各级法院广大法官干警的厚爱和鼓舞。在此，我代表全省法官干警，向莅临大会的各位领导同志表示热烈欢迎和衷心感谢！

---

* 本文是2008年6月27日张文显在“吉林人民司法事业六十年暨吉林省高级人民法院建院六十周年纪念大会”上的报告。

吉林人民司法事业创立和发展的历史承载着老一代司法人的丰功伟绩,凝结着一代又一代司法人的法律智慧、政治智慧和社会经验,展现着当代司法人的崇高精神和时代风采,一部吉林人民司法的历史就是广大法官干警忠于党、忠于国家、忠于人民、忠于法律,公正司法、一心为民、服务大局的历史。在此,我代表省高院党组向吉林人民司法事业的开创者、继承者和发展者,向全省法官干警,表示崇高的敬意,尤其要对省高院德高望重的老领导、老法官、老同志们说一句:历史不会淡化你们,我们也永远不会忘记你们!

吉林,是一片历经沧桑的土地,是一片拥有革命传统的土地。1948 年 6 月 17 日,在解放战争的隆隆炮火声中,吉林省高等法院成立了。这是全国设置最早的省级人民法院之一,标志着新民主主义司法制度在吉林省和东北解放区的确立。从 1948 年 6 月 17 日至 1949 年 10 月 1 日,吉林省高等法院白手起家,完成了吉林两级法院的组建,并集中培训司法干部,初创新型审判制度,为新民主主义司法制度在全国范围内的确立和发展进行了试验性的准备,起到了重要的开局和引领作用。

在新民主主义和社会主义司法制度初创时期,吉林省各级人民法院坚决执行党的路线、方针、政策和国家法律法令,紧紧围绕巩固新生政权、土地改革、恢复国民经济、进行社会主义建设等中心工作,为"五大运动"、"三大改造"和建立新婚姻制度提供了强有力的司法支持,逐步建立了在党的领导下,以依法独立审判、公开审判、人民陪审、司法调解、刑事辩护、审判监督等为主要标志的社会主义司法制度,确保人民在法律面前人人平等,顺利完成了从《共同纲领》体制下的新民主主义司法制度向《宪法》体制下的社会主义司法制度的变革,为社会主义司法制度的建立和发展创造和积累了有益的经验。

1957 年后,由于受"左"的思想影响和国际国内复杂形势的严重影响,"要人治不要法治"、"法律只能作为办事的参考"等法律虚无主义盛行，立法工作基本处于停滞状态，司法工作受到严重干扰，吉林人民司法事业也不可避免地遭受挫折和重创。尤其是“文化大革命”当中，造反派“踢开党委闹革命”，“砸烂公检法”，我省各级法院被打砸抢，档案被抢走或撕毁，很多法官干警被揪斗，司法队伍被解散，法院工作被纳入军管会或革委会保卫部下属的“审判组”，宪法确定的社会主义司法制度和工作机制被弃之不用，造成大量冤假错案。1973年纠正林彪反革命集团极“左”思潮、恢复人民法院建制后，特别是1976年粉碎“四人帮”反革命集团之后，司法工作得以恢复，但由于“左”的思潮的严重影响，一直处于徘徊状态，直到1978年党的十一届三中全会召开，人民司法事业才真正进入恢复、重建和发展时期。

具有伟大历史意义的党的十一届三中全会标志着中国进入改革开放的新时期。全会发出了“健全社会主义民主，加强社会主义法制”的号召，确立了“有法可依、有法必依、执法必严、违法必究”的法制工作方针。之后，通过两次修改1978年《宪法》，制定《人民法院组织法》、《刑法》和《刑事诉讼法》等基本法律，健全了我国司法组织体系，明确了司法机关之间的职权配置和诉讼程序；确定了人民法院依法独立行使审判权，以事实为根据、以法律为准绳的司法原则。通过公审林彪、江青反革命集团和纠正各种冤假错案，司法队伍得到锻炼。随着1982年《宪法》的颁布实施，1989年《行政诉讼法》的出台，1991年《民事诉讼法》的正式颁行，特别是党的十五大提出实行依法治国、建设社会主义法治国家之后，中国特色社会主义司法制度基本确立。在这样的背景下，吉林人民司法事业也快速步入中国特色社会主义司法的历史征程。

随着改革的深化、开放的扩大、经济社会的发展，人民群众越来越习惯于从法律和权利的角度提出利益主张，当事人越来越要求通过法律程序解决矛盾和纠纷，并把公平正义的最后诉求寄托于司法机关。面对人民群众日益增长的司法需求与人民法院司法能力相对不足的矛盾，党的十五大、十六大分别作出了进行司法改革的战略决策。在党中央的领导下，并按照党中央确定的司法改革总体任务，以维护司法公正、提高司法效率为目标，从人民最不满意的突出问题和关键环节入手，以加强权力制约和监督为重点，人民法院积极稳妥地进行了司法改革。在党中央和最高人民法院司法改革方案的总体框架内，我省各级法院解放思想，实事求是，从本地本院具体情况出发，在体制、制度、机制、方法等方面进行了富有成效的改革，推动人民法院各项工作全面发展，基层基础建设加快，法院管理的规范化和信息化建设稳步推进，物质装备条件显著改善，法官队伍的职业化程度和整体素质不断提高，涌现出一大批公正司法、一心为民、感动吉林、感动中国的优秀法官和模范法院，吉林人民司法事业呈现出欣欣向荣的局面。

风雨六十载，吉林人民司法事业的命运与中国人民革命和建设、新民主主义法制和社会主义法制建设的历程息息相关。在这六十年里，全省各级人民法院在党的领导和人民的支持下，为巩固人民民主专政国家政权，保障社会主义经济建设，稳定社会秩序，促进社会和谐，做出了积极的贡献。六十年的司法实践，我们取得了巨大的成就，也积累了宝贵的经验：

第一，坚持党的领导，自觉为党和国家的工作大局服务。六十年来，我们始终把人民法院的各项工作置于党的绝对领导之下，认真贯彻党的路线方针政策，充分发挥人民法院的职能作用，积极主动地为党和国家的工作大局服务，为全省工作大局提供有力的司法保障。在涉及司法工作全局、法院改革发展等重大问题上，在遇有重大、疑难、敏感案件的审理时，主动向党委报告，取得党委的重视和支持。实践证明，只有坚持和服从党的领导，坚持为党和国家工作大局服务，人民法院的审判职能才能得到充分发挥，人民司法事业才能得到顺利发展。

第二，自觉接受人大的监督，保持人民法院的人民性。人民代表大会制度是我国的根本政治制度,人民法院由人民代表大会产生、向人民代表大会负责、接受人民代表大会监督,是社会主义民主法治的必然要求。多年来,全省各级法院坚持向人民代表大会报告工作,向人大常委会进行专题汇报,主动接受并积极争取人大常委会、专门委员会、人大代表的监督和支持。正是由于人大的监督和支持,人民法院的审判质量不断提高,队伍建设不断推进,审判和执法环境不断改善,司法公信力保持良好水平。

第三,坚持全心全意为人民服务的宗旨,把维护和实现人民利益作为法院工作的根本出发点和落脚点。六十年来,广大法官发扬人民法院为人民的优良传统,坚持审判工作为人民服务的原则,深入基层,到农村,进工厂,巡回办案,就地调解,为人民司法制度不断注入新的活力。近年来,我们把人性化、人文化、人权化的司法理念贯穿于审判、执行和信访工作的始终,不断加强和改进司法作风,方便人民群众诉讼;构建多元纠纷解决机制,加强调解,化解矛盾,切实保护人民群众的合法权益。六十年来,全省各级法院受理案件的数量不断增加,从1949年的一万件左右,发展到2007年的十八万件以上。通过审判工作,有效地维护和实现了人民利益,也进一步密切了与人民群众的联系,得到了人民群众的理解和支持。

第四,追求公平正义,把通过维护法律公正实现社会公正作为最高司法价值。法律是公正与善良的艺术。六十年来,特别是改革开放新时期,我们坚持公正司法,把维护社会公平正义作为司法工作的生命线,在维护公平正义的前提下,努力实现审判工作政治效果、法律效果和社会效果的有机统一。我们高度重视以效率保证和促进公正,把公正与效率有机地统一于高质量的审判和执行工作之中。六十年来,有许多重大的标志性事件已经载入吉林人民司法史册,如20世纪70年代末至80年代初的平反冤假错案,全省各级法院共复查各类案件48024件,平反纠正8413件,谱写了一曲尊重和保护人权的圣歌。

第五,坚持“解放思想、实事求是、与时俱进”的思想路线,不断推进人民司法事业的进步与发展。改革创新,是推进人民司法事业与时俱进的强大动力,是破解人民法院工作各种难题的制胜法宝。六十年来,特别是吉林人民司法制度初创时期和最近三十年改革开放新时期,我们坚持从国情、省情和院情实际出发进行改革创新,坚持改革的社会主义方向,注重改革的前瞻性、合法性和实效性,使审判和执行工作、队伍建设、法院管理和物质技术装备水平不断得到提高。

第六,重视和加强队伍建设,为人民司法事业发展提供坚实的组织保障。长期以来,我们致力于造就一支政治坚定、业务精通、作风优良、司法公正的法官队伍。经过坚持不懈的努力,法官干警队伍不断充实和发展,整体素质显著提高,知识结构、年龄结构、职务结构日趋合理,呈现出人才济济的喜人景象。六十年前吉林省高等法院建立之初只有 31 名干警,目前已达 375 人;全省法院当时只有 112 名干警,目前已达 6889 人。

第七,积极探索人民司法规律,司法科学化、民主化程度不断提高。六十年的历程,既是勤奋工作的过程,也是积极探索司法规律的过程,我们既重视概括成功的经验,也注意分析失败的教训。把人民司法事业作为中国特色社会主义事业的重要组成部分,随着中国特色社会主义事业的发展而发展;走中国特色社会主义法治道路,建设公正高效权威的社会主义司法制度,是吉林人民司法事业健康发展和法院工作顺利推进的根本规律。

第八,与其他政法机关互相支持、互相配合又互相制约,构建和谐政法格局,共同履行神圣职责。六十年来,除了“文革”那样极不正常的时期,全省法院在党委的统一领导和政府的有力支持下,在宪法和其他法律的制度框架内,与检察、公安、国安、司法等政法机关分工负责,互相支持、互相配合、互相制约,准确有效地执行法律,共同履行维护党的执政地位、维护国家长治久安、维护人民群众利益、维护社会公平正义、保障和服务经济社会发展的神圣职责。这是党的执政权在政法工作中的集中体现,是中国特色社会主义政法事业的政治优势、法律优势和工作优势所在。

在回顾历史、总结经验的过程中,我们也深切地感悟到一种宝贵精神,它从老一代吉林司法人开始形成,六十年来不断丰富深化并代代相传,我们称之为"吉林司法精神"。那就是:

对党和国家忠贞不渝的卫士精神。广大法官干警始终保持对党和国家的忠诚,在维护党的执政地位和执政基础,维护国家政权长治久安,围绕党和国家各个时期的中心任务开展法院工作等方面,从不含糊,从不动摇。

忠于人民的公仆精神。广大法官干警始终牢记人民法院属于人民,人民法官是人民的公仆,来自人民、服务人民,以维护和实现人民利益为天职,以便民、利民、护民为行动准则,忠实履行法律责任和社会责任,竭诚为群众排忧解难,为社会化解矛盾。

忠于法律的职业精神。广大法官干警始终信仰和践行新民主主义法制精神与社会主义法治理念,遵守有法必依、执法必严、违法必究、有错必改的法制原则,秉公执法,惩恶扬善,除暴安良,即使在司法制度遭受严重破坏、本身受到冲击和迫害的岁月,他们也没有放弃维护法制尊严、维护公平正义的信仰。

尽职尽责的敬业精神。广大法官干警热爱人民司法事业,把从事法院工作作为自己神圣的选择,认真做好审判、执行、涉诉信访、司法保障的每一件事情。令我们深受感动的是,在没有印刷设备的岁月,法官们的法律文书字迹秀美、语言规范,字里行间洋溢着严谨认真的作风。

艰苦奋斗的奉献精神。广大法官干警在十分艰苦的条件下,乐观面对,克服了许多难以想象的困难,以忘我的工作热情和不怕吃苦的精神,完成法院各项工作任务;即使在条件有所改善的情况下，他们依然保持着艰苦奋斗、勤俭节约的优良传统；他们遵纪守法，克己奉公，淡泊名利，始终保持"为民、务实、清廉"的作风。

勇于探索的创业精神。在人民司法制度创立初期，广大法官在没有多少成文法和判案可以引用和援用的情况下，依据新民主主义法律精神和党的政策开展审判工作，创造性地履行法院职能；即使在法律体系初步形成的阶段，他们仍然以高强的法律智慧和政治智慧适用法律，创造性地实现立法宗旨和目的；他们不断深化司法改革，推动司法文明和政治文明持续演进；他们没有停止过前进的步伐，党的十七大之后，适时提出了开创法院工作新局面的奋斗目标。

吉林人民司法六十年间所创造和积累的这些基本经验和精神，体现了社会主义核心价值和社会主义法治理念，是我们永恒的宝贵财富，是我们继往开来、再创辉煌的精神力量。我们十分珍视这些经验和精神，定将使之伴随着吉林人民司法事业发扬光大。

"雄关漫道真如铁，而今迈步从头越"。所有的成就和辉煌已成为过去，更多的机遇和挑战迎接着我们。党的十七大对夺取全面建设小康社会新胜利做出了战略部署，明确提出了全面落实依法治国基本方略，加快建设社会主义法治国家的战略任务，并着重强调要"深化司法体制改革，优化司法职权配置，规范司法行为，建设公正高效权威的社会主义司法制度"。在十七大精神的指引下，我们已经步入吉林人民司法事业新的征程。我们要以全面建设小康社会、实现吉林全面振兴为中心任务，按照建设公正高效权威的社会主义司法制度的总体目标，奋力开创法院工作新局面。

为此，我们将：

第一，明确指导思想，努力践行"三个至上"。胡锦涛总书记在全国政法工作会议期间，提出司法工作要"坚持党的事业至上，人民利益至上，宪法法律至上"，深刻揭示了社会主义司法制度的根本政治属性，鲜明回答了"为谁掌权、为谁司法、怎样司法"这一根本问题。最近,最高人民法院党组旗帜鲜明地把“三个至上”作为新时期人民法院工作必须始终坚持的重要指导思想。我们要深刻认识到:坚持党的事业至上,是人民法院工作的根本政治方向;坚持人民利益至上,是人民法院工作的根本司法宗旨;坚持宪法法律至上,是人民法院工作的根本法治原则。我们要更加自觉地以“三个至上”重要思想为指导,使全省法院和全体法官成为中国特色社会主义事业坚定不移的建设者和捍卫者。

第二,加强法治环境建设,依法保障发展振兴。我们要牢固树立围绕中心、服务大局、保障发展的司法理念,把法院工作放在经济社会发展全局中来谋划、来推进,努力为我省经济社会发展创造良好的法治环境。要坚持主体平等原则,依法保护各类所有制主体的财产权利,妥善调处经济纠纷,维护合法经济关系,积极引导、支持和保障各类市场主体的自主创业行为,营造统一开放、竞争有序的市场环境。要进一步增强主动为企业发展服务的意识和能力,从司法保障和服务的角度给创业、投资、发展以最大的支持。

第三,全面加强审判工作,促进社会文明和谐。我们要紧紧围绕构建和谐吉林、平安吉林、法治吉林、信用吉林,推进吉林发展振兴的目标,在司法领域着力建立和完善科学有效的利益协调机制、诉求表达机制、矛盾调处机制和权益保障机制,不断增加社会和谐因素,最大限度地化解不和谐因素。要从有利于遏制犯罪、稳定治安大局、增强人民群众安全感、促进社会和谐出发,准确把握和正确执行宽严相济的刑事政策,坚决依法严惩恐怖势力、分裂势力、极端势力、黑恶势力等严重刑事犯罪和重大经济犯罪,确保社会治安大局稳定,确保人民群众安居乐业。要从社会转型期矛盾凸显、纠纷多发的社情出发,建立和完善多元纠纷解决机制,以调解优先和就地解决为基本原则,妥善处理人民群众之间的各类民事纠纷。要强化涉诉信访工作,认真贯彻新修改的民事诉讼法和中央、省委关于综合治理重信重访的工作方针,切实做好息诉罢访、息事宁人的工作；进一步畅通申诉再审渠道，做到申诉一起，查明一起，解决一起，使群众感到冤情有处诉、正义能伸张、矛盾不积累。

第四，坚持以人为本理念，切实关注民生问题。我们要深入贯彻以人为本的法治理念，在实际工作中切实体现司法为民、司法便民、司法护民。要优先审理好涉及民生问题的案件，着力保护人民群众最关心、最直接、最现实的合法利益；依法扩大简易程序适用范围，不断完善巡回审判制度，进一步提高司法效率，最大限度地减轻当事人讼累；要进一步完善司法救助制度，让经济确有困难的群众打得起官司，确保有理有据的当事人打得赢官司，让打赢官司的当事人及时实现权益；要从人性、人文、人权关怀出发，在政策和法律的范围内，加大对刑事被害人的司法救助和社会援助；要进一步弘扬司法民主，扩大人民群众的司法参与和监督。

第五，深化司法改革，保障社会公平正义。我们要以保障在全社会实现公平和正义为目标，以解决制约司法公正和人民群众反映强烈的问题为重点，积极推进诉讼程序、审判制度、执行工作、监督机制等各项改革。要以全面提高审判质量为核心，完整准确地理解和把握审判质量的法律标准和社会标准，进一步完善审判质量效率评估体系。要着力加强对法官自由裁量权的监督和制约，在审判督查、案件评查、执法检查和责任追究上狠抓落实，坚决消除裁判不公、执法不严、作风不端等问题，努力做到每一起案件都经得起法律的检验，经得起社会的检验，经得起历史的检验。

第六，狠抓法官队伍建设，建设严格、公正、文明司法的法官队伍。全省法院要广泛深入开展十七大精神、胡锦涛总书记重要讲话和周永康同志重要讲话的“大学习、大讨论”活动，按照做中国特色社会主义事业建设者、捍卫者的基本要求，突出加强各级法院领导班子思想、政治、作风和能力建设，努力把各级法院领导班子建设成为政治坚定、坚强有力、团结和谐、勤奋好学、求真务实、风正劲足的领导集体。大力加强法官干警思想政治建设，扎实开展社会主义法治理念、职业伦理、党风廉政和廉洁司法教育,深入实施法官职业化建设和司法能力建设,努力造就一支党在心中、人民在心中、法律在心中、正义在心中,业务精通、作风优良的高素质法官干警队伍。强化忧患意识,切实加强反腐倡廉建设,全面落实党风廉政建设责任制,加强制度建设和廉政文化建设,严格规范审判、执行等司法行为,坚决纠正损害群众利益的不正之风和侵犯当事人合法权利的不端行为,坚决遏制人情案、关系案、金钱案的发生,坚决查处法官队伍违纪违法案件,以严格、公正、文明、清廉的司法形象赢得人民群众的信任和拥护,提高司法公信力。

同志们,在吉林人民司法事业的甲子之年,回顾过去,怀念往事,我们感慨万千、心潮澎湃;环视当下,展望未来,我们豪情满怀、信心倍增。让我们以这次纪念庆祝活动为契机,站在新的历史起点上,坚定不移地高举中国特色社会主义伟大旗帜,坚定不移地走中国特色社会主义道路,坚定不移地做中国特色社会主义事业的建设者和捍卫者;始终不渝地坚持党的事业至上、人民利益至上、宪法法律至上,始终不渝地坚持和发展公正高效权威的社会主义司法制度,始终不渝地坚持解放思想、改革创新、勤奋工作,为吉林人民司法事业更加美好的明天而努力奋斗!

审判管理的若干理论与实践问题*

审判管理是人民法院管理的核心。以科学发展观和社会主义法治理念为指导,从人民法院工作实际和审判管理现状出发,现阶段的审判管理应当立足一个核心,着力两个围绕,构建三个体系,实现四种管理,并将审判监督作为审判管理的最高形式予以加强和创新。

一、审判管理的地位和作用

审判管理是法院管理体系的核心。人民法院是国家的审判机关,这是人民法院的根本属性。由此可知,审判工作是人民法院的中心工作。这里所说的审判是包括从立案到执行、从一审到审监、从诉前调解到处理诉后信访的全部司法活动。从人民法院的根本属性和中心工作的定位出发,可以得出一个基本结论,即以审判工作和审判活动为内容的审判管理是法院管理体系的核心,并构成司法政务管理、司法人事管理和法院其他管理工作的前提和基础。

从这一定位出发,院长应当是审判管理的第一责任人,审判委员会是审判管理的核心,审判管理办公室是院长和审判委员会在

* 本文是张文显提交给2010年"全国法院大法官审判管理专题研讨班"的论文。

审判事务方面的办事机构和执行机构，是院长和审判委员会领导和指导审判工作的综合职能部门，直接向院长和审判委员会负责。审判管理办公室是法院审判信息中枢和审判信息服务中心，是审判质量、效率、效果的评估中心和法官、书记员工作业绩的评价中心，也是审判工作的督导中心和协调中心。

二、审判管理的核心理念

审判管理的核心理念是“以人为本”。加强审判管理，首先要转变管理理念，把审判管理理念真正转向以人为本，把以人为本作为审判管理的核心理念。在审判管理工作中贯彻以人为本的理念，就是要深刻认识并真正做到以下几点：

第一，审判管理要以法官的审判活动为中心，服务审判，服务法官。无论是院、庭级领导干部行使审判管理权的活动，还是审判管理办公室开展的具体审判管理工作，本质上都是服务性的，都应当从属于和服务于、服从于审判活动，为审判权的正确运用和顺畅运行创造条件、开辟道路、扫除障碍、破解难题。审判管理应当从主要是评查案件、为领导决策服务转向为法官审判活动服务，充分尊重法官的权力和权利，尊重法官的人格和自由，尊重法官的主体地位和价值，充分理解法官因司法环境不良而遭遇的压力、阻力和困扰，理解案多人少、信访居高不下境况下法官的困难和艰辛，在审判管理中体现公正、尚善、和谐的人文精神，构建人性化的审判管理关系。

第二，审判管理应紧紧依靠法官的积极参与和支持。法官是法院的主体，某种意义上法院就是法官的职业共同体。审判管理应当从法官的主体性出发，充分调动法官参与审判管理的主动性、自律性，虚心听取一线法官对审判管理的意见、建议和批评，通过法官的积极参与和大力支持，形成全员参与、齐抓共管的局面，创造互相支持、相互促进的管理氛围。依靠法官,就要彻底改变以往那种过分的集中管理、单一管理、自上而下管理的格局,实行集中管理与分散管理相结合,自上而下管理与自下而上管理相互动,发挥院长、副院长、庭长、审判长等主体的多元积极性。

第三,审判管理应着眼于审判指导。要彻底改变过去以案件评查、评估排序、寻找差错、处罚扣分为主导的管制型管理,转向为法官提供审判理念导向、审判工作指南和审判行为标准的指导型管理。在审判管理中,开展评查、评估、排序是完全必要的,但评查、评估、排序的目的是为了总结、交流和推广行之有效的经验,及时发现和纠正审判工作的缺点和问题,向法官提出正确导向。

第四,审判管理要为优化司法资源配置提供科学依据。审判管理与司法资源配置密切相关。首先,要优化人力资源配置,力争做到各尽所能、人尽其才。其次,要优化职权配置,合理配置各个部门在各个流程的职权,解决职权职责不清、互相扯皮、互相推诿的问题。再次,要优化信息资源配置,加大信息化进程,为审判工作提供客观真实、充足有用的信息资源。

审判管理归根结底是为公正、高效、权威、和谐的审判活动创造良好的内部环境。所以,既要对法官的审判活动实行有效的监控,同时又要最大限度地调动法官的主动性和积极性。

三、审判管理的着力点

根据党的十七大关于司法改革的纲领和法院工作实际,借鉴管理学的过程(行为)管理理论和结果管理理论两大主导理论,可以把审判管理的着力点概括为“两个紧紧围绕”:一是紧紧围绕全面提高审判工作的质量、效率和效果;二是紧紧围绕规范司法行为。“两个紧紧围绕”既是审判管理的价值取向,又是审判管理工作的重点。

紧紧围绕全面提高审判工作的质量、效率和效果。这是我们实施审判管理的价值目标,是审判管理的三大目的性原则,也是检验审判管理成效的根本标准。审判管理从审判工作中相对独立地分离出来,其目的就是通过建立专门机构完善工作机制,服务审判,保障审判,监督审判,保证审判工作的质量、效率和效果。这就是我们通常所说的"管理出质量","管理出效率","管理出效果",向管理要质量、要效率、要效果。

质量是审判工作的生命线,是法院各项裁决能否经得起法律检验、社会检验和时间检验的根基。审判质量有三个基本要素,即程序合法正当、事实认定准确、法律适用得当。审判管理首先要从这三个方面保证审判质量,减少以至消除随意对待程序、证据事实不明、案件定性不准、法律适用失度的现象,尽力防止错案、坚决杜绝冤案的发生。

效率是法官敬业精神的尺度。审判效率也有三个基本要素,即:一是办案时限要短,既要严格控制超审限案件,又不拘泥于法定审限的幅度,能早结案就早结案。二是办案成本要低,能适用简易程序的不必适用普通程序和复杂程序,加大速审、调解工作力度,尽可能地减少当事人的诉讼成本和讼累,最大限度地减少法院的负担和司法资源浪费,实现司法资源效益最大化。三是办案公益要高。进入20世纪以来,公益越来越成为法律的核心价值之一,通过迅速衡平法律关系,实施权利救济,及时有效地体现法律本身的公益价值。审判管理要提高效率观念,彻底解决办案效率低下、久审不结、久执不结、上下级法院之间重复鉴定、重复审理、重复执行、法院之间互相扯皮等问题,这些问题也是当前人民群众对法院最不满意、反映最强烈、投诉最多的方面。

效果是法的内在价值的外在实现。法的内在价值包括保障人权自由、维护公平正义、保持稳定和谐、促进经济增长等,具体到今年就是保增长、保民生、保稳定、保公平。审判效果包括法律效果、社会效果和政治效果及其有机统一,法律效果主要体现为定分止争、案结事了,当事人息诉服判、罢访息告;社会效果主要体现为矛盾纠纷得以化解,为经济社会发展创造诚实守信、公平竞争、和谐稳定的法治环境;政治效果体现为巩固党的执政地位、维护国家安全和公共安全,维护人民利益。审判效果的直接标志是诉讼当事人认同,根本标志是社会公信,是党委、人大和广大人民群众满意。

紧紧围绕规范司法行为。党的十七大报告从三个方面论述和部署了司法改革,即深化司法体制改革,优化司法职权配置,规范司法行为。把规范司法行为作为司法改革的三大板块之一,足见这个问题的重要性和紧迫性。

规范司法行为,总任务是把立案到执行的每一个环节都纳入流程,通过流程管理监督司法行为,使之符合诉讼程序、依据法律规范,这就是我们常说的"全程管理"。通过全程管理,特别是针对可能影响审判工作质量、效率和效果并容易滋生腐败的薄弱环节加强规范和制约,切实解决司法不公、司法不廉、效率低下等突出问题,并努力从源头上根治涉诉上访、缠访和闹访。

规范司法行为,重点是规范审判长、审判庭庭长、人民法庭庭长、院长(副院长)的司法行为,规范审判长联席会议、庭务会议、审判委员会的审判行为,规范执行法官、执行处长和执行局长的执行行为,因为这些机构和人员掌握着审判权、执行权,他们的行为是否规范,直接决定着审判权、执行权是正确行使还是错误行使,决定着审判工作是否公正、高效、权威与和谐。

规范司法行为,关键是约束法官的自由裁量权。自由裁量权是法律赋予法官的必要权力,因为法律原则和法律规范不能机械地适用于具体情况,必须依靠法官运用自己的判断力来决定如何具体适用法律。自由裁量权也是为了实现个案正义的制度设计。法律正义有一般正义与个案正义之分,一般正义通常指立法正义,是针对普遍情况而设计的正义标准,而个案正义则是执法和司法活动中针对具体情况、具体案件具体实现的正义。自由裁量权也是实现法律效果、社会效果和政治效果有机统一所必需的工作机制。但是,自由裁量权是一把双刃剑,有利有弊,运用得好,利大于弊,运用得不好,弊大于利。实践证明,很多不公、不廉、腐败问题,都发生在法官任意认定案件事实和性质,任意采信罪与非罪、利或不利的证据上,发生在随意解释法律和与逻辑相背的法律推理上。所以,古往今来,各个国家都对法官自由裁量权倍加小心,通过建立制度和完善机制对之加以限定、制约和监督,把自由裁量权约束在情理法的限度之内。加强对自由裁量权的约束和管理,最重要的是实行公开审判和审判结果公开,我们要不断提高裁判文书的说理标准,逐步实行裁判文书网上公开,接受当事人和社会各界的监督。

规范司法行为,当务之急是把最高人民法院公布的"五个严禁"转化、细化为审判管理的规范。去年年初,最高人民法院提出"五个严禁",即严禁接受案件当事人及相关人员的请客送礼;严禁违反规定与律师进行不正当交往;严禁插手过问他人办理的案件;严禁在委托评估、拍卖等活动中徇私舞弊;严禁泄露审判工作秘密。这"五个严禁"抓住了法院审判和执行工作中存在的突出问题,瞄准了最容易引发腐败的五个环节,是对法官行为的绝对要求。当前,审判管理工作的任务之一就是把"五个严禁"融入审判管理规范体系和责任体系之中。

四、审判管理要制度化、体系化

多年来,各级法院在加强和创新审判管理方面做了大量探索,积累了很多经验。总结吉林法院系统的审判理论研究成果和审判管理实践经验,我们认为必须将审判管理制度化、体系化。为创新和提升审判管理工作水平,全面提高审判工作质量、效率和效果,严格规范法官和院内各审判机构的司法行为，推动法院工作科学发展，从审判权运行的客观规律和审判管理工作的实际需要出发，结合法院当前的审判工作实际，应当构建三个体系，分别是审判管理规范体系、审判管理责任体系、审判管理保障体系。

审判管理规范体系。构建审判管理规范体系旨在制定出审判工作质量、效率和效果的先进标准，明确设定法官的基本行为规范，作为法官与合议庭、审判庭、审判委员会等审判机构的思想导向、工作方向和行为指南；确定审判管理目标，作为评价法官与审判机构审判理念、审判能力、审判作风、审判工作业绩的客观标准；建立分析研判审判工作整体状态、适时优化司法资源配置、科学调度审判力量、有效制约监督审判活动的分析系统，为院长和审判委员会正确领导和指导审判工作提供科学依据。

构建审判管理规范体系，既要设计出全面反映审判工作质量、效率和效果的客观指标，以便运用综合分析和定性定量分析相结合的方法，对审判工作质量、效率和效果进行科学评判，又要根据严格、文明、廉洁、和谐司法的总体要求设定出法官司法行为的基本准则，进而把法官的司法行为引导到追求公正、高效、权威、和谐的目标上来，为实现审判工作的高质量、高效率、高效果提供公正合理的制度基础。审判管理规范体系中的指标应分为核心指标和一般指标两个层次。核心指标是指能够从本质上和基本层面上直接反映审判工作质量、效率和效果的指标。一般指标是指基于引导、提倡、推动以及调研分析的目的而确定的，能够更全面地反映审判工作质量、效率和效果、有助于综合分析和评价审判工作的指标。

审判管理责任体系。审判管理属于综合性、全员性很强的管理工作，需要依靠各级领导干部各尽其职、各负其责、互相配合、互相监督。所以，构建一个责任明晰、归责有据的审判管理责任体系十分必要。审判管理责任体系应当分别由院级领导、部门领导、审判委员会、审判管理办公室等管理主体和机构的审判管理职责构成。审判管理责任体系应当明确规定院长是全院审判管理的第一责任人,审判委员会是审判组织的决策核心和最高审判管理机构,同时明确各个层面、各个主体的管理责任,目的是为法院各级领导干部建立审判管理责任制,进而把审判管理的责任落实到每一个领导干部、每一个管理层面、每一个管理岗位上;并坚持责任追究,对玩忽职守造成假案、错案、冤案和其他恶劣影响的,严格追究管理责任,维护审判管理责任制的严肃性和权威性。

审判管理保障体系。审判管理保障体系是为了认真落实审判管理责任,保障审判管理目标的顺利实现而构建的。审判管理保障体系以审判管理规范体系和审判管理责任体系为前提,并以保障审判管理规范体系和审判管理责任体系的实施和实现为宗旨,创造各层面、各部门管理协同的格局,为审判管理工作构筑坚实的支撑平台。审判管理保障体系的基本内容包括理论、政策、法律与案例指导机制,审判质量、效率、效果评估机制,审判管理结果运用机制,以及技术信息、宣传指导、政务管理、物质装备、安全警卫、教育培训等保障机制。

这三个体系的内在关系是:规范体系确定审判管理目标,着重解决审判管理的指导力;责任体系强化审判管理职责,着重解决审判管理的执行力;保障体系促进审判管理协同,着重解决审判管理的支撑力。这三个体系组合起来就可以形成科学合理、职责明晰、有效协同、运行顺畅的审判管理系统格局。

五、审判管理的基本要求

从以人为本的核心理念和两个着力出发,可以进一步提出审判管理的基本要求。概括而言,就是要做到科学管理、民主管理、规范管理、和谐管理。

科学管理:审判管理是以审判权的行使为对象的管理,审判管理必须尊重审判权运行的客观规律和司法活动的特点，遵循审判工作规律实施管理，避免出现违反审判权运行规律、脱离审判工作实际情况的管理；科学管理还要注重运用现代科技手段，特别是网络信息技术，提高审判管理的科学性，及早消除管理理念滞后、制度僵化、操作失衡、评价失准、审判管理软件和信息技术严重落后于审判活动、审判管理和审判改革，网络信息不全，自动生成率较低等问题和缺陷。

民主管理：要彻底解决“为谁管理、怎样管理”的思想观念，在院长和审判委员会的领导下，在审判管理办公室的具体指导和协调下，充分实现法官的参与权，实行全员管理、全员自律、全员监督；充分尊重法官的知情权，在数据收集、整理、汇总、评估、排序等环节始终做到准确、真实、公开、公正；要充分调动广大法官参与审判管理的主动性和积极性，而不能把法官单纯作为管理对象，甚至以监控和处罚法官为内容。要吸收人大代表、政协委员、退休法官、专家学者、新闻记者参与审判管理和监督；要把审判管理与法官评议有机结合。

规范管理：就是依法治审，依靠制度管人、管事。规范管理的意义在于不仅审判管理机构知道如何去管理，更重要的是让被管理者知晓审判管理的基本原则和程序、审判管理成果的运用等等；不干扰正常的审判工作；更加注重过程管理等等。规范管理必然包括从严管理。审判活动关乎当事人的切身利益，关乎社会公平正义，关乎社会和谐稳定，关乎人民法院的自身形象和社会公信力，所以必须从严管理。司法瑕疵、司法不廉、司法不公的严峻形势以及时常发生的枉法裁判和执行一再告诫我们，必须始终怀着忧患意识，怀着对党负责、对人民负责、对法律负责的责任感，怀着对法官及其家庭关爱之心，从程序、实体、行为等方面严格要求，对违反审判纪律和法律规范的行为严肃处理。

和谐管理：和谐是当今中国社会的主旋律，把和谐理念运用于审判管理,关键是要营造两个和谐局面:一是在管理者与被管理者之间形成和谐关系,院长、庭长与法官之间、审判管理部门与审判业务庭处室之间互相理解、互相支持、互相促进;二是在法官与当事人之间、审判与侦查、检察、狱政之间、法院与社会之间形成和谐关系,实现和谐司法的良好局面。和谐管理强调协同,要克服目前普遍存在的审判管理职能部门与审判业务部门之间缺乏应有的配合、审判管理部门单打独斗,其他部门冷眼旁观,甚至出现对立情绪的现象,要实现各种管理之间的应有衔接,形成管案、管事、管人互相配合的管理合力和整体效能。

六、审判监督是本级法院院长和上级法院实施审判管理的最高形式

审判监督是一项专门的法律程序,其宗旨是:依法纠正已经发生法律效力的错误判决、裁定,确保司法公正,保证国家法律的统一、正确实施,充分体现和贯彻实事求是、有错必纠的方针政策;有利于加强最高人民法院对地方各级人民法院、上级人民法院对下级人民法院以及人民检察院对人民法院审判工作的监督,及时发现审判中存在的问题,改进审判工作方法和作风,提高审判人员的素质;从院长的角度,或者说从上级法院的角度,是对法官审判活动的监督;从诉讼体系来看,本质上属于再审程序。如果说狭义的审判管理侧重事前和事中管理,那么审判监督则属于事后管理。审判监督,是指对已经发生法律效力的判决、裁定、调解书,人民法院认为确有错误,当事人基于法定的事实和理由认为有错误,人民检察院发现存在应当再审的法定事实和理由,而由人民法院院长提起的对案件再行审理的程序。当前,我国的审判监督程序存在很多问题、矛盾、混乱和缺陷,其主要表现有:启动机制混乱;再审事由无限制;管辖混乱;审级的无限定问题;审理程序及再审范围

的无限定性;立案标准不清晰;对审查方式、处理结果、期限等均未加以规定;申请再审的权利义务内容不明确;当事人滥用再审申请权和申诉权,法官轻视当事人申诉权和申请再审权利;等等。加上我国诉讼法关于审判监督规定的粗放和简约,造成再审程序立法的真空,导致复查程序存在法律盲区,加上再审程序启动和运作上的问题,造成一方面申请再审难,审查工作效率低下;另一方面又"终而不终"、无限再审的尴尬局面,以致法院裁判的权威性、法律的严肃性严重受损。审判监督方面存在的问题实际也是审判管理的突出问题。在这种情况下,通过强化院长对本级法院的审判监督和上级法院对下级法院的审判监督职能,提升审判监督的水平,可以更好地发挥审判管理的特殊作用。

略论审判监督*

当前，我国的审判监督程序存在不少问题、矛盾、混乱和缺陷，具体表现为：审判监督程序启动机制和管辖混乱；再审事由、审级划分再审范围尚无边缘限定；申请再审人的权利义务内容不明确，一方当事人滥用申诉权和申请再审权，另一方当事人抵制再审；法官轻视当事人申诉权和申请再审权；申请再审案件具体受理程序、时效等缺乏明确的规定，等等。这些问题的存在都与对审判监督的认识不到位、审判监督机制不完善有关。因此，有必要认真研究和探讨审判监督的理论和制度。

一、"审判监督"语义分析

"审判监督"这个概念经常在三种语义上使用：第一，指人民法院作为国家的审判机关，按照宪法和相关法律的规定，依法对公安、检察、监狱等其他政法机关的监督。例如，"两高三部"联合制定的《关于办理死刑案件审查判断证据若干问题的规定》、《关于办理刑事案件中排除非法证据若干问题的规定》等，实质上都是人民

---

* 本文节选自2011年3月19日张文显在"吉林省全省法院开展'审判监督年'活动动员大会"上的讲话。

法院对其他政法机关的审判监督。第二,指外部对人民法院审判工作的监督,包括人大及其常委会的法律监督和工作监督、党委政法委的执法监督、检察机关的诉讼监督,等等。这些监督有些是针对个案的监督,有些是针对一般问题的监督。第三,指法院系统内部的审判监督,既包括上级法院对下级法院的审判监督,也包括同一法院内部院长、审判委员会对审判庭、合议庭和法官审判活动的监督。今天,我要讲的主要是第三种意义上的审判监督,也就是我们常说的再审程序意义上的监督。

这种意义上的审判监督是一项专门的司法程序,其宗旨是充分体现和贯彻实事求是、有错必纠的方针政策,依法审查和纠正已经发生法律效力的错误判决和裁定,确保司法公正,保证国家法律的正确实施;设置这个程序就是为了有利于最高人民法院对地方各级人民法院、上级人民法院对下级人民法院审判工作的监督,有利于法院内部院长和审判委员会对审判活动的监督,以及时发现和纠正案件在事实认定、法律适用或程序运行等方面存在的问题。

从诉讼体系来看,审判监督作为再审程序属于事后监督,是对已经发生法律效力的判决、裁定,当事人基于法定的事实和理由认为有错误,检察机关发现存在应当再审的法定事实和理由,法院内部拥有审判监督职权的院长和审判委员会认为确有错误时,由人民法院院长提起、审判委员会决定的对案件进行重新审理的程序。审判监督程序只是纠正错误生效裁判的法律程序,是一项司法救济制度。作为事后监督,它排除了事前监督和事中监督,排除了对案件审理工作的非正常干预,至于案件审理过程中庭长、院长对法官的指导,上级法院对下级法院的指导和协调,均属于业务指导和协调的范畴,不能与审判监督程序混为一谈。尽管人们习惯上把审判监督划分为法院自身的内部监督和来自法院外部对审判的监督,但从法律效力上来讲,来自法院外部的监督只有通过法院院长和审判委员会转化为法院内部的监督,并且是院长依照法定程序提起、审判委员会集体决定的审判监督,外部的监督才有法律效力,才能进入审判监督程序。

二、审判监督与审判独立的关系

审判监督与审判独立都是为了保证司法公正和效率,实现法律效果与社会效果的有机统一。审判独立是我国的一条宪法原则,是中国特色社会主义司法的基本制度。审判独立的法定意义有三:第一,就国家机构性质、功能和职权分工而言,人民法院是国家唯一的审判机关,国家的审判权只能由人民法院统一行使,其他机关、团体和个人都无权行使此项权力;第二,人民法院依照法律规定独立行使审判权,不受行政机关、社会团体和个人的干涉;第三,人民法院审理案件必须以事实为根据,以法律为准绳,以政策为导向,正确适用法律,不被任何情绪和社会舆论所左右,不受任何地方保护主义和部门保护主义的干扰。就上述三种意义而言,审判独立是绝对的。当然,审判独立并不意味着人民法院的审判活动不受法律制约,更不意味着脱离党的领导和人大的监督。从宪法和法律规定来看,在我国,人民法院是作为一个整体来依法独立行使审判权的,而不是法官独立行使审判权,也就是说,在我国是法院的"集体独立",而不是法官的"个人独立"。

在延伸的意义上,审判独立的内涵还包括:不同法院之间的审判独立,即同级法院之间、上下级法院之间在各自的管辖范围内相互独立;法院内部各个审判庭以及合议庭之间的独立审判,即审判庭之间、合议庭之间在各自的职权范围内相互独立;法官之间的独立,即法官裁判案件时不受其他法官的影响,法官不得插手他人办理的案件。在延伸的意义上,审判独立是相对的,而不是绝对的。就法院独立审判而言,下级法院必须接受上级法院和最高人民法院的监督。前不久最高人民法院颁布的《关于规范上下级人民法院审判业务关系的若干意见》,第一条就明确规定:"最高人民法院监督指导地方各级人民法院和专门人民法院的审判业务工作。上级人民法院监督指导下级人民法院的审判业务工作。"就合议庭、审判庭的审判独立而言,必须接受院长、主管副院长(审判委员会专职委员)和审判委员会的监督,审判委员会在院长的主持下可以更改合议庭、审判庭的任何意见和裁判。就法官个人而言,仅仅是相对独立于合议庭之外的其他法官个体,法官不能独立于合议庭和审判庭,更不可能独立于法院,法官的裁决文书只有以法院的名义才能作出,法官个人无权签发法律文书,只有院长、审判委员会委员或经院长授权的人才有权签发法律文书。当前,有些法官受西方法官独立审判观念的影响,对来自庭长、院长和审判委员会的监督反感,甚至我行我素、独断专行;个别院长也受这种观点的影响而放松了对法官行使审判权的规制,甚至对法官错误的、不当的、有严重瑕疵的裁判不敢依法纠正,致使问题严重了才通过再审纠错,这些都是教训。

三、审判监督程序的发生与启动

由于再审程序针对的是已经发生法律效力的裁决,必然影响到法律和法律关系的安定性,影响到社会关系、社会生活、社会生产的稳定性,必须非常慎重。为此,我国人民法院组织法和三大诉讼法均对审判监督程序的发生与启动作出了严格规定。审判监督程序的发生,也就是审判监督程序的提起,主要有三种法定情况(三种途径):一是案件当事人申诉、申请再审。二是人民检察院抗诉。关于人民检察院提起再审的问题,三大诉讼法分别作了规定。《行政诉讼法》第64条规定:"人民检察院对人民法院已经发生法律效力的判决、裁定,发现违反法律、法规规定的,有权按照审判监督程序提出抗诉。"《民事诉讼法》第188条规定:"人民检察院提出抗诉的案件,接受抗诉的人民法院应当自收到抗诉书之日起三十日内作出再审的裁定。"《刑事诉讼法》第205条规定:"人民检察院抗诉的案件,接受抗诉的人民法院应当组成合议庭重新审理。"这些规定中的措辞不尽相同。随着检察机关对民事审判和行政审判法律监督的加强,抗诉案件数量会有上升。三是人民法院院长通过发现程序提起。法院院长提起的背景和理由有多种情况,但无论提起审判监督程序的背景和理由是什么,都不能直接决定再审,决定再审的主体只能是审判委员会。对此,我国三大诉讼法均作出了明确规定。《刑事诉讼法》第205条规定:"各级人民法院院长对本院已经发生法律效力的判决和裁定,如果发现在认定事实上或者在适用法律上确有错误,必须提交审判委员会处理。"《民事诉讼法》第177条规定:"各级人民法院院长对本院已经发生法律效力的判决、裁定,发现确有错误,认为需要再审的,应当提交审判委员会讨论决定。"《行政诉讼法》第63条规定:"人民法院院长对本院已经发生法律效力的判决、裁定,发现违反法律、法规规定认为需要再审的,应当提交审判委员会决定是否再审。"其他途径提起的再审(包括检察机关的抗诉)也要经过审判委员会或者审判委员会授权的机构决定,而不能直接、自动地启动再审,这方面的程序性规定亟待完善。审判委员会作为本院最高审判组织,担负着指导、管理和监督各项审判工作,讨论决定重大、疑难、复杂案件和其他有关审判工作重大问题的职责,在审判监督中发挥着核心作用。鉴于启动审判监督程序的严肃性和复杂性,各级法院院长应当亲自分管审判监督工作,亲自主持审判委员会讨论由法院院长提起的再审案件和人民检察院提起的抗诉案件,在法定审限之内作出再审的裁定,以保证审判监督权的正确使用。

四、审判监督与审判管理的关系

审判监督是司法活动的本体，本身就是一种法定的审判行为，而审判管理则是司法行为的“外在”，是以司法活动为对象的，对审判行为的规范、调整和管理。二者的关系可以从以下四个方面理解：

第一，审判管理重在规范法官以及合议庭、审判庭、审判委员会的司法行为，使之符合法律规定和审判程序，体现法律的价值和司法的核心价值。审判监督重在制约或规制司法权的行使和运行，使之在宪法和法律设定的范围内和程序中行使和运行，遵循司法规律，符合司法政策，体现司法理念，防止司法权的误用和滥用。

第二，审判管理涉及从立案到结案的整个流程，着力点是防错（防止错误的发生），是一种常态式的工作。审判监督则侧重事后监督，即对司法权运行结果的监督，着力点是纠错（纠正已经发生的错误），是一种针对个案的矫正。

第三，审判管理是法院管理体系的重要组成部分，是自动自发的。审判监督程序通常则是他动的，如果没有诉讼参与人对已经生效的裁判提出异议并申请再审，或检察机关提起抗诉，审判监督程序通常并不启动。

第四，审判管理和审判监督是相辅相成、互为促进的。审判管理到位就可以减少审判监督程序这种补救措施的发生，审判监督案件越多则表明审判管理工作存在的问题越多。当然，审判监督也是审判管理缺位或失灵的重要补充，是重要的特殊形式的审判管理，二者缺一不可。

法官职业化和司法民主化的新探索*

首先向法官评议委员会各位委员表示热烈祝贺！这是省法院第一届法官评议委员会第一次全体会议，是成立大会，我们在座的21位法官同志是第一届法官评议委员会委员，也是我们吉林省高院历史上从未有过的委员，这是非常值得祝贺的。无论是院长提名的，还是法官推选的，或是政治部随机抽选的，最终都是经过党组同意的，所以各位委员都是党组同意、审议通过的，都是同志们和党组认可的优秀法官，是广大法官信任的优秀法官，是法官当中有代表性的法官。其次，要向大家表示衷心的感谢！法官评议委员会不是一个特权的组织机构，委员也没有任何额外的报酬、津贴，纯粹是奉献。大家刚才发言当中对这件新生事物认识到位、表示支持，而且都表态按照章程履行职责，我很受感动，所以向大家表示感谢。

下面，我就成立法官评议委员会的意义以及从院党组和我作为院长的角度，对大家提出几点希望和嘱托。

关于成立法官评议委员会的意义，至少可以从四个方面来说：

第一，它是法官职业化建设所采取的一个重要措施。我们首

---

* 本文是2008年4月16日张文显在吉林省高级人民法院第一届法官评议委员会第一次全体会议上的讲话。

先应当从加强法官职业化建设的高度来认识法官评议委员会的意义。关于法官职业化建设的问题,我从 2000 年就开始研究,并在 2002 年在牡丹江组织了全国性法律职业共同体讨论会,最高人民法院、最高人民检察院、司法部等部门的领导同志和高校科研院所的学者参加了会议。在此前后,我参加和参与组织过三次相关会议。

“法官职业化”这个概念主要有两个针对:一是针对法官平民化;二是针对司法行政化。法官平民化不把法官看做一种职业,好像是谁都能够当法官的。我们国家从建国以来法官平民化的特点就一直比较明显,不管受没受过法学教育,甚至受没受过教育,都能够当法官。在以前特殊的历史条件下,当时的法律很少,处理法律案件也非常简单,就是一般的刑事案件、一般的离婚纠纷,主要依靠政策办理。那时候没有市场经济,没有合同纠纷,所以法官平民化也适应了解决社会矛盾的需要,我们也不能去全盘否定它。但是随着改革开放和市场经济的发展,随着经济关系、利益关系、社会关系的日益复杂化,特别是随着社会信息化、知识化的到来,法律也越来越技术化,越来越专业化,越来越复杂化,在这种情况下如果仍然实行“平民司法”,那无疑是对法治的一种亵渎,事实上“平民”法官已承担不了审判业务职责。譬如说让他来审理知识产权的案件,有关股票、证券、期货市场上出现的种种案件,他能行吗?更不要说国际化的技术转让、资金运作方面的案件,即便是死刑案件,那么多的罪名,那么复杂的处罚幅度,怎么去把握?没有专门的法律职业训练和法律专业知识,没有丰富经验的积累,是做不了审判工作的。所以,我国在 20 世纪 90 年代以后,特别是 1998 年以后,提出了法官职业化建设,提高了法官的准入门槛,《法官法》、《检察官法》、《律师法》都相应地提高了准入条件。

再一个问题倾向是法院的行政化、司法的行政化。中央领导同志曾在多个场合讲到司法行政化问题,司法改革的任务之一就是消解司法行政化状态。长期以来,我们按照行政管理的模式来管理法院、管理法官队伍,这就是司法行政化。按照垂直的领导与被领导的关系来决定审判业务,这也是司法行政化。一个案件怎样确认证据,怎么定性,怎么审判,不是领导与被领导的关系可以决定的,但是在相当多的地方法院,院长说这个案件怎么办,法官就得照着办,这是领导与被领导的关系在审判中的表现,是典型的司法行政化。司法行政化的危害性很大,它否定了司法本身是一个专业,是一个职业。由于这样两个针对性,所以最高人民法院在2002年发布了《关于加强法官职业化建设的若干意见》,这个《若干意见》提出了法官职业化建设的主要任务和原则、法官职业化建设的基本内容、法官职业化建设的思想基础和组织保障,还有法官职业化建设当中的领导班子建设、队伍建设、分类管理等等,对于推动法官职业化建设起到了非常好的作用。但是六年过去了,《若干意见》已经不能完全适应法官职业化建设面临的新形势、新要求。经过五、六年的法官职业化建设,现在应当进一步强调由职业化的人按照职业化的规律来进行法官职业化建设。成立法官评议委员会,制定评议委员会章程和工作规则,就体现了这种新形势和新要求,它的构成是职业化的人,尤其常任委员都是很资深的法官,很有经验的法官,富有法官职业精神的法官。由职业化的法官来推进法官职业化建设是符合司法规律要求的。法官职业化建设也是有规律可以遵循的。

《若干意见》也要与时俱进,像法律一样也要不断地修改完善。《若干意见》虽然规定了法官的准入规则,但没有涉及法官的晋升。法官的准入是一个体制外的问题,一个人从体制外进入到法院这个体制内的准入规则,是由全国人大常委会的决定和《法官法》来设定规则的。那么,法官进入到这个体制之后,他的晋升、奖惩有没有一个职业化的标准和程序呢?应该有。法官的晋升由谁说了算,由党组书记说了算?还是副书记说了算?都不行;政治部也不能说了算，干部处更不能说了算。院领导不能说提谁当法官就提谁，从初任法官和助理法官提任到审判员，这是由人大常委会决定的，我们仅仅是提请，由院长提请人大常委会批准任命。为什么很多部门的处长、副厅长不需要经过人大常委会任命，而我们一个法官、一个处级岗位的审判员，还要经过省人大常委会批准任命呢？这不说明对我们这个职业有更高的要求嘛。从另一个方面来讲，法官晋升应当经过法官评议，一个人能不能当法官？能不能晋升高一级法官？实际上我们这些评议委员，我们这些资深法官非常清楚。一个法官，他向审判委员会提交案件审理报告时的表现什么样？他写的裁判文书质量怎么样？能不能晋升高一级法官？我们每个评议委员都能说得很清楚。一个法官对事实的陈述清楚不清楚？证据的认定到底怎么样？他对案件的定性怎么样？他提出的裁判意见到底怎么样？大家一看、一听就知道，而一个非审判法官就说不清楚了。这样的事情由法官们来判断是更准确的。以上是从法官职业化建设的高度来认识我们这样一个组织形式的意义和作用。

第二，从司法民主建设的高度来认识成立法官评议委员会的意义。司法民主是社会主义民主的重要组成部分。民主政治包括若干重要方面，司法民主是其中一个方面。司法民主是民主政治的重要组成部分，包括方方面面的内容。司法民主建设的内容也非常丰富，可以说是任重道远。就法院内部来讲，合议庭制度就是一种司法民主，为什么不是一个法官独立审理、自己决定，为什么成立合议庭？这是最简单的一种司法民主；再一个是人民陪审员制度，人民陪审员在法庭的审理过程当中，特别是在合议庭合议时，表达了人民群众那种最直观的是非观念、罪与非罪的看法，虽然有的时候不一定非常“合法”或完全符合法条的规定，也不一定是非常“理性”，但是他们却真实地表达了人民群众对待某一类案件或者对某一种罪行的意见和看法，甚至某种程度上表达了一种感情、情绪和舆论。最近,最高人民法院院长王胜俊讲到刑事审判时有一句很重要的话,就是刑事审判要充分考虑到人民群众的感情和社会的舆论,实际上是要充分考虑社会的承受能力怎么样。对一个刑事被告人,从法律上来讲,可能是可判死刑,也可判死缓,或可判无期,法律可能给了法官这样一个自由裁量的空间。但是,有时候该死的没有判处死刑,人民群众就承受不了,就不答应,法律效果和人民群众承受不了的社会效果就不能统一。这里,顺便讲一讲,我们的法官一定要注重学习领导人的讲话,特别是有关司法的指示性讲话,这样有利于明确方向,更加正确地适用法律。当前,一定要把维护社会稳定作为我们案件审理的考量因素,要用好宽严相济刑事政策中"严"的一面。这是我们当前面对的国际国内的复杂形势所决定的,我们面对着疆独、藏独、各种恐怖势力、分裂势力、极端势力的严峻挑战,面对着刑事案件高发的严峻挑战,无论是吉林省,还是全国,刑事案件每年都呈上升趋势,在这种情况下,完整准确地理解宽严相济的刑事政策,用好"严"的一面就尤为重要。还有审判长联席会议也是司法民主的形式。我们一些大的审判庭,像刑庭、民庭、立案庭等等,都有审判长联席会议,我认为这种会议虽然在法律上没有明确规定,但是它体现了一种民主,把审判长、资深法官召集在一起,共同研究复杂的案件,集中大家的智慧和经验,这样能够使案件的处理合法合理,能够做到法律效果、政治效果、社会效果的有机统一,避免在重大疑难复杂案件上出现差错,这也是一种很有益处的司法民主形式。还有审判委员会,这是一种体制上的法定的司法民主形式。所有这些民主都是审判方面的民主、业务方面的民主。单单有这方面的民主还不够,现在需要另一种司法民主,这就是法官队伍建设方面的民主,在我们的法官管理、法官监督、法官权利维护等等方面的民主。成立法官评议委员会,就是扩大司法民主的一种重要举措,是司法民主的一种新型载体。在法官队伍建设和管理方面提出民主管理,法官自己管理自己，法官自治自律。通常，由领导说哪个人审判业务能力不行，他不一定服气，但是由法官评议委员会来对他进行评议和管理，往往就能够认可。所以说法官评议委员会是法官民主管理、法官自治自律的一种重要的形式。

第三，从司法改革的高度认识法官评议委员会的意义。司法改革是不断与时俱进的改革，不断深化的改革，从体制上特别是从基本体制上是一个自上而下的改革，是中央统一领导、各部门紧密配合的改革。诸如，法院和检察院的司法职权配置，这不是我们法院能够做的；再如公安、检察、法院、司法与中央政法委的关系是什么，司法经费保障体系怎样改革，这些都是自上而下的，在党中央的统一领导下开展。但是，司法改革还有另外一个方面，就是在审判职能的发挥、审判机制的完善等方面的改革确确实实是自下而上的。中国的改革是一种自上而下和自下而上的有机结合，下边创造的经验被上面所总结、认可，然后成为改革措施、一种制度，这就变成一种普遍改革；同样，上面的改革方案也要在下面进行创造性的实践才能够发挥应有的效果，并且在实践过程当中去检验自上而下提出的那些方案是不是很好。这次我到通化市两级法院调研，为他们的改革深受感动，基层法院创造了很多很好的经验，例如东昌区法院提出“回归审判”，从院长、副院长到庭长都明确规定一年之内必须参加多少案件的审理，避免形成一个脱离庭审活动的、甚至脱离审判活动的官僚阶层，我认为这就是改革。从今年开始，我们省高院也要从院领导做起，院长、副院长都要根据工作的需要，参加若干次庭审活动，或者参加到合议庭里面去，或者直接担任审判长，深入审判工作第一线。在大学里面，教授当了党委书记和校长，照样从事教学和科研活动，不然的话就没有资格再当教授了。我也要参与庭审活动，申请参加到合议庭里去，如果有一些案件准备充分，我也可以做审判长，这也是对我的能力的一种锻炼和提高。基层的很多改革都值得我们去借鉴。再比如，当庭宣判的比例现在过低,这也是我们要改革的。为什么过低呢?究其原因,是真的不能当庭宣判,还是已经形成了一种惯性的依赖。案件审理需要向庭长、分管院长汇报,这些工作应当在庭审活动之前就基本完成,当卷宗查阅和分析差不多的情况下就应该沟通完了,庭审活动当中没有颠覆性的新情况出现,就应该当庭宣判。当事人来出席庭审活动,人民群众来旁听庭审,有一种合理的期待,就是当庭听到结果。就像我们民主测评一样,如果测评完了,迟迟不给大家宣布投票的结果,我们是一种怎么样的心情?我参加党的十七大、全国人大,选举党和国家领导人,都是当场宣布投票结果。如果事后宣布,人们就有理由怀疑。庭审结束之后迟迟不宣布结果,是很不正常的现象,增加了当事人的诉讼成本和讼累,当事人要么说你审判长没有能力,要么说你"暗箱操作"。我认为,各级法院都要提高当庭宣判的比例,只有这样,审判长才能高度负责,庭审时才有高度的注意力,合议庭成员在庭审活动当中注意力的集中程度就会像参加考试一样,打瞌睡、精力不集中、接电话等怪现象就不大可能发生。类似的改革完全是可以自下而上做的。我们的法官评议委员会要和审判委员会一道来参与到司法改革和管理改革当中,评议委员会在某种程度上也可以称作是审判改革委员会,要参与到改革当中去,在改革的问题上,审判委员会和评议委员会有同样重要的作用,而且我们这里面很多同志既是审判委员会的委员,又是评议委员会的委员。

第四,要从法院内部权力划分和管理体制的高度来认识法官评议委员会的意义。从法院内部管理体制上来讲,过去是没有这样一个方面的,我在策划这件事情的时候,设想它是一种权力分立的措施。譬如说法官的晋级、晋升,党管干部的原则毫无问题,选任领导干部最终都是要党组讨论通过,有些还需要经过组织部门的批准或者备案,在任何情况下都不能放弃党管干部的原则,这是我们国家根本体制所决定的。但另一方面还要有民主参与的原则，党管干部和民主参与都很重要，民主参与就要寻找一种最佳的民主形式。我们都是搞法律的，我国《宪法》第2条规定，中华人民共和国的一切权力属于人民，人民行使权力的机关是全国人民代表大会和地方各级人民代表大会，这条规定设定了人民行使民主的组织形式。我们法院民主参与的方式多种多样，但并不是人越多就越民主，我们人民代表大会制度没有让十三亿人都来决定一件事情，选国家主席也不是让全体公民来投票，是通过人民代表大会的方式来选举产生国家领导人。说到法院，法官的晋级，法官担任庭长、副庭长等重要岗位，非法律职务的人来决定法律职务的人就不一定合适。世界上没有一个大学晋升教授的时候让资料员、保洁员来投票产生，因为教授是专业职务。法官是法律职业，职业外的人怎么能投票决定谁可以担任审判员呢？我不是否定过去，而是强调法官职业化建设已经有五六年的时间了，现在需要更高层次的职业化。法官评议委员会评议法官、提出任用的意见，肯定是准确的。所以，法官评议委员会是更高层次的民主，更加真实的民主，更有质量的民主，要从体制上深刻认识法官评议委员会的重大意义和作用。我们一定要把好法官任用这一关，就是靠法官评议委员会来把关，没有参加过审判工作的，不管你是不是通过了司法考试，你要担任法官必须经过法官评议委员会评议，这是必经程序，我们的干部选拔任用办法规定法官评议委员会没有通过的人选，不能提交党组会议讨论，将来党组讨论干部的法律职务时，最直接的依据是法官评议委员会给了一个肯定还是否定的意见。

以上，我从四个方面谈了对法官评议委员会重要意义的认识，也就是说从这四个方面来认识我们每一个人的责任。

借此机会，也要对法官评议委员会各位委员提几点希望和要求。

第一要按章办事。我们法院的任何工作都要按章办事，不搞人治搞法治。我在吉林大学做党委书记时，率先在全国制定了吉林大学章程，全国高校第一份，最后教育部把吉林大学作为全国依法治校的典型，召开现场经验介绍会，全国高校都按照吉林大学的模式来做。我们制定吉林大学处级领导干部选拔任用办法，先把自己管住，先把我这个党委书记管住，我自己、党委常委会都不能随意提谁不提谁。在我们法院更应当这样，所以我们很快制定了院党组议事规则、院长办公会议事规则、干部选拔任用办法等等，首先是约束我这个院长，约束我这个党组书记。我们每个部门都要依法办事，评议委员会也要按章办事。按章有三个：一是法官评议委员会章程；二是评议委员会的工作规则；三是我们法院相关的规章制度，与我们的评议工作，与法官的考核、考评等等工作相关的一套规章制度。

第二要客观公正。刚才很多同志都讲到，实事求是评人，客观公正议事，工作规则也特别强调了这一点。对于一个人的评价要客观，所谓的客观就是从实际出发，既不能按资深法官达到的标准去要求一般的人，也不能低于一个岗位的最基本的标准来评价一个人，过高或过低都不客观。做到客观就要深入调查，查阅法官以往的工作记录、裁判文书、群众反映，特别是法官的工作作风、司法态度，是不是做到了案结事了，等等。所谓公正，就是要求大家出于公心，对同志负责，对党组负责，对法院事业负责，坚持法律和制度面前人人平等，评价标准面前人人平等，工作程序面前人人平等，真正做到公开公平公正，做的每一件事情都经得起我们自己公正心的考验，经得起全体法官公正标准的检验。

第三要严肃认真。我刚才讲了四个方面的意义，这就决定了我们做的事情，必须严肃认真，必须求真务实，不能马马虎虎。开展工作以后的评议书，每个评议委员都要签字，表明评议委员对这件事情是负责任的。签上字就要经得起别人的复核，假如一个裁判文书一大堆错误，我们还签字肯定，就有问题了。法官评议委员会要接受全体法官的监督，所以我们自己做事要严肃认真。

第四要遵守纪律。遵守自己给自己制定的纪律，像不要参加吃请、收受贿赂、不要打击报复等，将来真的涉及干部晋职晋升的时候，肯定有人会通过各种关系找到我们，我们再和其他评议委员说话，会出现说情风，这是对我们每个评议委员的考验。另外，法官评议时难免有否定性意见，这个时候要保密。我相信，我们在座的法官都能做到遵守各种各样的纪律。

最后，希望法官评议委员会全体成员能够以卓有成效的工作为我们的评议委员会开一个好局。从五月份开始全院历史上较大规模的一次晋职晋级活动将要开始，有正处领导岗位的交流和竞聘上岗，有副处领导岗位的竞争，还有一大批非领导职务的晋升，到那个时候评议委员会就要开展紧张的工作。开局好了，就为今后打一个好基础。希望通过我们的工作，不断提高法官评议委员会的公信力和权威性，以我们的公正和效率来赢得全体法官的信任和信赖，也以我们的公正和效率、客观真实的评价来取得党组对大家的充分认可，赢得评议委员会权威性和公信力。

漫谈社会主义司法理念*

从社会主义司法理念的理论维度和基本内容两个方面论述对社会主义司法理念的初步认识。

一、社会主义司法理念的理论维度

关于社会主义司法理念的理论维度，应注意考虑以下四个方面的因素：

（一）社会主义司法理念是主体性的观念

理念是思维和行为导向，是理论认识的原点，是内化于主体之中最概括、最深刻、作用和影响最重要的精神要素。作为主体性观念，司法理念不同于司法制度的指导思想或指导原则，不含有政策性因素；指导思想或指导原则属于实践范畴，含有政策性因素。理念从来都是人的理念，社会主义司法理念应该内化于每一个法官和法官群体的司法行为之中，成为其司法职业信仰。因此，社会主义司法的发展不能仅仅停留在体制改革层面，必须提升到重塑司

---

* 本文是 2006 年 3 月张文显在全国部分中级法院院长“司法理念研讨会”上的书面发言。

法主体理念的层面上来,使社会主义司法理念真正成为社会主义司法的精神底蕴,进而使社会主义司法文明成为全体法官共同参与的事业。

（二）社会主义司法理念是一个中位概念

社会主义司法理念的上位概念是社会主义法治理念,社会主义法治理念包括立法理念、执法理念、司法理念、守法理念等等。社会主义司法理念的下位概念包括刑事司法理念、民事司法理念、行政司法理念等。在探讨社会主义司法理念时,应注意其与上位概念、下位概念之间的逻辑区别,避免出现混淆。现在有些文章把法治理念简单套用为司法理念,而另一些文章则把刑事司法或民事司法理念简单升格为司法理念,是不妥当的。

（三）社会主义司法理念是一个具有现实针对性的概念

它一方面针对封建司法理念。封建司法理念强调国家至上,漠视个人权利及其程序保障;法律在道德面前始终处于从属地位,始终没有形成自有的运行逻辑。社会主义司法理念应通过有力的程序保障,充分尊重、维护个人权利;应按照社会主义法治的内在要求,贯彻依法治国方略,维护法律权威,推进国家管理法治化水准的稳步提升。另一方面针对西方司法理念。西方司法理念较之封建司法理念具有司法文明意义上的历史进步性,但是,西方司法理念不具有普适性,不是人类司法文明发展的坐标,对西方司法理念照抄照搬,对于发展社会主义司法文明都是有害的。当然,社会主义司法理念应在立足国情的基础上对西方司法理念加以吸收与借鉴。

（四）科学发展观是社会主义司法理念的思想基础

科学发展观与邓小平理论、“三个代表”重要思想一脉相承,对中国特色社会主义事业的发展问题做出了马克思主义的科学回答,是我国改革开放和现代化实践宝贵经验的总结和升华,是我国社会主义现代化建设指导思想与时俱进的重大发展。科学发展观所强调的以人为本的思想是社会主义司法理念最根本的思想基础。全面贯彻科学发展观,以人为本来凝练社会主义司法理念,是我们党改革开放以来社会主义法治理论创新的必然继续和延伸。以科学发展观为指导,研究社会主义司法理念,促使我们认真思考前一时期司法改革所反映出的理念是不是科学的、民主的、理性的、全面的。

二、社会主义司法理念的基本内容

社会主义司法理念包含四方面的基本内容:

(一)尊重和保障人权

科学发展观是以人为中心的综合发展观,坚持以人为本是科学发展观的核心理念。以人为本,在法律上,就是以主体的权利为本,充分尊重和保障人权。在公民权利与国家权力的关系中,人权对于人的价值表现为以人权制约国家权力,保障国家善待公民,维护公民的切身利益。法律的可操作性在很大程度上依赖于法律的可诉性,没有诉讼就没有法律的运行,而权利恰恰是诉讼的基本动力。认真对待权利,对社会各个群体特别是弱势群体的权利给予平等的保护,应当成为社会主义司法理念的核心。离开尊重和保障人权去讨论社会主义司法理念,那无疑是无稽之谈。

(二)司法公正

第一,公正是社会主义司法的首要价值追求,在公正面前,司法效率等其他价值处于从属位阶,最终都要以公正价值作为衡量标准的。对司法效率的追求是以服从司法公正为前提的，离开了这个前提谈司法效率，只能是一种本末倒置的理解。当然，如果司法公正是一种没有效率的公正，那么，对于当事人意味着纠纷将长期处于不确定状态，判决给他带来的公正感和认同感也会大打折扣，无疑，这是对司法公正的一种不应有的无形损害。因此，在社会主义司法领域，应避免公正与效率二元价值结构，坚持公正优先，兼顾效率，也就是说，效率必须服从公正，公正统领效率。第二，要通过司法公正实现社会公正。十六大提出，社会主义司法必须保障在全社会实现公平与正义，这就对社会主义司法提出了更高的标准和要求。司法公正要求法官应该具有法律之内的思考视角和法律责任感，社会公平与正义则需要法官同时兼备法律之外的社会视角和社会责任感。社会公平与正义较之司法公正具有了更高层次的价值意义，要以社会公正来检验司法是不是公正，司法公正要从属于、服务于社会公正，从而使社会成员的权利诉求可以不因社会成员之间存在的诉讼资源和诉讼能力上的事实差异而平等地获得司法救济。

（三）司法和谐

第一，司法职责要和谐。司法机关内部要在分工明确的基础上，相互配合，通过履行各自的职责，共同促进法律得到正确实施，确保社会主义法律所体现的党的主张和人民的意志落到实处。第二，司法过程各个主体之间要和谐。这需要法官能够切实尊重、维护当事人诉讼权利及选择。一是当事人享有自主实施诉讼行为的自由，即诉讼权利的行使与放弃依据当事人的自愿；在符合法律规定的条件下，自主选择有利于自己诉讼利益的诉讼手段，法官应予准许；在不违反法律规定情况下，当事人之间形成的纠纷解决合意应得到法官的确认和支持。二是实行辩论原则，使案件的事实问题和法律问题能够在这种特定的诉讼对话过程中得到解决。三是在发挥辩论原则的主导作用的同时，对于当事人在权利实现过程中遇到的无法克服的诉讼能力障碍，法官应适当介入，避免当事人之间在诉讼结构关系上的失衡。如在当事人因客观原因无法收集证据时，法官可以依职权调查收集证据。第三，司法工作模式要和谐。司法的基本职能在于，通过调整利益关系以解决社会矛盾和纠纷，这就要求司法工作模式能够立足和谐，促进和谐，减少、化解社会矛盾和纠纷对正常社会秩序的冲击。中国古代司法文化是一种和谐文化，不是对抗文化，始终强调法律与社会的融合，调解作为中国古代司法重要的工作方式在这其中发挥了很大作用，这对于社会主义司法仍然具有不容忽视的现实意义。当前，有必要弱化职权主义与当事人主义这两种司法工作模式的分立，要更多地发挥司法机关的主导作用，正确处理好判决与调解的关系，使社会矛盾与纠纷能够以一种更为和谐的方式得到解决。第四，司法目的要和谐，要通过司法和谐促进社会和谐的建构。

（四）司法诚信

诚信是维系社会的道德底线和制度底线，司法诚信是社会诚信的最终保障。之所以把司法诚信作为社会主义司法理念的组成部分，主要是感到当前司法机关的社会公信力不尽人意。目前，不要说普通老百姓，就是很多企业、事业单位都对打官司望而生畏，都对法官能否公正取证、当事人能否得到公正的裁决缺乏合理预期，都对判决能否及时、完整的执行丧失信心。一个社会如果失去了司法信用，这个社会的信用体系就会土崩瓦解。所以，必须将诚信作为社会主义司法理念的基本要素，重建司法信用，使我们的法官成为社会诚信的楷模，法院成为社会诚信的标志。强调诚信理念，目的在于把社会主义道德和司法职业伦理融入社会主义司法理念体系之中，使社会主义司法理念更具有道德品质和道德力量。

社会主义司法理念的基本表征*

社会主义司法理念是社会主义法治理念的具体化，是在司法、特别是法院工作中的具体要求。

一、司法为民理念

强化司法为民理念，首先是要坚持人民法院的人民性。人民法院的人民性，是指人民法院的司法权源于人民、属于人民、服务人民、受人民监督的本质属性。切实增强对人民法院人民性的理论认同、感情认同和实践认同，对于人民司法事业的改革和发展都具有极为重要的意义。

人民法院的人民性是中国特色社会主义民主政治制度的必然产物。司法权的性质是由国家的根本政治制度决定的。人民民主专政的国体和人民代表大会制度的政体，决定了我国司法制度的人民性。《中华人民共和国宪法》第2条明确规定："中华人民共和国的一切权力属于人民"，"人民依照法律规定，通过各种途径和形式，管理国家事务，管理经济和文化事业，管理社会事务"。我国实

---

* 本文是2009年12月10日张文显在吉林省人民法庭庭长培训班上的辅导报告。

行的人民代表大会制度，是我国的根本政治制度。司法权同其他国家权力一样来源于人民，具有最为彻底和广泛的人民性。

坚持人民法院的人民性，揭示了人民司法工作的本质和目标，阐释了人民法院、人民法官的性质和宗旨，鲜明透彻地回答了"为谁掌权、为谁司法、为谁服务"的根本问题，为进一步做好人民法院工作指明了方向。人民性是我国社会主义司法的本质特征，法院是人民的法院，法官是人民的公仆。坚持人民性，就是要牢固树立公仆意识，保持党和人民群众的血肉联系，切实做到为人民司法、为人民服务；就是要牢固树立亲民爱民意识，设身处地为人民群众着想，满腔热情为人民群众服务；就是要牢固树立服务意识，把服务作为审判工作的出发点和落脚点，为党和国家的工作大局服务，为人民群众服务；就是要牢固树立责任意识，对人民负责，受人民监督，坚定司法工作的政治方向。

要通过深入开展"人民法官为人民"主题实践活动，把为民司法理念落到实处。一是强化活动主题，把"人民法官为人民"主题实践活动作为贯穿人民法院各项工作始终的常态活动，加强对法官干警人民性教育，让法官干警时时刻刻用心关注民生、悉心体察民情、耐心倾听民声、精心排解民忧。二是注重活动实效，大力关注民生，着力解决与人民群众息息相关的实际问题。要提供更加便捷高效的司法服务，妥善处理劳动争议、住房、医疗、教育、土地征收和房屋拆迁纠纷案件，以及农民工工资和劳动报酬的纠纷案件，为人民安居乐业提供有力的司法保障。要进一步健全执行机制，强化执行措施，加大执行力度，保护当事人合法权益。要更加关注社会弱势群体的权益，不断改进完善司法救助制度，逐步拓宽救助领域，扩大救助范围，缓解当事人及其亲属的生活困难。要努力畅通涉诉信访渠道，高度关注群众诉求，切实解决群众信访中反映的问题。三是创新活动形式，增强主题实践活动的吸引力，研究建立活动常态化机制，确保活动取得实效。

“人民法官为人民”主题实践活动是全国法院长期坚持的实践活动，省委政法委也将提出开展人民性教育。我们要通过深入开展人民性教育，切实端正司法理念，改进司法作风，提高法院的公信力。

二、公正司法理念

公正司法是公平正义的底线，是当前社会的热点。《中共中央关于进一步加强人民法院、人民检察院工作的决定》明确要求，要在党的领导和人大监督下，坚持“公正与效率”的法院工作主题和“强化法律监督、维护公平正义”的检察工作主题；要以保障在全社会实现公平和正义为目标、以解决制约司法公正和人民群众反映强烈的问题为重点，推进司法体制改革；反复强调促进司法公正，提高维护国家安全和社会稳定的能力，保障社会公平和正义的能力。这表明，公正是社会主义司法的首要价值追求和行业规范。十六大提出，社会主义司法必须保障在全社会实现公平与正义，这对社会主义司法提出了更高的标准和要求。司法公正要求法官应该具有法律之内的思考视角和法律责任感，社会公平与正义则需要法官同时兼备法律之外的社会视角和社会责任感。社会公平与正义较之司法公正具有更高层次的价值意义，我们要以社会公平正义来检验司法是不是公正。司法公正要从属于、服务于社会公正，从而使社会成员的权利诉求可以不因社会成员之间存在的诉讼资源和诉讼能力上的事实差异而平等地获得司法救济。

司法公正往往需要由司法效率来保证。效率意味着及时获取证据，防止因时过境迁证据被转移、毁损灭失，使得当事人受到损害的合法权益无法补救。提高司法效率，不仅可以使被害人的权利及时得到救济，还可以使受损害的法律秩序及时得到恢复，同时有助于公众增强对司法机关的信任。如果效率低下，案件久拖不决，必将使纠纷长期处于不确定状态，当事人之间长期处于对抗或敌对状态；在当事人疲惫不堪的情况下拿到一个“公正”的判决，此时的当事人对司法机关已经没有什么感激，更谈不上什么公正感、信任感。因此，在社会主义司法领域，应坚持公正与效率的辩证法，以公正统领效率，以效率保障公正。

要做到公正司法，必须强调遵循正当程序。正当程序的基本要求包括：(1)当事人权利平等，即冲突和纠纷双方均应得到有关程序的公平通告，并有公平的机会去辩驳对方的辩论和证据。(2)坚持对当事人“一碗水端平”，对案件事实的认定和法律规范的适用一把尺子度量，同样的情况同样处理。(3)严格执行回避制度，任何人不应审理与自己有利害关系的案件，就是说法律纠纷应由超然于当事人的第三者来审理；执法公开，案件的处理必须公开，接受社会的监督和法制监督，但不受舆论所左右。(4)裁决的内容应当有法律的根据和事实的根据，并为公认的正义观所支持。(5)案件的审理应当有时间上的基本规定，要及时高效，不得迟误。(6)应有上诉和审诉制度，容许对初审判决不服的当事人把初审法院置于“被告”的地位，由上级法院审查下级法院判决的公正性和合法性。(7)法律援助，执法机关和司法机关对于社会弱者无偿提供法律援助，使他们的权利得以平等的实现。

公正司法的程序要求，也包括用公开保公正，以公正促公信。在程序问题上，必须破除很多误区，坚持实体正义与程序正义并重。我不赞成程序优先和程序正义优先，但是由于“重实体轻程序”的惯性以及“程序虚无主义”的影响非常严重，有必要强调程序的重要性。程序不仅是实现实体公正的手段，更是防止、限制司法权被滥用，保障诉讼参与人的合法权利并提供救济途径的重要机制。重视程序的价值，维护程序正义是法制进步、司法文明的重要标志。要切实维护正当程序的严肃性，必须加强对违反程序规定的行为的监督、纠正、责任追究力度。走程序虽然需要时间，有时候也很麻烦,有时候还会遇到来自上级、社会、舆论的压力,但是严格按照法定程序办案,可以避免发生严重错误,避免发生错案、冤案。在这个问题上,血的教训太多、太沉痛。2005 年以来,陆续曝光的佘祥林、孙万刚、黄亚全等典型错案、冤案一再敲响警钟。这些错案和冤案的发生,均与严重违反司法程序、不按法定程序办案有关。在这些案件中,公安机关一味追求有罪、罪重的证据,忽视无罪、罪轻的证据,在证据不足的情况下对当事人采取强制措施,在疑犯的口供前后矛盾时又先入为主,选择有罪供述;检察机关在发现法医鉴定存在诸多疑点、证据不到位、犯罪嫌疑人屡屡翻供的情况下,仍然片面采信公安机关提供的证据,并以这些"证据"作为事实予以起诉;审判机关更是"有罪推定",不从依法维护当事人合法利益的角度出发,全面审查和判断各种证据以及疑犯的口供,认真听取疑犯的辩解。由于公检法三个环节都忽视法定的正当程序,结果导致冤假错案发生。这些忽视程序法规定、不按正当程序办案的错误,给当事人带来了巨大的、难以挽回的伤害,给司法机关严重摸黑,也给党和国家造成了恶劣影响。

三、能动司法理念

能动司法的理论和政治依据在于:司法是中国特色社会主义事业的重要组成部分,必须放在建设中国特色社会主义伟大事业之中来谋划;服务大局是社会主义法治的重要使命,是社会主义司法理念的基本要求。在当代中国,大局通常以党和国家根本任务或中心工作的形式表现出来,所以,服务大局就要悉心把握党和国家在具体社会发展阶段和历史时期的根本任务或中心工作,使法治的使命与之相适应。大局往往也以党的政治和政策的形式表现出来,所以,服务大局必须讲政治,以政治为统领,为政治服务。大局也就是全局,所以服务大局必然要求服从全局,要求司法机关自觉地从大局出发，在大局下行动，尤其是在敏感事项和复杂情况下，必须顾全大局，坚持以大局为重，避免由于思想和工作的片面性而对大局造成损害。当前，全面建设小康社会，构建社会主义和谐社会，把我国建设成为富强、民主、文明、和谐的社会主义现代化国家，是全党、全国人民和各级政府的中心工作，是党的最高政治，是一切工作的总格局。司法要服务的就是这个大局，要在服务大局中做到：围绕大局，以大局为中心；保障大局，为大局创造良好的社会环境和法治环境；服从全局，维护全局利益和法制的统一性；着眼大局，以大局作为检验法治和政法工作成效的首要标准。只有在整体司法工作中首先做到服务大局，才有可能实现程序公正与实体公正的统一，司法公正与社会正义的统一，法律效果与社会效果的统一，情、理、法的统一，对法律负责、对国家负责、对人民负责、对当事人负责的统一。

强化能动司法理念就是要倡导服务型司法、主动型司法、高效型司法。坚持能动司法，首先要求我们要具有大局意识，自觉把法院工作置于党委和政府工作大局中去思考、去谋划，积极主动为全局工作排忧解难，发现可能影响大局的因素和苗头时，及时通过司法建议等形式，提请有关部门纠正和防范，确保审判工作为大局服务。其次要具有过硬的本领，在做好本职工作的同时，要善于以宽广的视野、超前的思维和政治敏感，发现新苗头，研究新问题，提出新举措。再次要具有无私的情怀，具有法律职业人的职业理想，追求尽善尽美，以无私奉献的精神投入到司法实践中，以实际行动充分发挥司法活动的辐射效应，为经济发展和社会进步服务。

当前，吉林省正处在经济企稳回升的关键节点、巩固发展基础的特殊时期、进行弯道超越的重要阶段，保持全省经济平稳较快发展的良好势头任务艰巨。全省法院要紧紧围绕保增长、保民生、保稳定这一中心任务，能动司法，主动服务，不断提高为大局服务的能力和水平。一是突出抓好执法办案的第一要务，充分发挥打击犯罪、化解矛盾等职能作用,着力提高审判执行的质量、效率和效果,以更加专业化和更加公正高效的审判、执行机制保障经济平稳较快发展的大局。二是积极应对国际金融危机的影响,妥善处理相关案件,为投资拉动、结构调整大局服务,营造良好的投资环境。三是关注大局,研究大局,把握大局,根据经济社会发展和维护人民群众利益的需要,积极为服务大局献计献策,提供有效的司法保障。

在能动司法问题上,有几个重要的认识问题:第一,能动司法与独立司法的关系。司法的被动性被认为是司法规律,有其一定合理性,因为人民法院受理案件奉行不告不理原则,在案件审理过程中也坚持尊重当事人的程序选择权。但是中国特色社会主义司法制度则要求强化能动司法理念,对于经济社会发生变化、新的立法和司法解释实施可能导致出现的一些新情况、新问题,要作出前瞻性预判,提出应对的措施,主动提请有关部门或者配合有关部门把可能产生的问题化解在萌芽状态,化解在危害发生前。第二,能动司法的主要表现形式是职权的能动性和职能的能动性。能动司法主要体现在司法政策上而不是具体案件上,所以越是上级法院越应当重视和研究能动司法,及时出台司法政策或司法向导,各级法院的领导干部应当准确把握最高人民法院的司法政策。第三,能动司法不是盲动司法,不是法院大包大揽,不能把本来不属于自己职权的事务硬包揽过来,能动司法与司法的中立性、受动性是辩证统一的。第四,能动司法是一个整体概念,也只能在法院整体工作的意义上使用这一概念,例如不宜盲目提“能动立案”、“能动审判”之类口号。

四、和谐司法理念

树立和谐司法理念,关键是建构和谐司法体制、营造和谐司法文化、形成和谐司法环境。从内至外,一是要追求司法系统内部和谐,共同形成推进法治的合力。和谐司法要求一个法院内部,上下级法院之间,乃至全国法院系统更多地考虑相互协调,形成合力,抵制干扰,完成使命,共同促进法治进程。二是实现政法机关的和谐,即法院与公安、检察、司法行政、安全部门的和谐,共同促进法治发展。基于职责分工,在权力互相制约的同时,密切配合,构建和谐政法。三是营造最佳的司法环境,要通过坚持不懈的努力,彻底改变司法工作环境,达到党委高度重视和常规化领导,人大高度重视和依法监督,政府充分理解和支持与配合,为法院工作营造最优的政治环境、法律环境和物质条件。同时,也要努力实现司法与社会公众的和谐相处,建立与媒体的互信机制,最大限度地提高司法公信力。

树立和谐司法理念,核心是弘扬和谐文化,把促进社会和谐作为法院的崇高目标和神圣使命,把法院工作置于构建社会主义和谐社会之中,把是否促进社会和谐作为评判和检验法院各项工作的重要标准,以和谐的理念、和谐的标准、和谐的方式、和谐的作用,最大限度地增加和谐因素,最大限度地减少不和谐因素,有效地促进社会和谐。要把最大限度地实现案结事了贯穿于立案、审判和执行工作的全过程。当前,一是要围绕和谐吉林建设,强化和谐司法理念,建立和完善科学有效的利益协调机制、诉求表达机制、矛盾调处机制和权益保障机制,不断增加和谐因素,最大程度地化解不和谐因素。二是积极参与社会治安综合治理和平安吉林建设,准确把握和正确执行宽严相济的刑事政策,坚决依法严惩涉黑涉恶等各类严重刑事犯罪和重大经济犯罪,确保社会治安稳定。三是坚持"调解优先、调判结合"原则,进一步加强诉讼调解工作,建立多元纠纷解决机制,最大限度地化解矛盾,定分止争,更好地实现案结事了,减少社会对抗。四是加大涉诉信访工作力度,建立涉诉信访终结机制,进一步畅通申诉再审渠道,切实做好息诉息访工作。

五、科学司法理念

科学司法的基本要求:第一,在司法实践中弘扬科学精神,以科学的态度对待立案、审判、执行、管理中的事实问题和法律问题;第二,坚持求真务实,尊重司法的客观规律;第三,大幅度提高司法工作的科技含量,特别是提高证据调查和采信、评估鉴定的科学性,提高法律事实与客观事实的一致性;第四,要注重学习新知识、了解新技术,用最先进的科学技术知识武装头脑,将先进的科学技术运用于立案、审判、执行、管理的各个方面,从而引领和推动司法文明进步;第五,要认真研究互联网时代的司法模式,充分利用互联网进行网上立案、网上调解、远程审判、远程取证等活动,提高司法效率,最大限度地方便当事人诉讼,减少当事人的诉讼成本和讼累。

树立科学司法理念,要求我们加大实施最高人民法院提出的科技强院方针的力度,明年和今后一个时期重点是加强法院信息化建设,提高法院的信息化水平。近期要做的事情包括:一要加强人民法院的信息化建设,建设好内部审判管理网和外部综合信息网站,做好裁判文书和审判信息上网工作,推进人民法院信息公开;二要加强科技法庭的建设,做到庭审全程录像、录音,影音资料存档,加大庭审网上直播的力度;三要充分运用远程视频系统开展网上办案、经验交流、教育培训等核心业务,积极探索办案流程的网上流转;四要善于运用网络信息技术,实施严格管理和科学管理,实现动态、实时的案件质量督查和科学评价办案人员工作实绩的网上绩效考核。

刑事司法中的社会主义法治理念*

“社会主义法治理念”是胡锦涛总书记提出的一个重大命题。2005年11月，胡锦涛总书记提出开展社会主义法治理念教育，并作出“开展社会主义法治理念教育是加强政法队伍思想政治建设的一项重大举措”的重要批示。在党的十七大报告中，胡锦涛总书记进一步强调“坚持依法治国基本方略，树立社会主义法治理念，实现国家各项工作法治化，保障公民合法权益。”

社会主义法治理念是社会主义法治的灵魂，有什么样的法治理念，就会表现出什么样的立法、执法、司法、守法行为。先进的法治理念引领、指导国家机关、社会组织和人民群众的法律活动，是国家机关依法行使国家权力、服务人民、管理社会的行动指南，是社会组织和人民群众依法行使权利、履行义务、承担责任的思想基础和价值标准。所以，对政法机关进行社会主义法治理念教育，并在全社会普及社会主义法治理念，让社会主义法治理念转化为执政党、国家机关、社会组织和全体公民的自觉行动，是十分必要的。

社会主义法治理念是丰富而深刻的，也是鲜明而具体的。就当前我国刑事司法工作来讲，贯彻社会主义法治理念，至少有这样

---

* 本文是2008年5月14日张文显在“全国法院刑事审判工作座谈会”上的发言。

一些基本要求:

一、既要讲法治,更要讲政治,而且应当把讲政治放在首位

江泽民同志曾经指出:只有讲政治,才能“把国家的法律法规贯彻到经济建设和各项工作中去,防止和排除各种错误思想、错误思潮的干扰,保持正确的发展方向。”讲政治,就是要牢固树立党的执政意识、国家政权意识、人民利益至上意识、社会大局稳定意识,始终牢记我国刑事司法工作的神圣使命和政治责任,这就是:坚定不移地维护党的执政地位,坚定不移地维护人民民主专政的国家政权,坚定不移地维护人民群众合法权益,坚定不移地维护社会大局稳定。胡锦涛总书记在全国政法工作会议代表和全国大法官、大检察官座谈会上强调指出:“切实维护党的执政地位,切实维护国家安全,切实维护人民权益,确保社会大局稳定,是政法战线的首要政治任务。做好政法工作,事关党的执政地位和社会主义政权的巩固,事关依法治国基本方略的落实,事关人民安居乐业,事关社会和谐稳定,事关国家长治久安。政法战线的全体同志,既是中国特色社会主义事业的建设者,又是中国特色社会主义事业的捍卫者,责任重大,使命光荣。”总书记的这段讲话寓意深刻、语重心长。在刚刚结束的全国政法系统“学习贯彻党的十七大精神和胡锦涛总书记重要讲话专题研讨班”上,周永康同志以《坚定不移地做中国特色社会主义事业的建设者和捍卫者》为主题,就如何履行好中国特色社会主义事业建设者和捍卫者这一神圣职责,进行了深刻而全面的阐述,并提出了十分鲜明的要求。我们一定要认真学习和深刻领会总书记和永康同志的重要讲话,从“建设者和捍卫者”的立场出发,从“三个切实维护、一个确保”的神圣使命和政治责任出发,定位和谋划刑事司法工作,把刑事司法工作放在更加

突出的位置。在人民法院、人民检察院的全部工作中,刑事司法对于维护党的执政地位、维护国家安全、维护人民利益、确保社会大局稳定,具有最直接、最重要的作用,是人民法院、人民检察院履行首要政治任务的前沿,因而更要讲政治,更要坚持政治思维与法律思维的有机统一。

二、既要讲程序,也要讲实体

法律的程序设计从根本上说是为了更好地实现法律的实体目的和价值。在我国刑事司法工作中,曾经有过很长时期严重忽视程序,以致抛开程序,总是认为程序是形式上的东西,只要把案件最后办对了就行,至于是否严格遵守程序,则无所谓。无论是从理论还是从实践的角度看,严格执行科学而正当的法定程序,是实现公正裁判的重要保证。如果不遵循法定程序,尽管未必一定导致不公正的结果,但出错的概率要大得多。在程序问题上,血的教训太多、太沉痛。2005 年以来,陆续曝光的佘祥林、孙万刚、黄亚全等典型错案、冤案一再敲响警钟。这些错案和冤案的发生,均与严重违反司法程序、不按法定程序办案有关。在这些案件中,公安机关一味追求有罪、罪重的证据,忽视无罪、罪轻的证据,在证据不足的情况下对当事人采取强制措施,在疑犯的口供前后矛盾时又先入为主,选择有罪供述。检察机关在发现法医鉴定存在诸多疑点、证据不到位、犯罪嫌疑人屡屡翻供的情况下,仍然片面采信公安机关提供的证据,并以这些"证据"作为事实予以起诉。审判机关信守"有罪推定",不全面审查和判断各种证据以及疑犯的口供,认真听取疑犯的辩解。由于公检法三个环节都忽视法定的正当程序,结果导致冤假错案发生。这些冤假错案给当事人带来了难以挽回的巨大伤害,给司法机关严重摸黑,也给党和国家造成了恶劣影响。

但是,话说回来,在程序价值与实体价值的关系上,也不能本末倒置。前几年在西方刑事司法理念的影响下，我国法学界和法律界也出现过片面夸大程序价值而忽视实体价值的倾向，以至提出“程序优先”、“在程序正义与实体正义出现冲突时确保程序正义”，甚至把美国辛普森案件作为程序优先的典范；甚至更进一步主张程序设计要“有利被告”，片面强调保护刑事被告人的权利，而严重忽视刑事被害人的实体权利和诉讼权利；在证据问题上过分纠缠细枝末节，想当然地要穷尽证据，以致被律师牵着鼻子走，结果许多案件久拖不结，影响了刑事司法的公信力。社会主义法治理念教育以来，这种情况有明显的好转，我们在重视保护刑事被告人权利的同时，更加重视保护刑事被害人的合法权益，实施了刑事被害人司法救助措施。

三、既要讲法律制度，也要讲社情民意

刑事司法必须始终坚持以事实为根据、以法律为准绳的基本方针，必须严格执法，遵循罪刑法定的原则。但这不意味着法律本本主义和司法机械主义。法律本本主义和司法机械主义在刑事司法中往往表现为“唯法律论”，把法律规范作为审判工作的唯一考量因素，在法律的范围内就事论事、就案办案。这样做，看起来是严格执法，实际上是机械执法。法律作为规范，其内容是抽象的、概括的、定型的，制定出来之后有一定的稳定性。法律不能频繁变动，更不能朝令夕改，否则就会失去其权威性和确定性。但是，司法要处理的现实社会生活则是具体的、易变的、形形色色的。就我国的社情国情来讲，一是我国幅员辽阔、人口众多、各地区各民族经济社会发展不均衡、文化差异较大；二是我国正处在改革开放的社会转型期，经济、政治、文化、社会生活日新月异，新情况新问题层出不穷，立法时无法预测和涵盖全部可能发生的事实。由此决定，我们刑事司法中既不能不顾各地的不同情况而一刀切，也不能

不考虑变化了的和变化着的社会情势。这就是最高人民法院院长王胜俊同志讲的“审时度势”。有人也许担心,考虑社情国情会不会影响法制的统一性。其实不会,因为所谓法制的统一是指统一在社会主义法治的核心价值体系和法律的基本原则上,这样的统一性与因地制宜、因时度势、充分考虑法律适用的具体时间、空间、条件不矛盾,而恰恰是有机的、多样化的统一。

刑事司法不仅应当考虑社情国情,也应当关注和尊重民意。就刑事司法工作的总体来说,民意的核心是人民群众希望国家长治久安,希望有一个安居乐业的良好环境。胡锦涛总书记在党的十七大报告中把依法打击和防范违法犯罪活动,保障人民群众的人身财产安全作为六大民生问题之一提出,在全国政法工作会议上进一步强调“社会平安是极重要的民生问题,也是最基本的发展环境”,要求政法工作要“把维护好人民权益作为政法工作的根本出发点和落脚点,着力解决人民最关心、最直接、最现实的利益问题,为人民安居乐业提供更加有力的法治保障和法律服务”,要“依法打击侵犯人民权益的违法犯罪行为,……不断增强人民群众安全感”。总书记的这些论述充分反映了民意,充分体现了以人为本、立党为公、执政为民的宗旨。

在刑事司法的个案中,也要考虑民意。此时的民意主要表现为人民群众对判决的感受,以及对判决的接受程度和承受能力。在这个问题上,不要把人民群众的感受简单地归结于“杀人偿命”这种朴素的、直观的、非理性观念。实际上人民群众在刑事司法方面的观念和感受是很丰富的,是“杀人偿命”这个命题远远涵盖不了的。自古以来,在广大民众中,一直演绎着根深蒂固的刑法观念,诸如“禁暴除奸”、“禁强御暴”、“惩恶扬善”、“弘风阐化”,还有“明德慎刑”、“赏当贤,罚当暴,不杀无辜、不失有罪”等。这些刑法观念是最本真的正义观和正义感,也是有关刑事司法舆论的民意基础,应当在刑事司法中充分考虑。我们可以设想,如果广大人民群众认为刑事司法没有伸张正义、惩恶扬善、禁黑除恶，没有增强群众的安全感，因而不高兴、不拥护、不赞成，司法的权威性和公信力从何而来。在人民群众不高兴、不拥护、不赞成的舆论面前，我们没有理由固执地坚信检察院和法院是依法办事，没有错，而老百姓的舆论才是错误的。

把讲国法制度与讲社情民意结合起来，目的是实现法律之内的正义与法律之外的正义的有机统一，实现法律效果与社会效果的最佳统一。

四、既要讲"罚当其罪"，也要讲"宽严相济"

罚当其罪是原则，宽严相济是政策。在司法工作中，政策是法律适用的政治平台（政策和策略是党的生命）。学过电脑的人都知道，平台就是电脑的操作系统。就像我们使用的大部分电脑，其操作系统是 windows，所有在电脑中运行的程序（软件），都必须适应 windows 操作系统，与 windows 操作系统兼容，否则无法正常运行。政策的作用就类似 windows，它们构成法律适用的平台。坚持罚当其罪的原则，就是坚持罪刑法定主义。只有坚持罚当其罪的原则，才能避免畸轻畸重，重罪轻判，或轻罪重判，防止法律适用上的千差万别，有效制约和规范法官的"自由裁量权"，维护刑法的统一性和权威性。坚持罚当其罪原则是实现法律公正和社会公正的基本要求。但是，罚当其罪这一原则不是一个教条，古往今来、古今中外，罪与罚之间从来就不是一条简单的直线，也不可能像自动售货机那样，把钱币插进去就可以自动弹出来一包香烟或一瓶饮料。在刑事司法实践中，有很多因素调节或制约着罚当其罪以及其他刑法原则和规范。宽严相济的刑事政策就是最重要的调节因素。

宽严相济是我们党一贯的刑事政策，在构建社会主义和谐社会的背景下更加凸显出来。如何正确理解和适用宽严相济的刑事政策,胡锦涛总书记在全国政法工作会议期间有一段重要讲话:“要从有利于遏制犯罪、稳定治安大局、增强人民群众安全感、促进社会和谐出发,准确把握宽严相济的刑事政策,防止片面强调从严和片面强调从宽两种倾向。”周永康同志在全国政法系统大学习、大讨论专题研讨班上指出:“宽严相济是我国在维护社会治安的长期实践中形成的基本刑事政策,基本涵义就是针对犯罪的不同情况,区别对待,该宽则宽、当严则严、宽严相济、罚当其罪,既不能片面强调从严,以致打击过宽,也不能片面强调从宽,以致打击不力。”总书记和永康同志的重要讲话为我们正确理解和运用宽严相济的刑事政策提供了根本的指导思想。宽严相济是唯物辩证法这一世界观和方法论在刑事司法中的生动体现。首先,“宽”和“严”是辩证统一的两个方面。“严”,就是坚持依法严厉打击严重刑事犯罪,该严不严,重罪轻判,严重刑事犯罪就难以遏制,社会不会安宁,人民群众缺乏安全感。“宽”,就是要区别对待,对轻微犯罪、失足青少年犯罪、确有依法从轻或酌定从轻情节的犯罪给以从宽处理。该宽不宽,轻罪重判,或者不考虑从轻情节,对抗性因素就会增加,社会对立面就可能扩大,不利于孤立和打击那些严重刑事犯罪,也不利于社会和谐。其次,宽严相济的刑事政策,核心在于“相济”。分别、孤立地讲“宽”和讲“严”,不管讲的多么透彻,都不可能抓住其精髓,善于做到以宽济严和以严济宽,实现宽严相济、相辅相成,才抓住了这一重大刑事政策的精髓。再次,宽严相济是一个动态概念,随着犯罪率的升降、犯罪类型的变化、社会治安状况的趋势等等变量,宽严相济的刑事政策必然相应地呈现出时宽时严、在某些案件上总体偏宽而在另一些案件上总体偏严。我个人认为,目前在对宽严相济刑事政策的理解和运用上,主要的倾向一是把宽严相济刑事政策理解为轻刑化,主张轻罚轻判,只讲以宽济严,不讲以严济宽;二是孤立地强调宽或严,而没有用心研究如何实现二者相济，发挥宽与严两方面功能互补的作用；三是对当前犯罪仍然处于高发态势以及对人民群众人身财产居住安全的危害性估计不足，特别是对恐怖势力、分裂势力、极端势力、黑恶势力的严重危害性估计不足，因而对于如何用好严的一面、以严济宽重视不够。受这些片面倾向的影响，有些同志把杀多杀少作为刑法文明的标准，脱离中国国情和社会治安实际状况，主张大幅度减少或取消死刑；有些同志片面理解社会和谐，脱离中国国情和人民群众的感受，扩大减刑和假释的适用范围，放松减刑和假释的执行标准，甚至建议对在押罪犯实施“大赦”。

五、既要讲刑事司法人员的主观能动性，也要讲刑事司法行为的规范性

法律的适用是通过检察官和法官的司法活动实现的，所以必须尊重检察官和法官在“以事实为根据、以法律为准绳”的前提下的“自由心证”和“自由裁量”。但是，检察官和法官的司法活动必须加以规范，以确保检察官和法官按照法定程序和职权行事，确保严格执法、公正司法、文明司法和廉洁司法。胡锦涛总书记在党的十七大报告中专门讲到“深化司法体制改革，优化司法职权配置，规范司法行为”，并把它们作为建设公正高效权威的社会主义司法制度的三个基本方面。可见“规范司法行为”的重要性和特殊性。这几年，针对司法不公、执行不力、效率低下等人民群众反映强烈的问题，各级检察机关和审判机关做了大量工作，取得了明显成效。但是，应当看到刑事司法中不规范行为依然存在，特别是基层检察院和法院对规范刑事司法行为重视不够，具体措施也不够缜密，导致错案不断、有瑕疵的案件增多，从而造成涉及刑事诉讼的信访率有所上升，缠访闹访有所增加。

规范刑事司法行为，最重要的是不折不扣地贯彻实施刑事诉

讼法,这是规范刑事司法行为的基本准则。如果公检法三机关都能够严格依照刑事诉讼法办案,警官、检察官和法官的刑事司法行为就可以基本做到规范化。然而,就具体刑事司法行为而言,仅仅有刑事诉讼法的规范还不够,还应当有更细化、更完备、更合理、更有效的约束机制和监督机制。

忠实履行建设者和捍卫者的职责 着力实现"三个全面提高"*

胡锦涛总书记在全国政法工作会议代表和全国大法官、大检察官座谈会上指出:政法战线的全体同志,既是中国特色社会主义事业的建设者,又是中国特色社会主义事业的捍卫者,责任重大,使命光荣。在全国政法系统专题研讨班上,周永康同志以《坚定不移地做中国特色社会主义事业的建设者和捍卫者》为主题,就如何履行好中国特色社会主义事业建设者和捍卫者这一神圣职责,进行了深刻而全面的阐述,并提出了十分鲜明的要求。永康同志的重要讲话增强了广大法官的"建设者"和"捍卫者"的使命意识和职责意识,也找准了当前人民法院如何履行建设者和捍卫者使命和职责的着力点。

一、深刻认识建设者和捍卫者的使命和责任

建设者和捍卫者的使命和责任是由政法机关的性质和任务所决定的。政法事业是中国特色社会主义事业的重要组成部分,这

* 本文是 2008 年 7 月 7 日张文显在"全国法院大法官专题研讨班"上的发言提纲。

一属性决定了政法工作者的"建设者"使命;政法机关是人民民主专政国家机器的重要组成部分,这一属性决定了政法工作者的"捍卫者"使命。作为建设者,政法战线的每一项工作都是建设性的,政法工作者直接参与中国特色社会主义的经济建设、政治建设、文化建设、社会建设,发展社会主义物质文明、政治文明、社会文明、生态文明,全面建设小康社会;同时,我们致力于政法事业自身的建设和发展,不断解放思想、深化改革,建设民主、法治、公正、高效、权威的政法制度,使政法事业随着中国特色社会主义事业的发展而发展。作为捍卫者,政法工作者肩负着巩固党的执政地位、巩固人民当家作主的国家政权、维护社会主义市场经济秩序、政治秩序、意识形态秩序和社会秩序,保障人民群众的民主权利和自由、人身权利、财产权利和其他合法权益,为经济社会发展和人民群众安居乐业创造和谐稳定的法治环境和社会环境。建设者的使命与捍卫者的使命是交织在一起的。我们的很多工作,往往既是在履行建设者的使命和责任,又是在履行捍卫者的使命和责任。

建设者和捍卫者的定位,决定了人民法院和人民法官的根本政治方向、首要政治任务和基本政治准则。

根本政治方向,周永康同志讲:"中国革命、建设、改革的实践证明,政治方向问题至关重要,对于政法机关来说,尤为重要。"政法工作者的根本政治方向,就是始终高举中国特色社会主义伟大旗帜,坚定不移地坚持中国特色社会主义道路,坚定不移地坚持中国特色社会主义理论体系,努力在执法思想、执法实践、执法作风等方面真正体现中国特色社会主义的正确方向。

首要政治任务,就是胡锦涛总书记和周永康同志反复强调的"三个维护、一个确保",即"维护党的执政地位、维护国家安全、维护人民权益、确保社会大局稳定"。在首要政治任务的格局中,人民法院当前要更加注重推动发展,更加注重促进社会和谐,更加注重保障民生,更加注重维护国家安全和社会稳定。

基本政治准则，就是真正把中国特色社会主义作为坚定不移的理想信念，不断增强对中国特色社会主义的政治认同、理论认同、感情认同，旗帜鲜明地同干扰、破坏中国特色社会主义事业的行为作斗争；始终坚持党的事业至上、人民利益至上、宪法法律至上，把“三个至上”作为人民法院工作的重要指导思想。

二、着力实现“三个全面提高”

履行建设者和捍卫者的使命和职责，不能停留在口头上、书面上，而是要围绕人民法院的中心工作，全面提高审执工作质量，全面提高审执工作效率，全面提高审执工作效果，忠实履行服务大局的职责，切实维护党的执政地位，切实维护社会稳定，切实维护人民利益，切实维护公平正义，切实保障和促进经济社会发展。

（一）全面提高审判和执行工作质量

审判质量是法院工作的生命线，是衡量法院工作成效最为基本、最为重要的标准。虽然从总体上看，人民法院的审判质量是比较高的，但同时我们也要清醒地看到存在的问题和不足，主要有：事实调查不清、证据采信不准、适用法律不当，阅卷、庭审、合议环节不细、不深、不透，法律文书制作粗糙、时有差错，有的造成了错案，有的虽然尚不构成错案，但也存在着各种疏漏或瑕疵，不同程度地侵害了当事人的诉讼权利和实体权利，很难让当事人息诉服判，严重损害了司法的社会公信力和司法权威。

全面提高审判质量，首先是质量意识要升温。要大力强化法官的审判质量意识，把审判质量作为法官职业责任的核心内容，贯穿和体现到法官的全部职业行为中，使广大法官视审判质量如生命，像爱护生命一样珍视审判质量。要大力弘扬法官职业精神，教育每一位法官不但要尽职尽责，更要尽善尽美，不但要把案子办对，更要把案子办好。尽职尽责与尽善尽美、办对案子与办好案子之间有着相当大的差距，一名优秀的法官不但要做到尽职尽责、办对案子，更要做到尽善尽美、办好案子，这样才能实现法律效果与社会效果的有机结合和完美统一。

全面提高审判质量，关键在于以科学发展观为指导，树立与社会主义法治理念相适应、符合中国国情和社情的审执工作质量观。例如，刑事审判的质量观：准确把握、认真贯彻宽严相济的刑事政策和法治原则，做到不同情况区别对待，该宽则宽，当严则严，宽严相济，罚当其罪；进一步发挥好刑事审判的法律职能、政治职能和社会职能，切实维护法律秩序，树立刑法打击犯罪、保护人民的极大权威；切实维护党的执政地位和国家安全，保障国家长治久安；切实增强人民群众的安全感，为人民群众创造安居乐业的生存环境。民事审判的质量观：通过维护和促进物有其主、物尽其用、安全、公正、效率的财产关系，自由公正、诚实守信的契约关系，自主自由、一夫一妻、男女平等的婚姻家庭关系，公正合理、和谐稳定的劳动关系，以及其他各种各样的民事法律关系，制裁侵权行为、追究违约责任、修复法律关系，最大限度地化解矛盾纠纷，维护社会公平正义，促进社会和谐稳定；坚持"能调则调、当判则判、调判结合、调解优先、定分止争、案结事了"的原则，妥善处理人民群众之间的各类民事纠纷。行政审判的质量观：按照"保护合法权益、促进依法行政、优化司法环境、化解行政争议"的总要求，积极受理、妥善审理好各类行政诉讼和国家赔偿案件，既能充分地保护行政相对人的合法权益，又能有效地监督支持行政机关依法行政，努力维护良好的行政管理秩序，努力促进经济社会又好又快发展。立案工作的质量观：依法受理案件，畅通立案渠道，缩短立案时间，切实保障当事人的诉权，方便人民群众诉讼，保障困难群众打得起官司；当前要认真执行民事诉讼法的规定，对符合法定条件的申请再审诉求应及时受理，做到受理一起，查明一起，解决一起；在立案工作中,也要善于对当事人进行诉讼引导、风险提示、立案调解等工作,防止大量诉讼案件涌入。涉诉信访的质量观:最大限度地满足当事人合理、合法诉求,通过领导包案、部门联动、责任倒查等相关工作机制,努力做到息诉罢访、息事宁人,即使暂时做不到息诉罢访,也要做到就地安抚或稳控。审判监督的质量观:坚持依法纠错原则,既要维护生效判决的既判力,维护法律的尊严和裁判的权威,又要及时改正确有错误的生效裁判,切实维护当事人的合法权益,不使受到不公正裁判甚至受到冤屈的当事人继续受到伤害。执行工作的质量观:努力破解执法不严、执行不力、执行不能、执行受阻等难题,让打赢官司并有条件执行的当事人实现其权益,把维护社会公平正义的职责落到实处;同时,要有利于、至少是不损害经济发展、公共利益和社会稳定。我们要深刻理解和全面把握这些审判和执行工作的质量观,并以此作为我们的质量标准,衡量我们的审判和执行工作。

全面提高审判质量,更重要的是进一步健全和完善保证审判质量的工作机制。要进一步强化审判组织的职权和责任,在保证合议庭和独任审判员依法行使审判权的同时,注意做到放权与监督相统一、权力与责任相一致,并充分发挥院庭领导、审判委员会对审判活动的监督指导和把关作用,尽可能减少案件裁判的错误和瑕疵,提高办案质量。各级法院的院长、副院长、庭长都要从自身做起,根据工作需要,深入到审判第一线,直接参加合议庭、担任审判长,开庭审理案件,以强化对审判工作的直接监督,消除院长、副院长、庭长很少办案甚或基本不办案甚至不经常参加审判委员会的不正常现象,防止产生脱离审判活动的官僚阶层。要建立健全二审、再审改判和发回重审案件分析评查制度,并以此为着力点,进一步强化对合议庭的审判监督,坚持管案与管人相结合,坚决落实违法审判责任追究。要扎实开展以庭审观摩评比、裁判文书评比、调研成果评比为主要内容的岗位练兵活动,着力增强法官驾驭庭审、审查判断证据、认定事实、适用法律和论证说理、制作裁判文书等方面的能力,提高公正司法的水平。要落实公开审判制度,增强司法透明度,积极研究制定规范法官自由裁量权行使的规则,对法官滥用自由裁量权以权谋利、以案谋私的行为必须严肃整治。同时,要进一步建立和完善案例指导制度,完善确保法律统一适用的工作机制,尽最大努力统一裁判标准,尽最大努力做到同案同判,做到同样情形案件同样处理,避免由于同案不同判引发人们对司法公正的质疑。

(二)全面提高审判和执行工作效率

公正与效率是法院工作的永恒主题,审判与执行工作的效率,是衡量司法是否公正的一项重要指标,是人民群众对法院工作的重要关注点。审判效率不高,最直接的表现就是案件大量积压,一些案件严重超审限,部分案件反复审理、久审不决,诉讼争议长期得不到解决,有的案件三年、五年甚至长达十几年都不能结案,给当事人造成了严重的讼累,致使群众冤情无处诉、正义得不到及时伸张、矛盾越积累越多。一些案件本可以在法定审限内结案,有时也申请延长审限。一些案件本可以当庭宣判,但也往往拖到庭后宣判。大量执行案件执行不能,当事人的合法权益得不到及时实现。新修订的民事诉讼法实施后,申诉、申请再审案件大量增加,多数案件尚没有进入审理程序。所有这些,都与人民群众对高效司法的要求和期待相差甚远。审判和执行工作效率不高,矛盾得不到化解,纠纷得不到解决,不仅严重影响当事人的生产生活,影响企业生产经营活动的正常进行和社会经济活动的正常运转,影响社会秩序的安定和社会关系的和谐,我们的司法公信力和司法权威也会受到严重损害。

全面提高审判和执行工作效率,必须努力加快办案进度,防止案件大量积压。要合理配置司法资源,坚持把精兵强将充实到审判工作第一线，不断优化人员结构，精简非审判业务部门，增加办案力量，保持专业审判队伍的相对稳定，保证审判工作的需要。要进一步加快立案速度，完善立案大厅建设，加大诉讼指导力度，积极探索实行远程立案模式，坚决防止人为原因造成的立案积压或不及时移送办理的现象，确保所有一审、二审、再审、执行立案案件均能及时移送审判和执行。要进一步加快审理速度，强化审限管理意识，结合审判流程管理，加强对案件审限的跟踪管理，加强对办案节奏的分析研究，确保绝大多数案件都能够在法定审限内审结。要不断完善繁简分流的工作机制，进一步扩大简易程序适用范围，强化速审工作，对一些争议不大的简单案件力求做到即收、即审、即结。要改变案件层层请示、领导层层把关的做法，坚决消除司法行政化倾向，普通程序案件要尽可能做到当庭宣判，努力提高当庭宣判率。要进一步提高执行工作效率，加强执行联动威慑机制建设，进一步做好执行工作社会治安综合治理目标考核，优化执行外部环境，加大执行工作力度，确保打赢官司的当事人及时实现权益。同时，各级法院要进一步深化执行体制和工作机制改革，探索设立执行委员会，制订执行委员会工作规则，加强对执行工作的领导和监督，着力解决执行不力、执行不公、执行不严、执行不廉等执行工作中存在的突出问题，进一步增强执行工作的公开性、规范性和权威性。

全面提高审判和执行工作效率，必须突出加强审判管理机制改革，进一步建立和完善审判流程管理、案件质量评查和审判监督检查等各项工作机制，完善审判质量效率评估体系，实现对审判工作的科学管理、民主管理、规范管理。同时，必须切实转变审判作风，严肃执行工作纪律，坚决消除人为因素造成的工作拖拉、久拖不决、执行不力现象的发生。对于不适应工作需要的法官要限期提高，对于思想上不思进取、作风上不求认真、工作上不负责任、审判和执行效率低下的法官要坚决调整。

(三)全面提高审判和执行工作效果

人民法院审判和执行工作的效果直接体现为司法化解矛盾纠纷的效果。法院产生的直接原因就是社会出现了矛盾纠纷，当社会矛盾纠纷大量增多而私权力无法解决的时候，就需要有一种公权力来取代私权力以解决矛盾纠纷，法院由此产生。因此，任何社会形态下、任何时候，解决社会矛盾纠纷都是法院司法权的最基本的属性和功能。现阶段，随着经济体制深刻变革、社会结构深刻变动、利益关系深刻调整、思想观念深刻变化，社会矛盾凸显，对人民法院依法妥善协调各方面的利益关系，最大限度地化解社会矛盾纠纷，提出了更迫切、更现实的要求。

形成矛盾纠纷的原因是多方面的，解决矛盾纠纷的途径和方法也应该是多元化的，但无论选择怎样的解决途径和方法，其最终的目的都是要定分止争、案结事了、息事宁人。就人民法院而言，案结事了是实现审判工作法律效果和社会效果相统一的基本标志，是社会矛盾纠纷通过司法渠道得到有效化解的最终表现形式。当前，人民法院化解矛盾纠纷的能力与新形势新任务的要求还很不适应，化解矛盾纠纷的效果亟待提高。以我省为例，近年来全省法院一审案件的上诉率和生效裁判的申诉率，每年都将近10%左右，大约两万多件。此外，法律程序之外还存在着大量的涉诉信访案件，仅今年中央政法委交办我省的涉法涉诉信访案件中，涉及法院的案件就占到了45%。这些都充分说明，我们的很多案件的审理还没有实现案结事了的目标。这就要求我们必须更加牢固地树立社会主义法治理念，增强为党和国家分忧、为人民群众解难的政治责任意识和大局观念，增强群众观点，坚持群众路线，不断拓宽工作思路，积极创新工作方法，切实增强司法能力，全面提高化解矛盾纠纷的效果。

全面提高化解矛盾纠纷的效果，要进一步强化调解工作。周永康同志在全国政法系统专题研讨班上提出了调解优先的原则，强调要“着力把调解优先的原则更好地体现在依法调解经济社会关系中,有效化解矛盾纠纷。”人民法院要进一步强化调解意识,整合调解力量,扩展调解范围,创新调解方法,大力加强诉讼调解工作,在强化民事案件调解工作的同时,进一步探索建立刑事自诉案件和其他轻微刑事案件调解解决的新模式,加大刑事附带民事案件的调解力度,完善行政诉讼协调、民事执行和解制度,尽可能地通过调解实现定分止争,最大限度地实现案结事了。要积极推动多元纠纷解决机制的进一步建立和完善,探索开展诉前调解、委托调解等工作方式,不断促进诉讼调解与人民调解、行政调解,以及其他社会力量调解的有效衔接和良性互动,努力构建“大调解”格局,尽可能地使大量矛盾纠纷在进入司法渠道之前通过政治优势和行政优势得到化解,确保矛盾不激化、不积累、不缠诉。

全面提高化解矛盾纠纷的效果,要着力提高法官的司法能力。一方面,要教育和培养广大法官牢固树立法律智慧与政治智慧相结合、法律效果与社会效果相统一、审判程序与实体裁判并重、具体法律规定与立法原则精神兼备、准确定分与案结事了相默契的司法工作理念,切实克服和解决简单机械执法、片面孤立办案的问题,增强站在全局的高度看待问题、化解矛盾、解决纠纷的能力。另一方面,要统筹兼顾,正确处理司法工作的专业性与坚持群众路线的关系,把群众路线的工作方法运用到审判工作中。广大法官特别是基层审判一线的法官,既要精通法律,又要依靠群众;既要不断提高依法化解矛盾纠纷的能力,也要善于从群众的意见中寻求有效化解矛盾、实现案结事了的智慧;既要准确使用法律语言,又要学会群众语言,拉近法律和司法与群众的距离;要继承和创新“马锡五审判方式”,进一步加大公开审判和巡回办案、就地审理的力度,深入开展司法进社区、进村庄、进校园、进工厂活动,密切与人民群众的联系,增进与人民群众的感情,真正使矛盾纠纷化解在基层,使司法裁判最大限度地得到人民群众的理解、认同和支持。

论法官的职业精神*

为了适应建设公正高效权威的社会主义司法制度和建设社会主义法治国家的需要，我国从20世纪90年代中期就开始法官职业化建设，进入新世纪以后加快了法官职业化建设的步伐。以2002年最高人民法院发布《关于加强法官队伍职业化建设的若干意见》为标志，法官职业化建设全面进行。法官职业化建设包括的内容十分丰富，其中主要有：严格法官的职业准入；强化法官的职业意识；培养法官的职业道德；提高法官的职业技能；树立法官的职业形象；加强法官的职业保障；完善法官的职业监督；等等。我院和全省法院系统的法官职业化建设也取得了显著的成就。

法官的职业化建设，制度层面的建设固然重要，精神层面的建设也很重要。精神层面主要包括法官的职业精神和法官的职业道德。最高人民法院颁布的《法官职业道德基本准则》和《法官行为规范〈试行〉》，要求法官保障司法公正、提高司法效率、保持公正廉洁、遵守司法礼仪、加强自身修养、约束业外活动，确立了具有中国特色的法官职业道德自律体系和行为规范体系，也涉及法官的职业精神。今天，结合专项教育整改活动，我想重点讲一讲法官的职

---

* 本文是2008年4月8日张文显给吉林省高级人民法院全体法官所作的专题报告。

业精神。我认为,这是现阶段法官职业化建设的核心和关键所在。

什么是职业精神?职业精神是与人们的职业活动紧密联系、具有鲜明自身职业特征的精神。教师的职业精神是在教书育人实践中形成和演化,得到教育界普遍认同的职业精神;医生的职业精神是在救死扶伤实践中形成和演化、得到医务界普遍认同的职业精神;商人的职业精神是在交换交易过程中形成和演化、得到商界普遍认可的职业精神。每一种职业精神都有其十分鲜明的特征和独特的魅力。

那么,什么是法官的职业精神?让我们先听听两位法律人的心声:

其一,美国法官恩格尔的就职誓词:“我祈祷,当我的法官生涯结束时,无论是在明天早晨还是三十年以后,别人都会说我的工作是完美的,为人是诚实的,我为美国的司法体制增了光;我希望对自己的法律知识永远不感到满足和懈怠;我希望能够有效、有序地主持法庭,使其成为一个能够做出公正判决的法庭,同时也让所有出庭的人感到公正和客观;我将不在法庭上进行讽刺和挖苦,因为我知道法官的一言一行,无论对治愈创伤还是造成创伤都将有深远的影响;我希望最重要的案件就是现在正在审理的案件”。

其二,一位中国法官的讲演词:我们的审判权来源于国家和人民,作为社会各种矛盾纷争的终局裁判者,在以法官的形象出现时,我们已远远超越了小我之上,法官只能成为正义的化身,公正的天使,社会的良心。

忠于职守,秉公执法,弘扬正气,是法官神圣的职责。

惩恶扬善,除暴安良,为民解难,是法官义不容辞的义务。

法官的胸间应当充满正气,法官的眼睛应当蔑视特权,法官的肩膀应当扶持弱小,法官的两袖应当一片清风。

法官的上帝只有一个,那就是神圣的法律。

法官的良心只服从一条,那就是公平与正义。

做法官的目标只有一个，那就是运用人民赋予的权力，全心全意服务于人民。

作为一名法官，我深知世事繁杂，沧海桑田，但我将以法律作为终生信仰，视法律为神圣母亲，奉于灵魂深处时时敬仰，以正确领会、解释、执行法律为最高目标，探求公平与正义这一法律精髓。

既然选择了远方，就只能风雨兼程。这就是一个法官的追求。

两位法官的心声是对法官职业精神的最好诠释，他们的话语足以产生强大的感染力，也足以展示清晰的解释力。因此，对法官职业精神这个概念和命题，我们不再需要进行语义分析，也无须进行形而上学的思辩。

我把法官职业精神分解为三个层面：

第一层面是各行各业共性的职业精神，即爱岗敬业、尽职尽责、尽善尽美。

第二层面是司法活动中法官的职业精神，即追求真理、追求公正、追求和谐。

第三层面是法官在司法活动中所体现出来的当代中国的法治精神，即坚持党的事业至上，坚持人民利益至上，坚持宪法法律至上。

下面，分别讲一讲这三个层面的法官职业精神。

第一层面：爱岗敬业、尽职尽责、尽善尽美。

爱岗、敬业、尽责是最基本的职业精神。在司法领域，爱岗就是热爱人民司法这个事业，热爱法官这个岗位，把从事司法工作作为最理想的选择，把维护社会公平正义当作最伟大的工作，把法官职业当作最神圣、最有价值的职业。职业意识和职业认同是做好法官本职工作的思想基础。爱岗，才有工作热情和激情，才能始终保持旺盛精力和最好的工作状态。倘若一个法官心浮气躁、见利心动，那他势必在法律天平面前左右摇摆，甚至让“天平”倾斜。

敬业是对爱岗的升华，因为敬业意味着把法官职业与人生最高价值目标连接在一起,而不仅仅是个人谋生的手段,意味着对自己所从事的职业的尊敬和热爱。敬业,才能乐业,才能快乐地工作,从而把自己的潜能发挥到极致状态,才能追求卓越,干什么都力求做到尽善尽美。法官的职业荣誉感是关键。

尽责就是要用心工作,全身心地投入到工作当中,做好法官的每一件事情,诸如做好每一次庭审,制作好每一份法律文书,向审判委员会做好每一次案件审理报告,开展好每一次执行工作。通过自己尽职尽责,彰显法治精神,使当事人和广大群众感受到法律的公正、法律的尊严、法律的权威;树立法官和法院良好职业形象,提高法官的职业声望。

法官的职业精神直接影响着法官的职业作风(即法官的工作作风)。一般而言,作风是职业精神在从业者职业生活中的习惯性表现,职业作风具有潜移默化的教育作用。法官的职业作风,就是作为一个法官应有的工作作风。那么,如何理解工作作风?工作作风是一个综合的概念,指的是在工作上一贯表现出来、即在较长时间表现出来的价值取向、态度和行为。分解而言,工作作风包括工作目标、工作态度、工作行为(方式方法)三个方面。

工作目标:即为什么而工作的问题,工作有没有激情,有没有热情,有没有干劲,皆取决于工作目标。法官作为一个整体而言,工作目标就是维护人民群众的根本利益,维护社会公平正义,维护社会和谐稳定。具体到每个法官,又因为分工不同,工作内容不同,其工作目标出现差异。民事审判、刑事审判、行政审判、民事执行、审判管理、审判监督、司法辅助等岗位的具体工作目标就不一样,在思想政治工作岗位、行政管理岗位、后勤服务岗位、司法警察岗位等工作的法官和干警,具体工作目标也是不同的。但是,有一点是完全相同的,那就是有没有自己的工作目标。

工作态度:如何看待和对待工作的问题。是把工作看作差事,还是看作事业;是作为一种无法拒绝的负担,还是作为一种职责,一种份内的义务，应该做而且必须做好；是在其位谋其政，还是尸位素餐；是积极地还是消极地对待自己承担的工作任务。这些都属于工作态度，也可以用一个概念来概括，就是工作观，工作观就是工作方面的世界观。

工作行为：怎样开展工作的问题，即工作方式方法问题。工作起来是自觉、自动、自发还是例行公事，当一天和尚撞一天钟；是创造性开展工作，把工作做得尽可能尽善尽美，还是敷衍了事，虎头蛇尾；是依法办事，按章办事，客观公正，规范有序，还是随心所欲，感情用事，意气用事，以人划线，显失公正；是严肃认真，有板有眼，还是松松垮垮，疲疲沓沓，杂乱无章；是严格执法、文明执法，还是徇情枉法、野蛮执法。

应该说明的是，工作目标、工作态度和工作行为是内在的有机统一的。为什么而工作决定了如何对待工作进而决定了怎样开展工作。我就任院长之后首先强调的是转变作风。转变作风，就是要在这三个方面努力，达到明确工作目标、端正工作态度、创新工作行为的效果。

当前，我省法院大多数法官和多数部门能够做到爱岗敬业、尽职尽责、尽善尽美，高标准、严要求，不断追求卓越，涌现出"公正司法、一心为民的好法官"汪清县人民法院审判监督庭庭长鹿道有、延吉市中级人民法院执行局副局长费云龙，全国法院模范、全国十大杰出女法官、延边州中级人民法院民三庭庭长刘丽萍，全国法院模范、永吉县岔路河人民法庭庭长丁铁志，感动吉林人物、延吉市人民法院院长庾成日，以及在兰宝破产重整案等具有重大社会影响的案件审理过程中所表现出来的先进模范人物。但是，问题也还存在，主要是：第一，作风时好时差，不稳定，抓得紧的时候，明显好转，管理不严的时候，急剧下滑。第二，很不平衡。部门与部门之间不平衡，干部与干部之间不平衡，即使工作作风整体上比较好的部门也有工作拖拉的现象。第三，与党和人民的要求，与省委、省人大对我们的希望，存在着较大差距，需要我们整改的方面还比较多。

第二层面："三个追求"的职业精神。

追求真理的精神：对于法官来说，追求真理就是追求事实，以事实为根据。追求真理的过程就是探知事实的过程，即调查、搜集、制作、组合、分析、认证事实的过程，这个过程是司法活动的重要环节。对事实的分析和认定，直接决定着适用法律的最后结果，更是法律裁决取得合法性的基础。探知事实也是司法活动最为复杂的环节，因为探知事实的过程，并非简单地调查搜集客观事实的过程，而是法律人运用法律去判断、分析、确认、选择事实的过程，是一个客观事实与法律事实对立统一的过程。法官对相关事实的认定和选择，是再现了客观事实，还是扭曲或歪曲了客观事实，对于实现司法公正极其重要和关键。在绝大多数情况下，司法不公，出现冤假错案，并非由于法官故意错判，而是由于对案件事实的认定不够准确，甚至捕风捉影，致使定性发生偏差或完全错误。以佘祥林案件为例。1994 年 1 月 20 日，湖北农民佘祥林的妻子张在玉失踪。1994 年 4 月 11 日，附近一水塘发现一女尸被认定为张在玉。1994 年和 1995 年佘祥林被控杀妻两次被宣判"死刑"，后又因证据不足"幸运"地逃过鬼门关。1998 年 6 月 15 日，佘祥林仍以故意杀人罪被判处有期徒刑 15 年。佘祥林上诉之后二审法院维持了原判。2005 年 3 月 28 日，张在玉的突然归来证明佘祥林当年被冤枉了。已在狱中度过了 11 个春秋的佘祥林被宣告无罪。类似的案件还有聂树斌案、孙万刚案、黄亚全案等典型错案、冤案。出现这些错案冤案，一个共同的致命问题，都是由于对事实的采集和认定出了问题。在这些案件中办案人均缺乏追求真理的精神，公安机关一味追求有罪、罪重的证据，忽视无罪、罪轻的证据，在证据不足的情况下对当事人采取强制措施，在疑犯的口供前后矛盾时又先入为主，选择有罪供述；检察机关在发现法医鉴定存在诸多疑点、证据不到位、犯罪嫌疑人屡屡翻供的情况下，仍然片面采信公安机关提供的证据，并以这些"证据"作为事实予以起诉；审判机关更是"有罪推定"，不依法全面审查和判断各种证据以及疑犯的口供，认真听取疑犯的辩解，而是迁就于公安机关和检察机关。由于不坚持真理，事实认定错误，给当事人带来巨大的、难以挽回的伤害，给司法机关严重摸黑，也给党和国家造成恶劣影响。这些案件再次提醒法官，在司法活动中一定要追求真理，追求真理就是弘扬科学精神与理性精神，坚持用事实说话，让自己认定并作为证据的法律事实与客观发生的事实一致；追求真理就是要坚持无罪推定的法治原则，就是要办出铁案。

追求公正的精神：自古以来，人们总是把法官与公平正义相联系，用公平正义诠释法官职业，甚至把维护公平正义的最后希望寄托在法官身上，法院成为维护公平正义的最后防线。

追求公正是对法官最起码的要求，公平正义是法官职业精神的灵魂。

追求公正，就是要秉公执法，敢于排除权力、私情、利益等因素的干扰，敢于抵制地方保护主义、部门保护主义、特权保护主义的干预，奉法律为上帝，依照法律要求审核证据、认定事实、适用法律、做出裁判。

追求公正，就是要始终处在中立裁判的超然位置，不掺杂个人的好恶和主观臆断，不为亲情、友情、哥们义气所左右，自觉执行法官行为规范。

追求公正，就是要严格遵循法律程序，让审判权在阳光下运行。

追求公正，也要求提高效率。公正往往需要由效率来保证。效率意味着及时获取证据，防止因时过境迁证据被转移、毁损灭失，使得当事人受到损害的合法权益无法补救。提高司法效率，不仅可以使被害人的权利及时得到救济，还可以使受损害的法律秩序及时得到恢复，同时有助于公众增强对司法机关的信任。如果效率低下，案件久拖不决，必将使纠纷长期处于不确定状态，当事人之间长期处于对抗或敌对状态；在当事人疲惫不堪的情况下拿到一个“公正”的判决，此时的当事人对司法机关已经没有什么感激，更谈不上什么公正感、信任感。因此，我们要始终坚持公正与效率的法院工作主题，正确处理好公正与效率的关系，以公正统领效率，以效率保障公正。

追求和谐的精神：“和谐”是一个非常古老而又经久不衰的概念，也是当前最流行、最时髦的概念。“和谐”和“创新”两个概念是近几年互联网上出现频率最高的概念，这就意味着人们普遍关注和谐和创新。在当代中国，社会发展的战略目标是构建社会主义和谐社会，和谐精神随之凸显为法治精神之核心。和谐精神是当代中国法的至善原则，是法治的绝对精神、终极价值，在法律价值体系里面居于元价值的地位，统领着秩序、自由、正义、效率、利益等价值要素。将和谐精神作为法治精神的核心，关键是用和谐精神统领法律价值体系，将和谐精神融入法律规范体系，用和谐精神指导法律运行实践，使我国法治充分体现社会主义和谐精神。和谐是我们民族精神的精华，是当代中国时代精神的精华，是社会主义法治精神的精华，也理应成为法官职业精神的精华。

追求和谐的精神，从根本上说，就是要把和谐理念融入司法理念之中，并使之统领公正和效率。党的十七大报告、十六届六中全会决定和党中央关于进一步加强人民法院、人民检察院工作的决定都明确要求，司法机关要坚持司法为民、公正司法、和谐司法，要注重法律效果与社会效果相协调，发挥法律效果和社会效果的双重作用，做到既要严格执法、公正司法，又要立足于稳定社会，及时化解矛盾，消除纠纷，息讼宁人，努力减少社会对抗。所有这些，都是实现构建和谐社会总目标对司法机关和司法活动的具体要求，是党中央善治理念在法律领域的具体要求，是达到善治与社会和谐的必然要求。为了在构建和谐社会中发挥应有的作用,树立和谐司法理念是非常重要的。和谐司法首先是法院内部各部门、各环节的职责要和谐,要在分工明确的基础上,相互配合,通过履行各自的职责,共同促进法律得到正确适用。第二是司法过程各个主体之间要和谐。特别是法官要切实尊重并维护当事人的诉讼权利及选择。当事人享有自主实施诉讼行为的自由,即诉讼权利的行使与放弃依据当事人的自愿;在符合法律规定的条件下,有权自主选择有利于自己诉讼利益的诉讼手段,对此法官应予准许;在不违反法律规定的情况下,当事人之间形成的纠纷解决合意应得到法官的确认和支持。第三是司法活动要和谐。司法活动要立足和谐,促进和谐,减少、化解社会矛盾和纠纷对正常社会秩序的冲击。在发挥司法机关主导作用的前提下,正确处理好判决与调解的关系,使社会矛盾与纠纷能够以一种更为和谐的方式得到解决。第四是司法与社会和谐,努力达到司法与舆论和谐,司法与民意和谐,司法与社会发展和谐,通过司法与社会的和谐促进社会和谐。

总之,追求和谐,就是要从实现社会和谐的理念出发,采用最有利于实现和谐的方式方法去审理案件,尽最大可能"定分止争",为民排忧解难,最大限度地化解和消解社会矛盾;就是要严格执法,惩恶扬善,除暴安良,为人民群众创造安居乐业、和谐安康的法治环境和社会环境。

第三层面:"三个坚持"的职业精神。

2007 年 12 月 25 日,胡锦涛总书记在同全国政法工作会议代表和全国大法官、大检察官座谈时指出:希望大法官、大检察官要始终坚持党的事业至上、人民利益至上、宪法法律至上,切实承担起带领广大法官、检察官和其他工作人员保障科学发展、促进社会和谐的历史使命和政治责任,为建设公正高效权威的社会主义司法制度而不懈努力。总书记的这一重要讲话既是对大法官、大检察官的勉励,也是对全国法官和检察官的殷切希望和要求。总书记的讲话丰富和深化了法官职业精神。

在司法实践中,坚持党的事业至上,最根本的要求就是把司法事业作为中国特色社会主义事业的重要组成部分,随着中国特色社会主义事业的发展而发展;把司法工作作为党和国家工作的重要组成部分,并放在党和国家工作全局中来谋划、来推进,做到与党的事业同步,为党的事业服务。

坚持党的事业至上,要求司法工作要服务大局、服从全局,为大局创造和谐稳定的社会环境和公正高效权威的法治环境。大局是具体的,往往以党和国家根本任务或中心工作的形式表现出来,所以,服务大局就要悉心把握党和国家在具体社会发展阶段和历史时期的根本任务或中心工作,使法治的使命与之相适应,找准司法工作与党和国家工作大局的结合点以及服务大局的工作着力点,以及根据形势的发展变化适时调整结合点和工作着力点的能力。大局通常也以党的政治纲领、路线、方针、政策、策略等表现出来。所以,服务大局就必须以党的纲领、路线、方针、政策和策略为统领,善于从党的纲领、路线、方针、政策和策略上观察、认识和处理法律问题和涉法事务,追求法律效果与政治效果的完美统一,并以政治效果检验法律效果。

坚持党的事业至上,要求司法机关自觉服从党的领导。党的事业是通过各级党委的领导职能和工作部署实现的。实践证明,司法机关只有始终坚持党的领导,依靠党中央和各级党委总揽全局、协调各方的政治优势,才能保持清醒的政治意识,把握正确的政治方向,才能科学判断形势、把握大局和全局,正确驾驭复杂局面、处理复杂问题。服从党的领导,首先要同党中央保持高度一致,坚持用中国特色社会主义理论体系指导司法工作,坚决贯彻执行党的纲领、路线、方针、政策和策略。同时,要认真执行同级党委的重大决定,主动接受各级党委及其政法委员会的领导和协调,特别是遇到区域性、全省性和全国性的重大案件,遇到触及经济、政治、生态、民族、宗教、外交、军事等热点问题的重大案件以及群体性敏感案件，牵涉到诸多政法机关和其他国家机关职权边界的重大案件，都应及时向党委汇报，以便得到正确指导、协调与支持。总之，正如胡锦涛总书记在全国政法工作会议上所强调的，在坚持党的领导这个重大政治原则问题上，头脑要十分清醒，立场要十分坚定，旗帜要十分鲜明，决不能有丝毫动摇。

在司法工作中，坚持人民利益至上，第一，要科学把握人民利益及其利益需求，满足人民群众的司法需求。马克思主义认为，利益就是人们企求满足的一种要求、愿望或期待，人们奋斗所争取的一切，都同他们的利益有关。在社会心理学中，满足既被当作人们需要的实现，进一步，又是新的需要的起点和契机，因而追求利益是人类最一般、最基础的心理特征和行为规律。随着社会经济、政治、文化的快速发展，随着价值多元化时代的到来，人们的利益需求愈加纷呈多变。要在司法工作中体现人民利益至上，切实维护人民利益，就必须科学地把握人民利益及其分化、变化、发展的客观规律和趋势，善于在纷呈多变的利益中分辨出人民群众的普遍利益、根本利益，分辨出人民群众最关心、最直接、最现实的利益。在此基础上，进一步认真研究人民群众日益增长的、多元化的司法需求，充分保障人民群众的诉权的实现。中共中央政治局常委、中央政法委书记周永康同志在全国政法工作会议上指出：随着经济社会发展和人民物质文化生活水平的提高，人民群众对政法工作提出了一系列新要求新期待：不仅要求保护人身财产安全，还期待保护社会政治权利；不仅要求对社会政治生活的知情权，还期待对社会政治生活的参与权；不仅要求执法公正，还期待执法公开透明；不仅要求社会平安，还期待社会和谐；不仅要求提供社会服务，还期待社会服务态度热情、优质高效，等等。只有把握这些新要求新期待，政法工作才能取得人民满意的效果，才能赢得人民的拥护。周永康同志还要求政法机关和政法干警把不断满足人民群众的新要求新期待作为加强和改进政法工作的切入点和着力点。我们要按照周永康同志的这一重要指示，深入开展调查研究，深刻把握人民群众的司法需求和期待，在此基础上改革司法体制，创新司法机制，提高司法能力，规范司法行为，为人民群众提供优质司法服务，不断满足人民群众日益增长的、多元化的司法需求，切实维护和发展人民利益。

第二，坚持人民利益至上，就要贯彻以人为本的理念，贯彻公正司法、一心为民的方针。人民司法的宗旨可以用两句话概括：一是维护社会公平正义，二是维护人民权益，这是一个问题的两个方面。正因为如此，党中央强调把维护社会公平正义作为政法各项工作的生命线，把切实维护好人民权益作为政法工作的根本出发点和落脚点。人民法院主要是通过具体审判和执行活动来体现和实现其维护公平正义、维护和保障人民权益的宗旨的。为此，至少应当采取这样一些措施：一是优先审理涉及民生的案件，依法为民生案件设立绿色通道，优先立案、优先审理、优先执行。二是依法扩大简易程序适用范围，不断完善人民法庭巡回审判制度，进一步提高司法效率，最大限度地减轻当事人的诉累。要综合运用不同的审判方式来满足人民群众多元化的司法需求。三是进一步完善法律援助制度，让经济确有困难的群众打得起官司，实现法律面前人人平等，绝不能因为交不起诉讼费用或者缺乏收集证据的能力和出庭辩论的能力，而丧失或削弱诉讼权利。要确保有理有据的当事人打得赢官司；让打赢官司且有条件执行的当事人及时实现其权益。四是推进司法救助制度，特别是对刑事被害人的司法救助，让受害人感受到保护弱者、维护公平的司法关怀。

第三，坚持人民利益至上，就要严格执法、公正司法。要严厉打击那些严重暴力犯罪、涉黑涉恶犯罪、制售假冒伪劣商品图财害命的犯罪、多发性侵财犯罪、严重破坏社会治安的犯罪，以此增强人民群众的安全感，为人民群众创造安居乐业的良好环境；要依法追究在土地征用、房屋拆迁、企业改组改制、环境资源保护、安全生产等涉及民生问题的严重违法侵权行为，切实保护人民的生存权、环境权、发展权；要立足于构建和谐社会，以化解矛盾为主线，从源头上解决群众诉求，以定分止争为目标，综合运用司法手段解决社会矛盾，促成胜败皆服、案结事了、和解和谐的局面。

第四，坚持人民利益至上，要求各级司法机关在自己的部门利益与人民群众的利益出现矛盾时，无条件地服从人民利益，这是对是否践行“权为民所用、情为民所系、利为民所谋”的真正考验。

在司法工作中，坚持宪法法律至上，必须保证宪法法律的有效实施。实践证明，对宪法法律至上性的最后考验，往往不在于人们是否遵守了宪法和法律，而在于违反宪法和法律的行为是否受到应有的追究和制裁。司法机关是宪法法律的执行者，也是宪法法律的守护者，必须始终保持宪法法律至上的意识，忠实履行宪法法律赋予的职责，维护社会主义法制的尊严、统一和权威。司法机关必须严格遵守法定程序，坚持法律面前人人平等，敢于抵制地方保护主义、部门保护主义和特权保护主义，做到违法必究。就此而言，坚持宪法法律的至上性，必然要求进一步加强司法，更加充分地发挥司法的功能。

坚持宪法法律至上，必须确保司法机关依法独立公正地行使司法权。党的十七大把深化司法体制改革作为全面落实依法治国基本方略、加快建设社会主义法治国家的重要任务，同时把建设公正高效权威的社会主义司法制度，保证审判机关、检察机关依法独立公正地行使审判权、检察权作为司法体制改革的目标。依法独立公正地行使司法权是维护社会主义法制的尊严、统一和权威的重要保障，是社会主义司法制度的优越性得以充分发挥的基本条件。依法独立公正地行使司法权，意味着司法权专属于人民法院和人民检察院，司法机关以外的其它国家机关及其工作人员无权干涉司法活动，不得干预司法机关行使司法权的正常活动，更不能代替司法机关对案件定性处理；意味着必须保证人民法院的生效判决具有终局性和权威性。当前，大量存在的涉法涉诉无理访、闹访、缠访，无视生效判决的终局性和权威性，构成了对法律权威的严重挑战。对此，我们不能一味地迁就和退让，否则，必将助长涉法涉诉信访之风，甚至鼓励当事人无理取闹，进一步损害法律的尊严和权威。在社会主义法治国家初级阶段，司法的权威性非常脆弱，所以，各级党组织和领导干部，要按照胡锦涛总书记的要求，带头依法办事，带头依法行政，支持和保障审判机关、检察机关依法独立公正地行使审判权和检察权，支持和帮助司法机关抵御、克服影响公正司法的各种干扰，有效推动执行难、申诉难等问题的解决，为司法机关依法履行职责创造良好的政治环境。

坚持宪法法律至上，法官必须做到公正司法、高效司法、廉洁司法、和谐司法，不断提高裁判和执行的公信力。宪法法律的至上性既来源于其立法上的党性、人民性、公正性，也取决于其司法上的公信力。当前，司法领域存在的有告不理、司法不公、审判迟误、执行不力，已经成为人民群众反映强烈的社会问题，这些问题的存在严重地损害了司法公信力，损害了人民群众对法律的信赖和信仰。针对这种情况，必须按照党的十七大和全国政法工作会议的要求，切实加强司法队伍建设，缜密规范司法行为，深入开展司法领域的反腐倡廉建设，坚决纠正损害群众利益的不正之风和侵犯当事人合法权利的不端行为，坚决查处法官队伍违纪违法案件，严肃惩治枉法裁判的腐败行为，以严格、公正、文明、清廉的司法形象赢得群众的信任，振兴司法公信力，维护宪法法律应有的尊严和权威。

为大局服务　为人民司法*

各位代表：

现在，我代表省高级人民法院向大会报告工作，请予审议。

2008年，全省法院在各级党委的领导、人大及其常委会的监督和政府、政协及社会各界的支持下，深入贯彻落实科学发展观，自觉坚持"党的事业至上、人民利益至上、宪法法律至上"的指导思想，围绕"科学发展、加快振兴、富民强省"的工作大局和"开创全省法院工作新局面"的工作主题，全面推进审判工作，着力加强队伍建设，深化司法机制改革，法院工作取得了新进展，一些方面实现了新突破。

一、充分发挥司法职能，维护社会公平正义，促进社会和谐稳定，保障吉林振兴发展

全省法院以公正高效办案、服务科学发展为第一要务，受理各类案件258312件，比上年增长12.9%，其中刑事案件20170件，民

---

* 本文是2009年1月19日张文显在吉林省第十一届人民代表大会第二次会议上所作的吉林省高级人民法院工作报告，标题是收入文选时新加的。

事案件154747件,行政案件4486件,执行案件56408件,其他案件22501件;审结223112件,同比增长18.8%;结案率为86.4%,同比提高4.3个百分点,法定审限内结案率为97.5%;诉讼标的总额370亿元。省高院受理各类案件3346件,同比增长58.5%;审结3084件,同比增长69.6%;结案率为92.2%,同比提高6.1个百分点。

(一)践行司法为民宗旨,维护社会公平正义

高度重视涉及民生案件的审理,审结婚姻家庭、继承案件41583件,劳动争议、劳务合同案件5407件,人身损害赔偿案件11342件。妥善审理土地征收征用、城市建设拆迁、企业重组改制、食品药品安全等涉及人民群众切身利益的案件,依法保障权利人的合法权益。审结侵犯知识产权案件186件,确保知识产权权利人受到的损害得到赔偿。加强涉军案件审理,与省军区联合召开了维军权工作表彰大会,完善了维军权工作常态机制,依法审理涉军案件1836件,维护了国防利益和军人、军属的合法权益。

立足维护公民、法人和其他组织的合法权益,监督和支持行政机关依法行政,共判决撤销和变更具体行政行为、确认具体行政行为违法或无效、裁决行政机关履行法定职责案件438件,占一审行政案件的13.8%。审理行政赔偿和国家赔偿案件894件,涉及赔偿金额1863万元。

进一步完善执行工作机制,加大执行工作力度,集中开展了清理执行积案活动,对有执行能力而蓄意逃避执行、暴力抗拒执行的,依法采取强制措施以及媒体曝光、限制高消费、限制出境等辅助措施,确保打赢官司的当事人实现权益。全省法院共执结案件44578件,执结标的额144.8亿元;省高院受理申请执行案件300件,执结259件,执结率为86.3%。

加强审判质量建设,不断提高司法水平。共审结一审案件

139578件，服判息诉率为90.8%；审结二审案件11726件，维持率为72.6%，依法改判和发回重审的案件占全部一审结案的2.3%；审结再审案件3289件，改判825件，占全部生效裁判的0.52%；审结检察机关抗诉案件486件，其中检察机关撤诉62件，调解结案48件，改判126件，其他维持原判或终结。

加强人权保护，严格遵循证据裁判规则，确保无罪的人及无确凿证据认定有罪的人不受刑事追究，依法对64人宣告无罪，为2788名符合法律援助条件的被告人指定了辩护人。进一步扩大了诉讼费缓减免的适用，实施司法救助案件6269件，司法救助金额3350万元，保障了经济确有困难的当事人的诉讼权利。

认真落实司法便民措施，依法保障当事人的知情权，切实履行对当事人诉讼权利、诉讼风险、举证期限的告知义务。全面实行案件繁简分流，适用简易程序速裁案件63569件，占一审民事结案的53.9%。大力推行巡回审判制度，在全省设立巡回审判点276个，巡回审理案件7568件。探索实行电话立案、预约开庭、假日法庭等各项措施，进一步方便了人民群众诉讼。

（二）妥善化解社会矛盾，促进社会和谐稳定

严格执行宽严相济的刑事政策，依法严惩黑恶势力犯罪、严重暴力犯罪、重大经济犯罪等严重危害国家安全、公共安全、人民群众生命财产安全的犯罪，判处十年以上有期徒刑、无期徒刑和死刑1882人，占判处罪犯总数的9.1%；依法审理了上海社保系列犯罪案、徐伟黑社会性质组织犯罪案、田忠贪污受贿案等一批社会广泛关注的大案要案。对于具有法定从轻、减轻处罚情节的，依法从宽处理；对于因民间纠纷、家庭矛盾等引发的具有酌定从宽处罚情节的，依法予以裁量，适用管制、缓刑和免予刑事处罚7948人，最大限度地减少社会对立面，增加社会和谐因素。

主动参与平安吉林建设，协同司法行政部门积极探索建立社

区矫正工作机制。加大了对未成年犯罪人的教育、感化、挽救力度，在部分地区实行了未成年人犯罪案件集中管辖，探索创立了“圆桌审判”模式，对382名未成年犯罪人判处了非监禁刑，占未成年犯罪人总数的43.9%。依法办理减刑、假释案件17574件，促进了服刑人员改过自新。

进一步强化调判结合、调解优先、案结事了的诉讼理念，全面建立了民事调解、行政协调、执行和解的工作机制。全省法院一审民事案件调撤结案率达到60.8%，高于全国平均水平6.5个百分点，一些基层法院达到了80%以上；行政案件协调解决比率达到25.9%；执行案件和解解决比率达到49.2%。

推动构建多元纠纷解决机制，省高院作为全国唯一的高院试点单位，组织全省法院着力建立以诉讼调解为核心的“N+1”纠纷解决模式。充分发挥立案环节的“过滤”功能，通过明理析法、说服教育、诉前调解等形式，使三万多起民间纠纷未进入诉讼程序而得以化解，既实现了法律诉求的合理分流，促进了社会和谐，又免却了当事人的诉累。

依法稳妥处理涉及企业兼并、破产重组、产权转让，以及在改革发展中因政策调整而引发的群体性事件，审理企业改制破产案件313件，基本做到了无震荡破产；审理群体性诉讼案件286件，尽最大努力做到了矛盾不激化、纠纷不升级。

全面加强涉诉信访工作，组织全省法院集中开展了涉诉进京重信重访专项治理，对上级交办的1540件重点案件进行了逐案听证复查，近80%的案件得到了妥善处理。在全省法院全面开展了院长、庭长大接访活动，共接谈来访16300余人次，处理案件5759件，一些案件通过耐心细致的工作实现了息诉罢访，全省涉诉信访总量同比下降了12.4%。

（三）履行服务大局使命，保障吉林振兴发展

突出加强重大经济活动、重大项目建设中涉诉案件的审判和执行工作，建立重大项目建设涉诉案件“绿色通道”和快速审执机制，努力化解影响重大项目建设的矛盾纠纷；成功调解了涉案标的额高达7.7亿元的东方资产管理公司诉国联集团借款纠纷案，协调解决了北方彩晶、苏宁环球等一批事关全省经济发展大局的执行案件；积极参与我省投资信用法治环境建设，审理涉外、涉港澳台民商事案件730件，努力营造公平竞争的市场秩序和诚信体系。

全力服务企业发展，完善了《关于保障和促进企业发展的若干意见》，并通过建立企业联系点、举办服务企业座谈会、帮助企业完善风险防范机制等措施，努力为企业经营、企业发展、企业维权提供最大的司法支持，特别是对涉及招商引资、企业发展的案件，依法缩短了办案周期。全省法院共举办企业管理人员法律知识专题讲座850余场，走访企业1800余家，为企业提出有关防范风险、强化监管、构建和谐劳动关系的司法建议560余条。

依法保障和促进农村改革发展，制定了《关于充分发挥司法职能为农村改革发展服务的若干意见》、《关于审理农村土地承包纠纷案件的若干意见》等文件，进一步加强了涉农案件的审判和执行工作，妥善审理农村土地承包纠纷案件3275件、征地补偿纠纷案件1992件、民间借贷和小额信贷纠纷案件11896件。

积极参与金融生态环境建设，审理借款合同、保险、证券、期货等金融纠纷案件12451件，依法制裁恶意逃废金融债务行为。严厉打击金融诈骗、非法集资等严重破坏金融管理秩序的犯罪，依法审理了吉林“新同舟”非法集资案等涉众型重大案件，维护了金融市场安全有序运行。

围绕全省重点工作主动提供司法服务，制定了《关于在国有粮

食购销企业产权制度改革中涉司法问题的处理意见》，进一步加强了城市棚户区和林区、矿区棚户区改造的司法保障工作，妥善处理涉及棚户区改造案件2693件，其中协调解决2332件，保障了我省棚户区改造工程的顺利推进。

二、坚持正确方向，深化改革创新，不断推进人民司法事业科学发展

（一）充分发挥中国特色社会主义司法制度的优越性，着力构建和谐司法

坚持党的领导、人民当家作主、依法治国的有机统一，是中国特色社会主义司法制度的本质特征和优势所在。过去一年中，我们更加自觉而积极地依靠省委总揽全局、协调各方的政治优势，重大事项即时向省委或省委政法委汇报，涉及区域性、全省性、全国性的重大案件和群体性敏感案件，主动争取省委及政法委的指导、协调，一些重大案件得到了妥善处理，收到了良好的法律效果、社会效果和政治效果。

自觉接受人大常委会的监督，向省人大常委会专题报告了全省法院民事审判工作和省高院办理人大代表建议的工作情况，主动向内务司法委员会报告了日益受到社会关注的减刑、假释工作和批转案件的办理情况。突出加强人大代表工作，专门召开了人大代表工作会议，制定了《关于在全省法院加强人大代表工作的意见》。建立了邀请人大代表列席审判委员会制度，全省法院共邀请36名人大代表列席了审判委员会；完善了邀请人大代表观察庭审和听证制度，邀请2237名人大代表观察了728件案件的庭审和听证；实行了人大常委会、专门委员会批办批转案件和人大代表关注案件“直通车”制度，省高院办理省人大常委会和内务司法委员会批办批转案件15件、全国人大代表和省人大代表关注案件54件。

主动加强与其他政法机关的沟通协调和衔接配合，努力构建在党委领导下各政法机关依法制约监督、有力协同配合的和谐政法格局，共同履行执法为民、服务大局、保障公平、维护稳定的神圣职责。

（二）突出加强法官队伍建设，着力提高公正、为民、廉洁司法的意识和能力

在省十一届人大一次会议上，代表们本着对法官队伍的关心和爱护，就加强法官队伍建设提出了许多非常中肯的意见和建议。对此，全省各级法院高度重视，认真整改，法官队伍呈现出崭新风貌，涌现出一批先进典型，有54个集体和46名个人受到省级以上表彰，东辽县人民法院和镇赉县人民法院院长张彦君荣膺“全国优秀法院”、“全国优秀法官”称号，延吉市人民法院院长庾成日当选“2008全国十大法治人物”。

加强领导班子建设，以深入开展“大学习、大讨论”和“学习实践科学发展观”等活动为载体，进一步完善了党组理论中心组学习制度，举办了全省法院领导干部专题培训班，对全省法院院长进行了集中培训，着力打造求真务实、风正劲足、坚强有力、和谐共事的领导集体。

狠抓司法廉政建设，建立了适合法院特点、具有刚性责任追究内容的党风廉政建设责任制，集中开展了法官职业精神教育，组织召开了廉政文化建设现场会。开展经常性的廉政警示教育，引导法官深刻认识办人情案、关系案、金钱案的巨大风险，深刻认识徇私枉法的可耻后果，深刻认识侥幸心理的盲目和幼稚，筑牢拒腐防变的思想防线。全年，全省法院没有新发生法官职务犯罪案件，省高院做到了零违法、零违纪。

加强司法能力建设，实施了“建设学习型法院、培养研究型法官”计划，组织开展了以庭审质量评比、裁判文书评比、调研成果评

比为主要内容的岗位练兵活动，提高了广大法官辨法析理、公正裁判、定分止争的能力和水平。

创新法官管理模式，省高院设立了由资深法官、普选法官和抽选法官组成的法官评议委员会，对拟任命和晋升法律职务的人选，从司法理念、司法能力、司法作风、司法水平等方面进行民主评议，并将评议结果作为初任法官和法官晋级的重要参考，促进了法官管理的职业化和民主化。

（三）推进审判组织和工作机制改革，优化司法职权配置，规范司法行为

改革民事申请再审制度，针对民事诉讼法修订后再审案件激增的新情况，省高院和各中级法院增设了相应的机构，制定了工作规则，探索了申诉复查、再审立案和审判环节的对接方式，集中清理了民事申请再审积案，共审结积案5386件，初步实现了申诉再审案件收结案的良性循环。

改革审判委员会组织和工作机制，明确了审判委员会在审判工作中的核心作用，在审判委员会下分设了刑事和民事行政两个专业委员会，对审判委员会讨论案件的标准进行了严格规范，进一步强化了审判委员会总结审判经验、加强审判指导和审判监督的职能作用。全年，省高院审判委员会讨论案件422件，仅占全院结案总数的13.7%，而同时研究制定规范性指导意见12件，是2007年的4倍，由合议庭自行裁决的案件比例提高了8.5%。

在全国法院系统首设了与审判委员会并行的执行委员会，加强了对执行工作的领导、管理和监督。执行委员会成立以来，讨论制定规范性文件6件，研究疑难、复杂执行案件15件，对全省法院开展集中清理执行积案活动进行了整体部署。

全面加强审判管理，明确各级法院院长是审判管理“第一责任人”，进一步细化了审判管理的操作规程和工作标准。全

面推行院长、庭长直接办案制度，全省法院院长、庭长直接办案53806件，占全部案件的24.1%；省高院院长、庭长直接办案972件，占全部案件的31.5%，带动了审判工作质量、效率和效果的全面提高。

（四）大力加强基层建设，推动人民法院工作整体发展

省高院成立了由院长任组长的加强人民法院基层基础建设领导小组，深入开展了基层工作大调研，制定了《开创人民法庭工作新局面的若干意见》，提出了加强全省法院基层基础建设的指导意见；通过集中培训、巡回讲课、远程教学等方式，培训基层法官和人民法庭庭长六千八百余人次；为基层法院招录法官和法官助理161人，缓解了部分基层法院案多人少的矛盾；与省财政厅联合制定了《全省基层法院公用经费保障标准》，并积极争取中央装备项目补助资金和办案补助专款，改善基层司法条件；完成了76个人民法庭的新建任务。

各位代表，过去的一年，全省法院工作得到了各级党委的正确领导和人大的有效监督，也得到了各级政府、政协及社会各界的大力支持，各位代表对法院工作给予了极大的关心和帮助。在此，我代表全省法院向各位代表和各有关方面表示衷心的感谢！

面对成绩和进步，我们也非常清楚，法院的工作与党和人民的期待还有不小差距，前进中还面临不少问题和困难：司法能力、司法水平仍待提高；司法不公、司法不廉的现象仍未根除；司法保障、司法发展的基础仍较薄弱；基层法官断层、经费保障困难、基建债务沉重的问题仍很突出。这些问题，都需要我们采取更加有效的措施，依靠各方面的支持，切实加以解决。

三、为大局服务、为人民司法，全力做好 2009 年法院工作

2009 年全省法院的工作主题是：深入贯彻落实科学发展观，为大局服务、为人民司法，奋力推进法院各项工作再上新台阶。围绕这一工作主题，我们将着力做好以下四项重点工作：

一是切实增强为大局服务、为人民司法的意识，努力为实现我省经济社会又好又快发展提供司法保障。紧紧围绕全省经济社会发展全局来思考和谋划法院工作、观察和处理司法问题，对受到国际金融危机和经济衰退直接影响的企业慎重使用查封、扣押、冻结等强制性措施，最大限度地保障企业的正常经营和发展。有效化解社会矛盾纠纷和涉诉信访，全力保增长、保民生、保稳定、保公平。继续保持对黑恶势力犯罪、严重暴力犯罪、“两抢一盗”等多发性侵财犯罪、非法集资等涉众型经济犯罪的高压态势和打击力度，妥善处理“民转刑”案件，确保国家安全、社会安定、人民安宁。

二是切实加强法官队伍建设，努力造就一支政治坚定、业务精通、作风优良、司法公正的法官队伍。巩固队伍专项教育整改、“大学习、大讨论”和深入学习实践科学发展观等教育活动的成果，使广大法官增强对中国特色社会主义的理论认同、政治认同和感情认同，牢固树立人民法官来自人民、服务人民的宗旨意识。加强法官教育培训工作，进一步提高法官的司法理念、司法能力和综合业务素质。加强司法廉政建设和反腐败工作，坚决落实“五个严禁”，确保严格、公正、文明、廉洁司法。

三是切实加强基层法院建设，努力破解制约人民法院整体发展的瓶颈。进一步强化面向基层、服务基层、建设基层的意识，加大基层建设的力度，充分发挥基层法院化解矛盾、维护稳定、促进和谐、保障发展的司法职能。着力解决基层审判力量不足、司法能

力不强的问题,着力改善基层法官队伍的年龄结构和知识结构,着力建立保障基层法院经费的长效机制,以基层建设的新发展夯实法院工作整体发展的基础,推进人民司法事业的科学发展。

四是切实推进司法改革,努力满足人民群众日益增长的多元化司法需求。以规范司法行为为重心,深化司法体制和工作机制改革,创新审判管理,确保实体公正、程序公正、行为公正。认真梳理和完善多年来司法实践中形成的便民、利民、惠民措施,使之制度化、长效化、普遍化,最大限度地方便群众诉讼、减少诉讼成本,让人民群众感受到司法文明进步,共享司法改革成果。着力完善以上级法院对下级法院的审级监督、审判委员会和院庭领导对司法活动的管理监督、审判执行各个环节之间的互相监督和纪检监察部门的纪律监督为主要内容的法院内部监督体系,以监督保公正、促廉洁、树新风、养正气。

各位代表,展望新的一年,法院工作任重道远。我们一定不辱使命,不负重托,尽心尽力,尽职尽责,全力保障我省经济社会科学发展,继续推进法院工作发展进步,以更加优异的成绩向全省人民交上一份满意的答卷!

践行核心价值 发挥基本功能[*]

各位代表：

现在，我代表省高级人民法院向大会报告工作，请予审议。

一、2009年的主要工作

2009年，全省法院在各级党委领导、人大监督和政府、政协及社会各界的支持下，紧紧围绕"为大局服务，为人民司法"的工作主题，紧紧围绕"公正高效办案，和谐司法为民"的实践载体，紧紧围绕"奋力推进法院工作再上新台阶，跨进全国法院系统先进行列"的奋斗目标，求真务实，改革创新，推进了各项工作的全面发展。

过去的一年，面对宏观经济形势复杂变化和经济社会矛盾大量增加及其在司法领域的突出表现，省高院以"三保"为中心任务，转变司法理念，调整司法政策，指导各级法院能动司法，增强为大局服务的主动性、针对性和有效性。

立足保增长，制定了《关于积极应对国际金融危机，为促进我

---

* 本文是2010年1月21日张文显在吉林省第十一届人民代表大会第三次会议上所作的吉林省高级人民法院工作报告，标题是收入文选时新加的。

省经济平稳较快发展提供司法保障和法律服务的意见》等16份司法文件，要求各级法院从经济发展的大局出发，正确把握和处理因宏观经济环境变化引发的矛盾纠纷；妥善处理了省信托公司、吉林铁合金公司等一批事关经济平稳发展的重大案件，跟踪协调并保障了兰宝公司的破产重组和复牌上市。全面实施“暖企工程”，对受到经济衰退直接影响的企业慎用司法强制措施，尽最大努力保障企业的正常经营和发展。就依法经营、完善监管、防范风险等涉企问题，加强与省国资委、省工商联的联系合作，并主动建立企业联系点642个，为企业提出各类司法建议八百多条。

立足保民生，完善民生案件“绿色通道”和弱势群体优先保护机制，在劳动争议、企业破产、征地拆迁、涉农案件的审判和执行中，注重保护劳动者、企业职工、房屋所有人、失地农民和受害企业的合法权益。创新权利救济机制，依法审理涉及教育医疗、环境保护、交通事故、食品药品安全、劳动与社会保险案件12659件。制定了《关于为保障性安居工程提供司法保障和法律服务的意见》，为我省这一惠民工程的顺利推进提供了有效的司法支持。

立足保稳定，加大矛盾纠纷排查、化解力度，全面落实维稳和平安建设措施。保持对严重刑事犯罪的打击力度和高压态势，增强人民群众安全感。稳妥处理群体性诉讼案件315件，最大限度地实现了矛盾不激化、纠纷不升级。

法院工作涵盖方方面面，现分解为十个方面逐项报告。

（一）以保障人民群众诉权、方便当事人诉讼为根本职责，认真做好立案工作

全省法院深入推进立案窗口建设，实现为涉诉群众提供诉讼引导、查询咨询、法律释明、立案调解等“一站式”服务，对符合法律规定的及时立案，共受理一审民事、行政和刑事自诉案件151461件，立案审查当天受理率达到91.2%；对不属于法院管辖或因司法救济途径

所限不能做到“案结事了”的矛盾纠纷，主动请示党委、协调政府、联系社会组织，综合运用政治、经济、社会手段妥善化解。扩大司法救助范围，共实施司法救助7242件，缓减免诉讼费4330万元。

加强立案阶段的调解工作，积极引导当事人选择非诉方式解决纠纷；创新诉外调解机制，在全省大部分基层法院设立了人民调解室或诉前调解组，对一些事实清楚、诉求简单的民事纠纷，在征得当事人同意后，委托社会调解机构进行诉外调解；通过立案调解与诉外调解的“无缝对接”，使三万多起纠纷未进入审判程序就得到解决。

民事诉讼法修订实施后，民事申请再审案件呈现出“井喷”式增长态势。省高院积极应对，确定了三个审判业务庭、35名法官专职负责民事申请再审审查工作，对符合法律规定的全部予以立案，符合再审条件的依法裁定再审，全年共受理民事申请再审案件1329件，审结1312件，裁定再审411件。

(二)以实施宽严相济刑事政策、建设平安吉林为指导方针，认真做好刑事审判工作

全省法院共审结一审刑事案件17383件，判处罪犯24865人，其中判处五年以上有期徒刑、无期徒刑和死刑的占18.2%。重点打击了严重暴力犯罪、多发性侵财犯罪、涉众型经济犯罪；深入开展了“打黑除恶”专项斗争，集中开展了严厉打击涉毒犯罪、涉农犯罪、涉众型经济犯罪等专项行动；依法惩处贪污、受贿、渎职等国家工作人员职务犯罪，审结910件，判处1246人。

坚持以宽促和，最大限度地化消极因素为积极因素，减少社会对抗。对于犯罪情节轻微、社会危害不大的初犯、偶犯、未成年犯、老年犯，依法从宽处理；对于因民间纠纷引起的轻微刑事案件，依法从宽裁量。加强人权保护，对53名论法无罪和无确凿证据认定有罪的被告人依法宣告无罪。加大刑事附带民事赔偿调解和执行

力度，尽可能使刑事犯罪的被害人及其家属得到应有的经济赔偿和精神抚慰。

全面推行减刑、假释案件审理公示、听证制度，对涉黑涉恶罪犯、严重暴力罪犯、累犯和犯罪集团首犯、主犯等依法从严掌握，对确有悔改表现以及老病残妇等服刑人员依法从宽审批，共办理减刑、假释案件 9449 件。

（三）以维护公平正义、化解矛盾纠纷为价值追求，认真做好民事审判工作

全省法院共受理各类民事案件 166151 件，涉诉当事人和直接利益关联人超过一百万人。审结 148646 件，其中审结金融借贷、债权债务、涉外和涉港澳台等案件 73153 件，依法维护市场经济秩序；审结权属争议、民事侵权等案件 30116 件，依法保护权利人的合法权益；审结赡养、抚养、继承、离婚等案件 42497 件，依法保护老人、妇女、儿童的合法权益；审结涉军案件 1636 件，依法保护军队、军人、军属的合法权益。

认真贯彻调解优先的方针，遵循依法、自愿、公平的原则，实行全员、全面、全程调解，全省法院一审民事案件调撤结案率达到 60.5%，最大限度地实现了案结事了、息诉宁人。积极推动构建多元纠纷解决机制，在省委、省政府及有关部门的支持下，建立了诉讼调解与人民调解、行政调解、行业调解、仲裁调解于一体的大调解工作格局，使大量民间纠纷以非诉方式得以化解，促进了社会和谐。

（四）以保护人权、支持管理、构建政府与公民和谐关系为主线，认真做好行政审判工作

2009 年是《行政诉讼法》颁布二十周年。全省法院以此为推动，进一步加大诉权保护力度，共受理一审行政诉讼案件 3395 件，同比上升 13.8%，其中涉及土地征用、房屋拆迁、工商税务执

法、治安处罚、卫生、劳动和社会保障等公民基本权益的案件占80%以上;审结3215件,判决撤销和变更具体行政行为、确认具体行政行为违法或无效、裁决行政机关履行法定职责422件,占一审行政结案的13.1%,依法维护了行政相对人的合法权益。

支持行政机关依法履行社会管理和公共服务职能,维护行政执法权威,判决维持具体行政行为、确认具体行政行为合法或有效、驳回行政相对人诉讼请求1631件,占一审行政结案的50.7%;办理行政机关申请非诉行政执行案件3461件。注重运用协调和解方式化解行政争议,行政案件协调解决比例达到25.2%。

为了进一步支持和促进依法行政,省高院试行了行政审判"白皮书"制度。去年首次向省政府提出了行政司法审查情况报告,通报了2008年行政诉讼的总体情况和案件特点,并针对行政执法中存在的问题,提出了相应的司法建议。

(五)以集中清理执行积案、完善执行工作长效机制为载体,认真做好执行工作

为有效破解"执行难"这一人民群众反映强烈的突出问题,省高院把2009年确定为全省法院的"执行年",全面加强和改进执行工作,尽最大努力保证打赢官司的当事人及时实现权益。全年共受理申请执行案件65210件,执结52228件,执结标的总额144.8亿元,执结率为80.1%,同比提高3.6%。

扎实开展集中清理执行积案专项活动,高质量地完成了集中清理2007年12月31日之前的执行积案的各项任务,全省有财产可供执行的7807件执行积案全部执结,执结标的额37.69亿元;对由于历史原因和当事人主客观因素形成的83838件无财产执行积案进行了逐案清查,并严格按照中央政法委和最高人民法院规定的结案标准终结了本次执行程序。我省清积活动各项任务完成情况与其他5个省市并列全国第一,得到了全国人大常委会和最高人

民法院领导同志的充分肯定。

大力推进执行创新、监督管理和长效机制建设,形成了覆盖执行工作各个方面、各个环节的完备制度;科学界定执行实施权、监督权和审查权,并由三个部门分别行使,实现了执行权的分权制约;推动构建执行联动机制,初步形成了党委领导、人大监督、政府支持、各界配合、法院主办的综合治理“执行难”的工作格局。

(六)以维护社会稳定、促进社会和谐为第一政治责任,认真做好涉诉信访工作

全省法院认真贯彻省委、省政府关于“信访积案化解提速年”的部署,着力化解涉诉信访突出问题,全年涉诉信访共8792件,同比下降6.6%;其中新发生初访3373件,同比下降9.5%;来省进京访数量明显减少,缠访、闹访已不多见。

实施息访工作“一把手”工程,各级法院院长亲自审阅群众来信,亲自包案处理信访,亲自接谈处理重点案件,全省法院院级领导直接处理信访案件5860件,95%以上的当事人反映的问题得到了解决,并化解了十余起有重大影响的极端访、激烈访和群体访案件。

探索建立涉诉信访终结机制,按照中央政法委的部署要求,认真开展涉诉信访案件审查甄别工作,依法审慎确认无理访案件,对确属无理访的移交有关部门和地区妥善处理,减少社会不安定因素。

(七)以提高审判工作质量、规范司法行为为着力,全面加强审判管理和审判监督工作

紧紧围绕全面提高审判质量、效率、效果和严格规范司法行为,构建了审判管理规范体系、责任体系、保障体系,形成了审判管理的“吉林模式”,为全国法院审判管理改革积累了经验。集中开

展“细排查、严清理、速审结”专项活动，无法定事由超审限案件全部审结，案件超审限问题得到了有效解决。健全案件质量评查机制，共评查案件6249件，对党委、人大批转批办案件、当事人重复上访案件和改判、发回重审案件进行了重点评查，对“问题案件”逐件分析原因、总结教训、追究责任。

坚持依法纠错、维护公正的原则，切实加强审判监督工作。虽然每年经过再审改判的案件仅占全部生效裁判的0.2%，但对当事人而言，错案就是百分之百的伤害。为此，我们在狠抓一审案件质量的同时，拓宽审判监督渠道，强化审判监督权力，对确有错误的裁判坚决改判或发回重审、指令再审，全年共审结各类再审案件2334件。

通过加强审判管理、强化审判监督，促进了全省法院审判质量、效率、效果的全面提高。2009年，全省法院共受理各类案件266858件，审执结234833件，结案率为87.9%，法定审限内结案率为98.7%，同比分别提高1.5%和1.2%；一审案件服判息诉率为91.3%，二审案件维持率为76.3%，同比分别提高0.5%和3.7%。

（八）以抓基层强基础、实现全省司法事业科学发展为目标，大力推进基层法院建设

在去年的人代会上，针对代表们反映的基层薄弱问题，我们郑重承诺要切实加强基层法院建设。一年来，我们把基层基础工作摆在更加重要的位置，着力解决突出问题。

在省委组织部和省编办的大力支持下，实施了“全省法院人才战略五年规划”，继2008年为基层法院增员161人之后，去年又为基层法院选调大学生194人，面向社会招录193人，进一步缓解了基层法院缺员断层、案多人少的矛盾，同时改善了基层法院队伍的年龄、知识和专业结构。着力加强基层法院司法能力建设，选派三千五百多名基层法院院长、庭长和审判骨干参加了最

高人民法院、国家法官学院、省高院和其他机构组织的专项培训；继续实施人民法庭庭长三年“普训”计划，对全省人民法庭庭长进行了集中培训；从基层法院选调186名法官到上级法院挂职锻炼或短期工作。

利用中央预算内专项资金和装备项目补助资金新建、扩建了14个审判法庭和48个人民法庭，为39个基层法院建设了科技法庭或网络信息平台。去年，随着政法经费保障体制改革的推进，中央增加了基层法院的办案经费，省、市、县三级党委和政府也加大了对基层法院的经费保障力度，使基层法院人均办案经费较2008年提高了61%，基本保障了审判执行工作。

(九)以确保公正廉洁司法、弘扬新风正气为重心，突出加强法官队伍建设和法院文化建设

全省法院以“人民法官为人民”主题实践活动为载体，大力加强法官队伍思想政治建设、能力作风建设和法院文化建设，法官队伍的整体素质和法院的院风院貌得到进一步改善。一年来，在审判任务十分繁重、执法办案压力凸显的形势下，广大法官始终保持了饱满的工作热情和良好的精神状态，为党和人民的事业恪尽职守、忘我工作，涌现出了一大批先进典型，共有56个集体和115名个人受到省级以上表彰，2个法院被授予“全国三八红旗集体”和“全国精神文明建设先进单位”，2名法官被命名为“全国审判业务专家”，1名法官荣膺“全国优秀女法官”称号，农安县人民法院哈拉海法庭翟树全法官当选“感动吉林”人物。

继续狠抓司法廉政建设，每个季度召开一次反腐倡廉工作会议，经常性开展示范教育、警示教育和司法作风大检查活动。严格落实下级违法犯罪上级引咎辞职的问责和追究制度，省高院一位副院长因其主管部门负责人被追究刑事责任而依据党风廉政建设责任状主动辞去副院长职务。全面推行廉政监察员制度，配备廉

政监察员547名,对容易出现问题的岗位和环节实施直接监督。加大违纪违法案件查处力度,全年共查处38件,对违纪违法行为果断、严格、从快处理,共开除5人,辞退1人,撤职6人,调离审判执行岗位5人。

(十)以强化法院的人民性、提高司法的公信力为核心,积极构建以接受人大监督为主渠道的监督体系

全省法院坚持把主动接受人大监督作为保持人民性本质的根本途径,更加自觉地把法院工作置于人大监督之下。省高院积极协助省人大常委会对全省法院民事执行工作进行了专项检查;认真办理省人大常委会和内务司法委员会批办批转案件38件,妥善处理人大代表关注案件67件。在全省法院开展了"千案观察庭审听证活动",5215名各级人大代表应邀观察了1357件案件的庭审和听证,36名人大代表应邀列席了相关法院的审判委员会;其中79名全国和省人大代表应邀观察了省高院22件案件的庭审和听证,4名省人大常委会委员应邀列席了省高院的审判委员会。通过这些措施,进一步拓展了人大代表监督的渠道,既为人大代表了解法院工作、履行监督职责创造了条件,也对维护司法公正、改进法院工作起到了积极的促进作用。

自觉接受政协民主监督,虚心听取各民主党派意见,不断加强司法民主。依法支持检察机关对诉讼活动的监督,对确有错误的裁判坚决依法改判,共审结检察机关抗诉案件455件,改判92件。扩大对新闻媒体的开放,对重大案件和热点案件审理、重大司法政策措施出台等情况及时向新闻媒体公布,既自觉接受新闻舆论监督,又充分保障人民群众的知情权。省高院成立了监督与咨询委员会,聘请45名社会各界人士担任委员,创新了接受社会监督的方式。

各位代表,过去的一年,法院工作取得了新进展,一些方面实

现了新突破,省高院有十余项工作跨进了全国法院系统先进行列,并分别在中央政法委、最高人民法院召开的相关会议上介绍经验。这些成绩的取得,离不开各级党委的正确领导和人大的有力监督,离不开各级政府、政协及社会各界的大力支持,离不开各位代表对法院工作的关心和帮助。在此,我代表全省法院向各位代表和各有关方面表示衷心的感谢!

回顾过去的一年,我们也深深感到,与形势的发展、社会的进步、党和人民的期望相比,法院工作还存在不小差距:司法理念与经济社会发展对司法的要求,司法能力与保护人民权益、维护社会公正的要求,法官队伍整体素质与公正廉洁司法的要求,还存在许多不适应的地方,少数法官作风不正、行为不端、个别法官徇私枉法的问题尚未得到根治。随着社会主义法治国家建设进程的加快,人民群众法治观念和维权意识不断提升,随着各种新问题新矛盾的大量出现,各类诉讼案件急剧增加,我国已超乎预想的提前进入“诉讼社会”,人民群众日益增长的多元化司法需求与人民法院司法供给之间的基本矛盾更加突出并将长期存在。对此,我们将始终保持清醒头脑,切实加强自身建设,以人民司法事业的新发展满足人民群众的新期待。

二、2010年的主要任务

2010年,全省法院总的工作思路是:高举中国特色社会主义伟大旗帜,始终坚持“三个至上”的指导思想和“为大局服务、为人民司法”的工作主题,全面贯彻落实全国政法工作会议精神、省委关于政法工作的统一部署以及本次会议对法院工作的要求,以社会矛盾化解、社会管理创新、公正廉洁执法、平安吉林建设等政法重点工作为统领,全面做好法院各项工作,为我省经济社会又好又快发展提供更加有效的司法服务和法律保障,创造更加优良的法治环境。着力做好以下五项重点工作：

第一，牢固树立能动司法理念，主动为经济发展和社会进步的大局服务。认真贯彻中央和全省经济工作会议精神，为开创振兴吉林新局面提供更加主动、高效、有力的司法服务。突出加强我省在深化改革、调整结构、扩大内需、投资拉动、开放带动中涉诉案件的审判和执行工作，依法保障我省重大发展战略和重大项目建设的顺利推进。进一步延伸司法服务职能，加强对经济社会新情况新问题新矛盾的前瞻性研判，及时提出防范应对建议。

第二，牢固树立司法为民理念，切实保障人民群众合法权益。深入开展人民性教育，确保法院的每一项司法政策、每一次专项活动都符合民情、体现民意、服务民生。创新司法为民机制，进一步推进司法便民、利民、惠民措施制度化、长效化、普遍化。紧紧依靠党委领导和政府支持，加快建立执行救助基金和刑事被害人社会救助制度，努力缓解特困申请执行人和刑事被害人的生活困境。加大国家赔偿案件审理力度，依法保护赔偿申请人的合法权益。

第三，牢固树立公正廉洁司法理念，维护社会公平正义。继续开展“审判管理年”活动，加强审判绩效考评和质量评查，增强法官公正高效办案、和谐司法为民的自觉性。全面落实司法公开制度，依法推行立案、庭审、听证、执行全程公开和裁判文书全部上网公布。坚持从严治院、从严治警，完善惩防体系，强化监督机制，实行示范教育与警示教育相结合、制度建设与案件查处同步推进，坚决严厉惩治以案谋私、以权谋利等徇私枉法行为。

第四，牢固树立和谐司法理念，促进和谐社会建设。依法严惩刑事犯罪，全力维护社会稳定和人民平安。深入推行“全员、全面、全程”调解工作制度，推动构建诉调对接机制和“N+1”纠纷解决机制。进一步畅通申诉再审渠道，扩大通过司法程序解决涉诉问题的空间，努力减少涉诉信访，力争实现涉诉信访积案当事人90%以上停访。

第五，牢固树立科学司法理念，大力加强法院信息化建设。实施科技强院方针，把先进的科学技术运用于立案、审判、执行、信访工作的各个方面和法院管理的全部过程，提高办案质效和管理水平。注重高新技术在探知法律事实、研判法律证据、确定法律责任等方面的应用，提高案件审理的科学性、公正性和权威性。积极探索网上立案、网上调解、远程取证、远程审判、电子签章等办案方式，最大限度地方便人民群众诉讼，减少当事人的诉讼成本。

履行好人民法院职责，完成好今年重点工作，加强法院党的建设和队伍建设是根本保证。我们将认真贯彻落实中央和省委关于加强和改进党的建设的决定和实施意见，切实抓好法院党建工作，以保证党的路线、方针、政策和各级党委的重大工作部署在法院系统得到不折不扣的贯彻实施；以党建带队建，突出加强法院领导班子建设、法官骨干队伍建设和基层法院队伍建设。

各位代表，新的一年，人民法院任务艰巨、责任重大、使命光荣。我们将在省委的坚强领导下，紧紧依靠人大监督、政府支持、政协和社会各界的帮助，与政法各部门互相支持、互相配合，认真履行国家审判机关的职责，为保障人民权益、维护公平正义、促进社会和谐、服务改革发展作出新的更大的贡献！

服务发展　维护公正　促进和谐*

各位代表：

现在，我代表省高级人民法院向大会报告工作，请予审议。

2010年，省高级人民法院在省委的正确领导和省人大的有力监督下，在省政府、省政协及社会各界的关心支持下，带领全省各级法院坚持“为大局服务、为人民司法”的工作主题，以社会矛盾化解、社会管理创新、平安吉林建设、公正廉洁执法等重点工作为统领，以“求真务实、改革创新、攻坚克难、创先争优”的进取精神，深入推进法院各项工作，较好地履行了保障人民权益、维护公平正义、促进社会和谐、服务改革发展的司法职能。

——立案、审判、执行等中心工作全面发展，审判质量、效率、效果进一步提升。全年，全省法院共受理各类案件267371件，审结245797件，其中刑事案件18573件，民事案件150965件，行政案件3957件，执行案件58528件，其他案件13774件；省高院受理各类案件3708件，其中一审案件18件，二审案件995件，再审案件2252件，死刑复核及其他案件443件，审结3601件；最高人民法院案件

---

* 本文是2011年2月14日张文显在吉林省第十一届人民代表大会第四次会议上所作的吉林省高级人民法院工作报告，标题是收入文选时新加的。

质量评估数据显示，我省法院审判质量首次整体跨入全国先进行列。

——司法改革和司法建设稳步推进，审判管理改革、量刑规范化改革、多元纠纷解决机制构建、执行联动机制建设、远程审判系统建设等多项改革和建设创造了“吉林模式”，得到了最高人民法院的肯定和推广；不断总结刑事大案要案审判经验，完善相关工作机制，我省法院被中央指定为“审理省部级以上干部犯罪大案要案定点法院”；大力推行司法公开，省高院被最高人民法院确定为“全国司法公开示范法院”。

——全省法院党的建设、队伍建设和法院文化建设统筹推进，党建工作成效明显，受到最高人民法院高度评价，省高院党组在全国法院队伍建设会议上专题介绍了“以党建带队建、以队建促审判”的经验；法官队伍公正、和谐、为民司法的理念和能力进一步提高，涌现出了一大批先进典型，共有 126 个集体和 158 名个人受到省级以上表彰，其中 2 个法院荣获“全国优秀法院”称号，8 名法官荣膺“全国优秀法官”、“全国法院办案标兵”称号。

一、强化能动司法理念，服务经济发展方式转变

中央和省委作出加快经济发展方式转变的战略部署后，全省法院迅即开展了“大学习、大讨论、大调研”活动，围绕经济发展方式转变对司法理念、司法职能、司法模式的深刻影响进行了深入研讨。省高院适时调整司法政策，推出一系列司法应对措施，先后制定了《关于服务和保障加快经济发展方式转变的若干意见》等 9 份司法文件，指导各级法院从大局出发，切实增强服务加快经济发展方式转变的主动性、针对性和实效性。

优化司法资源配置，从机构设置和人员配备上为转变经济发展方式提供组织保障。省高院成立了服务加快经济发展方式转变

领导小组和相应的工作机构，部分法院设立了金融、环保、破产、“三农”、劳动、知识产权等专业审判庭或合议庭，对经济发展方式转变引发的类型案件进行专业化审理。

主动延伸司法功能，积极拓展服务经济发展方式转变的领域。超前化解了涉及哈达山水利枢纽工程的矛盾纠纷，协调省内外十余个法院妥善解决了二十余件涉及我省高速公路建设的诉讼和执行案件，为我省重大项目建设的顺利推进提供了有力的司法支持。继续全面实施“暖企工程”，进一步完善了“零距离沟通服务机制”和“困难企业跟踪服务机制”，为企业经营、发展、维权提供了更直接更有效的司法服务。

正确把握审判导向，为经济发展方式转变营造良好的司法环境。审结投资、消费、服务领域纠纷案件25698件，企业破产、公司清算案件253件，借贷、融资、证券、保险、信托等金融案件12812件，土地承包、林权争议等涉农涉林案件2846件，生态资源、环境保护等案件625件，知识产权案件311件，涉外、涉台和涉港澳案件109件，依法维护了公平竞争的市场秩序。积极争取最高人民法院支持，依法高效审理了辽源得亨破产重整案，通过司法程序使该企业9.2亿元的债务得到有效化解，1000余名职工得到妥善安置，两万余名中小股东的利益得到切实保护，确保企业顺利实现了战略重组，并于1月10日在上交所成功复牌。坚决查处影响经济发展软环境的违纪违法案件，对相关法院和法官进行了严肃处理。

二、坚持民生司法理念，维护社会公平正义

坚持以人为本、民生至上，妥善审理赡养、抚养、离婚、继承等婚姻家庭案件39948件，依法保护老人、妇女、儿童的合法权益；妥善审理权属争议、损害赔偿和侵权纠纷案件33534件，依法保护公民的人身、财产权利；妥善审理土地征用、房屋拆迁、企业改

制、劳动争议、农民工讨薪案件8355件,依法保护失地农民、被拆迁人、企业职工和农民工的正当权益。坚持"诉内维权、诉外服务",不断完善维军权工作常态机制,依法保护军队、军人、军属的合法权益。

坚持保护人权、支持管理,积极运用协调和解方式处理行政诉讼案件,共审结资源、城建、工商、卫生、教育、劳动和社会保障等涉及公民权益的行政案件3326件,和解解决比例达到29.5%,实现了行政诉讼双方的和谐共赢,增进了人民群众与政府之间的理解和信任。办理行政机关申请非诉行政执行案件1371件,其中裁定执行1226件,依法保证了政府民生工程和重点项目的顺利推进;裁定不予执行145件,避免了群众利益受损和极端恶性事件、群体性事件的发生。审结国家赔偿案件123件,决定赔偿8件,赔偿金额786.9万元,依法保护了赔偿申请人的合法权益。

加大执行工作力度,以开展创建"无执行积案先进法院"活动为载体,进一步创新完善执行工作长效机制,巩固和扩大了清积工作成果。开展反规避执行专项行动,依法加大了对蓄意逃避执行、暴力抗拒执行和拒不履行协助执行义务等行为的制裁力度,并通过积极采取联动执行方式以及媒体曝光、悬赏举报、限制高消费、限制出境等全方位辅助手段,努力保证打赢官司的当事人及时、足额实现权益。全省法院共执结案件58528件,执结标的额196.2亿元,执结率为87.8%。

完善司法便民、利民、惠民措施,加快推进立案信访窗口建设,全省法院全部建成了诉讼服务中心,精心为涉诉群众提供"一站式"服务。广泛推行案前调解、就地听证、假日法庭、巡回审判制度,入村进厂审理案件6356件,使大量矛盾纠纷就地即时化解。针对我省去年遭受特大洪涝灾害,全面开辟涉灾案件"绿色通道",尽最大努力为灾区群众提供快捷周到的司法服务。进一步加大对当事人的司法救助和法律援助力度,依法保障了困难群众的诉讼权利。

三、致力平安吉林建设,促进社会和谐稳定

坚持以严维稳,严厉打击杀人、强奸、绑架、爆炸等严重暴力犯罪和“两抢一盗”等多发性侵财犯罪,共审结严重危害社会治安稳定、严重影响人民群众安全感的犯罪案件7642件,判处罪犯10245人,其中判处五年以上有期徒刑直至死刑的占29.4%。针对我省近年来涉黑犯罪、涉毒犯罪、涉众型经济犯罪、涉农犯罪、涉林犯罪和涉外犯罪高发多发的态势,组织全省法院逐一开展专项行动,确保了打击力度和震慑效果。成功审理了吉林海天非法集资案、通钢“7.24”案以及最高人民法院指定审理的一批重大案件,均收到了良好的法律效果、社会效果和政治效果。

坚持以宽促和,充分发挥非监禁刑和减刑、假释等司法手段在减少社会对抗、促进社会和谐方面的积极作用,对于犯罪情节较轻、主观恶性较小、社会危害不大的初犯、偶犯、未成年犯、老年犯、女性犯等,在坚持有罪必究的前提下,进一步扩大了非监禁刑的适用范围,适当放宽了减刑、假释的适用幅度,共判处非监禁刑6347人,办理减刑、假释案件9010件。主动加强与检察、公安、司法、民政等部门的协调配合,共同推动社区矫正工作,促进社区矫正对象顺利回归社会。

实行联动司法,与有关部门一道,积极推动构建“党委领导、社会参与、各司其职、协调联动”的化解社会矛盾工作格局,进一步完善了诉调对接机制,通过引导当事人选择非诉方式解决纠纷,使3.8万件矛盾纠纷诉前即得到化解,全省法院一审民事案件受案总量开始出现明显下降趋势。牢固树立调解优先理念,在审判执行工作中继续强化全员、全面、全程调解,一审民事案件调撤结案率达到62.4%,执行案件和解率达到52.9%,刑事附带民

事赔偿和自诉案件调解率达到68.7%，最大限度地实现了案结事了人和。

坚持标本兼治，集中开展了清理化解涉诉信访积案专项活动，对2009年1月1日以前的信访积案逐案落实了化解工作责任制，采取“五个一批”的工作措施，即通过审判监督程序依法化解一批，实施司法救助有效安抚一批，综合运用政治、经济、社会手段妥善解决一批，甄别确认无理访分流稳控一批，对严重扰乱正常信访秩序和社会秩序的无理访当事人依法处置一批，收到了良好效果。全年共清理2661件，化解2554件，信访积案当事人息访、停访比例达到95.9%。同时，着重完善源头治访工作机制，强化公正廉洁文明司法，努力从根本上预防和减少涉诉信访问题的发生，去年发生新访案件2842件，比上一年度下降了15.7%。

四、全面加强自身建设，推进人民法院科学发展

深入开展“审判管理推进年”活动，建立健全了审判质量评估、发改案件评析、法官绩效考评等各项工作机制，促进了审判质量、效率、效果的持续提升，全省法院法定审限内结案率为98.9%，一审案件服判息诉率为91.7%，二审案件维持率为80.4%，比上一年度分别提高0.2、0.4和4.1个百分点。以开展“万起案件评查”活动为载体，通过对涉诉信访、发回改判和超审限三类重点案件的集中评查，在对确有错误的案件依法纠正和问责追究的同时，建立了案件评查与审判监督长效机制。依法接受监督，组成特别合议庭，由院长或庭长担任审判长，资深法官担任审判员，专门审理人大的法律监督案件、政法委的执法监督案件、检察机关的诉讼监督案件、上级法院的审判监督案件，创新完善了审理监督案件的工作机制。

大力加强司法能力建设，继续实施“全员培训”计划，对全省

243 名基层法院院长、人民法庭庭长和一千五余名审判执行岗位的骨干法官进行了第三轮集中培训。在全省评选出 10 名优秀人民法庭庭长、15 名审判业务专家和 11 名青年审判业务专家，充分发挥了典型示范引导作用。积极探索高层次法官人才培养的新模式，与中国政法大学签订了联合培养百名证据科学领域专家型法官协议。加快实施"全省法院人才战略五年规划"，省高院从下级法院公开遴选了 8 名法官，为基层法院招录了 326 名法官助理；全省法院组织了 262 名业务骨干到基层法院、人民法庭和信访岗位挂职锻炼，并选派了 283 名法官到党、政、法机关交流锻炼。

全面开展"信息化建设年"活动，新建了 63 个科技法庭，使全省科技法庭总数达到 90 个。加强远程审判的软硬件建设，装备了 56 个具有远程审判功能的法庭，率先实现了全国四级法院的远程提讯。完成了 97 个人民法庭的数据专网和电子签章系统建设，全省人民法庭全部实现了与各级法院的网络互联和信息集成。开通了吉林法院司法信息网（http://www.jlcourt.gov.cn），为依法公布裁判文书、及时发布法院信息、方便公众与法官对话提供了崭新的网络平台。

扎实推进创先争优活动，以"创先争优促跨越"和"人民法官为人民"主题实践活动为载体，着力进行学风、党（政）风、作风、院风建设，促进了法院风气的明显好转。坚持不懈地狠抓司法廉政建设，严格贯彻领导干部廉政准则，着力建立廉政风险防范管理机制，法官违纪违法案件连续三年持续下降。

各位代表，一年来，我们认真落实本届人大三次会议对法院工作提出的各项要求，更加自觉地把法院工作置于人大监督之下，向省人大常委会专题报告了刑事审判工作，认真办理了省人大常委会和内务司法委员会批办批转案件 42 件，妥善处理了人大代表关注案件 55 件，邀请两千三百余名各级人大代表观察了庭审听证,并广泛开展了向人大代表征求意见活动。人大及其常委会的有力监督和各位代表的支持帮助,为我们创造了空前良好的司法环境。与此同时,法院工作得到了各级党委的坚强领导和政府、政协、各政法机关及社会各界的大力支持。在此,我代表全省法院向各位代表和各有关方面表示诚挚的敬意和衷心的感谢!

回顾过去的一年,我们也非常清楚,法院工作还存在不少问题和困难:有的法院能动司法、联动司法的意识和能力不强,与经济社会科学发展对司法的需求还不适应,与党和人民的要求与期待还存在较大差距;有的法官工作作风不正、办案效率低下,个别法官行为失范、司法不廉;基层法院案多人少、法官素质参差不齐、部分法院经费不足等制约法院工作的瓶颈问题尚未从根本上破解。对这些问题,我们将在各方面的关心支持下,采取更加有力的措施,努力加以解决。

2011 年是实施"十二五"规划的开局之年。在新的历史起点上,人民法院既肩负着为实现"十二五"规划提供法律服务和保障的重大使命,也面临着全面推进司法事业实现科学发展的重大机遇。全省法院工作的指导思想和总体要求是:全面贯彻落实中央和省委关于政法工作的部署和本次会议对法院工作的要求,以服务科学发展为主题,以深化三项重点工作为主线,着力实施能动司法、联动司法、民生司法、科学司法,求真务实、奋发有为、同心协力、优质高效地做好法院各项工作,为实现我省"十二五"规划良好开局创造公平正义的司法环境、和谐稳定的社会环境,推进全省法院整体呈现新气象。着力做好以下四项工作:

第一,主动服务经济社会发展大局,努力在保障吉林振兴发展上取得新成效。全面贯彻我省"十二五"规划,进一步完善能动司法、服务大局的长效机制,着力加强对事关经济社会发展重大问题的法律分析和司法指导,认真做好我省深化改革开放、经济结构调整、产业转型升级、统筹推进"三化"、实施"三动"战略中涉诉案件的审判执行工作,努力为加快经济发展方式转变、保持经济持续平稳较快发展,提供更加有效的法律服务和司法支持。

第二,认真践行司法为民的根本宗旨,努力在服务和保障民生上取得新成效。切实履行维护稳定、促进和谐的政治责任,积极参与平安吉林建设,努力满足人民群众对安定有序、公平正义、幸福尊严的民生需求。进一步创新司法为民工作机制,积极探索密切与人民群众联系的有效途径,丰富发展利民、便民、护民各项措施,加大权利救济和惩恶扬善的力度,努力让人民群众更加便捷地行使诉权,更加和谐地化解矛盾纠纷,更加真切地感受到司法的公正与效率。

第三,大力推进司法改革和司法建设,努力在实现法院自身科学发展上取得新成效。推进林业法院和铁路法院管理体制改革;深入推进多元纠纷解决机制、规避执行反制机制、涉诉信访化解机制和量刑规范化建设,努力使各项改革与建设成果在司法实践中发挥积极作用;进一步加强与其他政法机关的工作协调,推动构建有力配合、有效履责、有序监督的和谐政法格局;进一步加强人民法院党的建设、队伍建设和法院文化建设,集中开展"发扬传统、坚定信念、执法为民"主题教育实践活动,在全体法官中牢固树立社会主义司法核心价值观,全面提升政治素质、职业精神和审判执行能力。

第四,扎实开展"审判监督年"活动,努力在确保公正廉洁文明司法上取得新成效。深化审判管理改革,创新审判监督模式,全面加强上级法院对下级法院的工作指导和审判监督,全面加强法院内部对法官司法活动、尤其是对自由裁量权的规制;完善接受人大法律监督、政法委执法监督、检察机关诉讼监督和上级法院审判监督的长效机制;进一步拓宽错案发现渠道,加大错案问责和追究力度;深入推进司法公开,大力推行"阳光司法",全面保障人民群众的知情权、参与权、表达权和监督权,努力提高司法公信力。

各位代表,新的一年,我们将在省委的正确领导和省人大的有力监督下,坚定信念不动摇,创先争优不松懈,全面推进全省法院整体呈现新气象,为服务和保障我省经济社会科学发展作出新的贡献!

关于民事审判工作情况的报告*

主任、副主任、秘书长、各位委员：

现在，我代表省高级人民法院向本次会议报告2005年以来全省法院民事审判工作的基本情况，请予审议。

2005年以来，在省委的领导和省人大及其常委会的监督下，全省法院坚持以科学发展观为统领，以社会主义法治理念为指导，认真履行民事审判职责，较好地完成了各项民事审判任务。三年多来，全省法院共受理各类民事诉讼案件512859件，占全部诉讼受案总数的85.4%，审结475732件，年均结案率为92.8%，法定审限内结案率为97.4%，结案诉讼标的总额859.4亿元，充分发挥了民事审判化解社会矛盾、维护公平正义、保障经济发展、促进和谐稳定的职能作用。

一、充分发挥审判职能，维护社会公平正义

维护社会公平正义是民事审判的最高价值追求。2005年以

* 本文是2008年11月25日张文显在吉林省十一届人大常委会第七次会议上所作的吉林省全省法院民事审判工作情况的专题报告。

来，全省法院始终坚持把维护人民权益、维护社会公平正义作为民事审判的首要任务，以保证实体公正、程序公正和形象公正为根本，以深化民事审判改革、加强审判监督管理为途径，着力解决制约司法公正和效率的突出问题，特别是今年以来，我们通过推行一系列改革措施，进一步完善了确保司法公正和效率的工作机制。完善审判管理机制，制定了《审判管理暂行办法》和《关于建立审判质量效率评估体系的实施意见》，并于今年年初进行了完善和修订，进一步细化了审判监督管理的操作规程和工作标准，强化了对案件审理各个阶段的跟踪监督考评，并由院长直接分管审判管理办公室，实现了对审判工作的严格管理、规范管理和科学管理。改革审判委员会组织和工作机制，省法院在全体委员会下分设了刑事和民事行政两个专业审判委员会，并进一步强化了审判委员会在处理重大、疑难、复杂案件和总结审判经验、加强审判指导、强化监督管理等方面的职能作用，进一步提高了审判委员会工作的专业性、权威性和效率。大力加强合议庭工作机制和业务能力建设，本着放权与监督相统一、权力与责任相一致的原则，不断强化庭审功能，着力提高庭审质量。全面推行院长、庭长直接办案制度，进一步强化了院长、庭长对审判工作的直接监督，促进了民事审判质量和效率的进一步提高。三年多来，全省法院共审结各类民事一审案件425236件，服判息诉率为91.3%，高于全国平均水平。注重发挥二审和再审程序的依法纠错功能，建立了二审、再审改判和发回重审案件双向评查机制，审结民事二审案件34711件，依法改判和发回重审11201件，占全部民事一审案件结案总数的2.63%；审结民事再审案件6297件，依法改判和发回重审2576件，占全部民事案件结案总数的0.54%，对错误裁判严格追究了办案人和相关人员责任，进一步强化了广大法官的公正司法意识。

二、坚持司法为民宗旨,促进社会和谐稳定

司法为民是人民法院的本质要求,促进和谐稳定是民事审判的重要社会功能。2005 年以来,全省法院按照"公正司法、一心为民"的根本要求和构建社会主义和谐社会的战略部署,不断完善社会矛盾纠纷调处机制,特别是今年年初我们明确提出了"定分止争、案结事了"的审判质量观,要求广大法官既要尽职尽责,办对案子,实现司法公正高效,还要尽善尽美,办好案子,实现法律效果、经济效果与社会效果的有机统一。三年多来,全省法院共审结婚姻家庭民事案件 159298 件,审结权属争议和侵权纠纷等案件 96502 件。突出加强诉讼调解工作,牢固树立调解优先、调判结合的民事诉讼理念,不断探索创新立案调解、判前调解、庭审调解等调解模式,并逐步扩大调解适用范围,建立了民事案件调解、刑事附带民事调解、行政案件协调和执行案件和解工作机制,全省法院一审民事案件调撤结案率平均达到 59.5%,执行案件和解率达到 26.9%,一些重大案件在省委、省人大、省政府的重视和支持下,均通过调解得到了妥善处理。积极探索建立诉前调解、协助调解、委托调解制度,进一步加强了与人民调解工作的有效衔接,推动和促进了多元纠纷解决机制的建立和完善。着力解决人民群众"申诉难"问题,针对新修改的《民事诉讼法》给法院立案、审监、执行带来的新要求新任务,我们积极争取省委和省编办的支持,增设了 5 个相应内设机构,具体承担民事申请再审案件和执行复议审查案件的审理工作,并重点规划了民事申诉再审案件的审理模式,完善了申诉复查、再审立案和审判环节的对接方式,同时进一步加强了涉诉信访接待工作,在省法院机关全面开展了院长、庭长大接访活动,每周均由院领导和各业务庭负责同志定期接访,有效维护了人民群众的合法权益和社会和谐稳

定。积极探索创新司法为民各项措施，全面落实了人民法庭直接受理案件、执行简单案件、开展巡回审判等各项制度，制定了简易程序适用规则，逐步扩大和规范了简易程序适用范围，不断完善了速审工作机制，全省法院一审民事案件简易程序适用率达到53.5%，最大限度地减轻了当事人讼累，社会反响很好。如在扶余县人大常委会组织县乡两级人大代表对人民法庭工作进行的集中评议和民主测评中，四个人民法庭的满意率均在90%以上，法官满意率均在95%以上，从一个侧面体现了人民群众对民事审判工作的满意程度。

三、坚持不断解放思想，保障服务经济发展

2005年以来，我们始终坚持把解放思想作为保障服务发展振兴的首要前提，紧紧围绕振兴吉林、富民强省的总体部署，不断强化法官司法理念更新，树立适应经济社会发展和振兴战略需要的司法理念，特别是今年结合开展“继续解放思想、推动吉林振兴”大讨论活动，组织全省法院深入开展了服务大局的专题研究，进一步强化了围绕中心、服务大局、保障发展的司法理念。全省法院牢固把握主体平等原则，充分尊重合同当事人法律规定范围内的意思自治，依法维护合法经济关系，平等保护各类市场主体在创业发展中的经营自主权、合同自由权和投资交易安全，三年多来共审结各类合同纠纷案件210444件。认真贯彻我省实施国企改革攻坚的战略部署，创造性地实行了破产案件审理专业化、成立国企改制破产案件特别巡回法庭等制度，积极参与我省国企改革，共审结国有企业破产案件1040件，通过司法程序的妥善处理，确保了吉林纸业、兰宝公司等一些重点企业顺利完成了改制重组。加强非公有制经济主体涉诉案件审理，制定了《关于依法促进非公有制经济发展的若干意见》，依法平等保护非公有制经

济主体的合法权益,保障和促进民营经济发展。加强金融纠纷案件、知识产权案件、农村土地承包案件和涉外、涉港澳台民事案件审理,依法审结上述案件25448件,积极服务和保障我省金融生态环境建设、创新型社会建设、新农村建设和投资信用环境建设。同时,我们还制定了《关于保障和促进企业发展的若干意见》,并在今年年初做了进一步的充实和完善,丰富和发展了为企业发展服务的各项措施,并突出加强了影响全省经济发展的重大经济活动、重大项目建设中涉及的相关案件的审判和执行工作,妥善处理了北方彩晶债务案、苏宁环球执行案等一些事关全省经济发展大局的重大案件,得到了省委、省政府主要领导的充分肯定。目前,按照我省关于加快推进国有粮食购销企业产权制度改革的战略部署,我们又及时制定了《关于在国有粮食购销企业产权制度改革中涉司法问题的处理意见》,要求全省法院对国有粮食购销企业提起的诉讼和申请执行案件优先办理,最大限度地提高案件审理速度,依法保障国有粮食购销企业产权制度改革顺利进行。

四、强化执行监督管理,全面加强执行工作

“执行难”问题是长期困扰人民法院工作的突出问题,也是人民群众反映强烈、社会各界极为关注的热点问题。对这一问题,党中央高度重视。2005年以来,中央政法委先后印发了《关于切实解决人民法院执行难问题的通知》和《关于完善人民法院执行工作机制,加强和改进执行工作的意见》。全省法院认真贯彻中央政法委的部署要求,坚持加强执行工作与强化执行监督并重,着力破解“执行难”问题。一方面,在省委政法委的领导和组织下,成立了执行工作协调领导小组,建立了执行工作联动机制,并通过加强执行威慑机制建设,采取集中执行、指定执行、交叉执行等措施,进一步加大了执行工作力度。2005年以来,全省法院通过不断强化诉讼

调解和服判息诉工作，有将近60%涉及执行的民事案件当事人自动履行，共受理民事申请执行案件132932件，执结113513件，年均执结率为71.5%，执结标的总额316.6亿元。近日，中央政法委和最高人民法院联合召开了全国集中清理执行积案活动电视电话会议，会后我们立即成立了以院长为组长的领导小组，迅即召开了专题会议，对集中开展清理执行积案活动进行了明确部署，全面落实了清理执行积案活动领导责任制、执行部门责任制、执行人员责任制和责任追究制，目前集中清理执行积案活动已全面展开。另一方面，以建立严格、公正、规范、文明的执行工作机制为目标，进一步深化执行权运行机制改革，不断完善了执行实施权和执行裁判权相分离的执行工作机制，全面实行了执行合议制度和公开听证制度，严格实行了执行工作“八个严禁”，并针对消极执行、违法执行和随意中止或终结执行等问题，组织全省法院扎实开展了专项整改，着重加强了对执行工作的监督管理。今年，我们还在全国法院系统率先设立了执行委员会，进一步加强了对执行工作的领导和管理，着力解决执行不力、执行不公、执行不严等突出问题，得到了最高人民法院的肯定。

五、围绕提高司法能力，加强法官队伍建设

我们坚持把加强社会主义法治理念和法治精神教育，作为加强法官队伍思想政治建设的重要内容，特别是今年以来，紧密联系法官干警思想实际、审执工作实际和队伍建设实际，通过广泛开展专题研讨、专题讲座等专项培训，举办全省法院领导干部专题教育培训班，对全省基层法院院长和人民法庭庭长进行集中培训等多种形式，扎实开展了“大学习、大讨论”活动，开创性地在全省法院集中开展了法官职业精神教育，并以“公正高效办案、和谐司法为民”为主题，以解决指导思想、法治理念、服务大局、司法为

民、工作作风、廉洁司法等八个方面的突出问题为重点，认真组织开展了学习实践科学发展观活动，广大干警的政治意识、法治意识、大局意识和责任意识得到进一步强化。集中开展法官队伍专项教育整改活动，把着力解决个别法官以案谋私、贪赃枉法、说情请托等54个问题作为重点整改问题，突出司法权相对集中和容易发生问题的岗位和环节，扎实深入地进行自我剖析、查摆问题、整改教育。加强法官评议工作，在全国法院系统首设了法官评议委员会，重点评议法官司法理念、审执质量和效率、审执纪律和作风、审执能力和水平，并将经过法官评议委员会评议作为担任法官和法官晋级的必经程序，进一步促进了法官管理的职业化和民主化。特别是今年年初，我们深刻总结了近年来法官违法犯罪造成的恶劣影响和惨痛教训，把狠抓党风廉政建设作为开创法院工作新局面的首要任务、重要标志和根本保证，坚持重拳重典惩治腐败，建立了刚性的党风廉政建设责任制，进一步明确了领导干部完善制度、抓好教育、加强管理、强化监督、引领风尚等五项廉政建设领导责任，坚定地实行了下属违法犯罪上级引咎辞职制度，并通过组织法官干警参观廉政警示教育基地，围绕法官违法犯罪典型案件有针对性地进行警示教育，以及开设廉政党课等多种形式，大力加强了法院廉政文化建设，取得了较好的效果。截至目前，省法院没有2008年1月1日以后新发生的法官违法违纪案件，做到了零违纪、零犯罪。

虽然近年来全省法院在加强民事审判工作方面取得了一些成效，但也仍然存在不少问题和困难，影响和制约着民事审判工作的进一步开展。这些问题和困难主要表现在：

一是民事审判质量有待进一步提高。虽然2005年以来全省法院的一审民事案件服判息诉率达到91.3%，但二审案件的改判发回率仍占全部民事一审案件结案总数的2.63%，客观上反映出一审案件质量依然存在问题。个别案件诉讼主体错列，证据采信不准,认定事实不清,实体裁判不当;少数案件实体处理标准不够统一,同样事实、同样情形的案件没有得到同样的处理,法律统一适用的工作机制尚需进一步完善;一些裁判文书说理论证不透,认证逻辑不强,裁判文书质量尚需进一步提高。

二是民事案件涉诉信访压力较大。尽管近年来全省法院的涉诉信访总量总体上呈现出明显的逐年下降趋势,但由于民事案件的基数大,法律关系复杂,致使因民事案件引发的涉诉信访比例仍占50%左右。尽管法院自身少数案件质量和效率不高、辨法析理工作不细是主要原因,但一些当事人法律意识淡薄、诉讼能力欠缺,诉讼风险意识不强,经常把自己举证不能、诉讼期待过高、不当行使诉讼权利而导致的不利诉讼结果视为司法不公,进而申诉不止、缠访闹访,也客观上造成了民事涉诉信访的居高不下。

三是民事审判队伍的司法能力尚需加强。一些法官把握和服务大局的能力不强,仍然存在简单机械执法、片面孤立办案的问题,致使"三个效益"统一的原则在一些案件中没有得到很好的体现;少数法官业务素质不高、审判作风不端、司法行为不规范的问题也仍然比较突出。此外,受人员编制、进人机制等因素制约,民事审判法官青黄不接、队伍断层的问题日益严重,不少基层法院特别是偏远地区的基层法院连续多年难以招入法学本科毕业生,致使基层法院35岁以下的法官寥寥无几,严重制约了民事审判工作的可持续发展;案多人少的矛盾日益突出,为数不少的基层法院民事法官人年均办案达200件以上,既给民事案件的质量和效率带来了一定的影响,长期的超负荷工作也致使一些法官的健康状况令人担忧。同时,囿于经费短缺,基层法官学习培训机会极少,致使业务知识更新慢、法律适用水平低、驾驭庭审能力弱,还不能完全适应审判工作发展的需要。

四是我省法院基层基础建设亟待加强。我省的基层法院及人民法庭承担着90%以上的民事案件审判任务,但与此极不适应的是基层基础建设却非常薄弱,“两庭”建设负债沉重,有的人民法庭建设标准较低,特别是基层法院的经费保障问题仍然比较突出,许多基层法院办案经费紧缺,差旅费不能及时报销,基本工资难以按时足额发放。

五是民事审判的司法环境有待进一步改善。地方和部门保护主义干扰及其他各种对民事审判的非法干预仍然存在,突出表现在对法院审理国企改制、房屋拆迁、土地征用等涉及地方利益的案件不予配合,甚至不当干预;少数当事人以非正常渠道对案件审理施加压力,特别是非正常上访日益突出,甚至以自伤、自残、自杀等方式相威胁,或者攻击、伤害、侮辱、谩骂法官,使民事审判法官面临着相当大的挑战和压力。

这些问题和困难,既需要我们从自身工作做起,采取积极有效措施努力加以解决,也需要领导、监督机关和社会各界的理解与支持。

主任、副主任、秘书长、各位委员,在新的历史时期,人民群众越来越把解决矛盾纠纷、维护合法权益、讨回公平正义的诉求付诸司法程序,人民法院民事审判任务更加艰巨,责任更加重大。今后一个时期,我们将以这次省人大常委会检查全省民事审判工作为契机,认真听取意见和建议,进一步端正民事审判工作的指导思想,牢固树立党的事业至上、人民利益至上、宪法法律至上的思想观念,切实增强“公正高效办案、和谐司法为民”的宗旨意识和“保障科学发展、服务吉林振兴”的大局意识;大力推进民事审判改革,健全公正高效权威的民事审判工作机制,全面提高民事审判的质量、效率和效果;坚持不懈地抓好队伍建设,努力造就一支高素质、职业化、信得过的民事审判队伍;着力加强基层法官司法能力建设,在资源配置、人员补充、法官培训等方面立足基层、服务基层,进一步提高基层司法水平。总之,我们将把民事审判工作放在更加突出的位置，更加充分地发挥民事审判在化解矛盾、促进和谐、维护公平、服务大局等方面的重要职能作用，为落实“科学发展、加快振兴、富民强省”的战略部署，为构建社会主义和谐社会做出新的更大的贡献！

关于民事执行工作情况的报告*

主任、副主任、秘书长、各位委员：

现在，我代表省高级人民法院向本次会议报告全省法院民事执行工作情况，请予审议。

一、执行工作是人民法院三大中心工作之一

人民法院执行工作是随着中国特色社会主义司法制度的建立而完善，随着社会主义市场经济体制的确立而发展的。建国之后的近四十年时间里，由于人民法院受理的民事案件总量不多，执行案件数量较少，且难度不大，执行工作始终作为民事审判的附属部分，实行“审执合一”的工作模式。20 世纪 80 年代末至 90 年代初，随着我国实行有计划的商品经济，特别是建立社会主义市场经济体制，经济财产关系日益复杂，市场交易活动日益增多，经济社会矛盾大量出现，致使人民法院受理的民事案件大量增加，执行工作的专业性日益突出，“执行难”问题也开始出现并日益加剧。为顺

* 本文是 2009 年 11 月 25 日张文显在吉林省十一届人大常委会第十五次会议上所作的吉林省全省法院民事执行工作情况的专题报告。

应我国经济社会发展的客观需要,满足人民群众日益增长的司法需求,人民法院全面推进了以"立审分离"、"审执分离"、"审监分离"为主要内容的司法改革,把执行从审判中分离出来,成为人民法院的专项职能,设置了专门的执行机构负责民事执行事务。

对人民法院的执行工作,特别是日益加剧的"执行难"问题,党中央始终高度关注。1999 年 7 月,中央以中发〔1999〕11 号文件的形式转发了最高人民法院党组《关于解决人民法院"执行难"问题的报告》,其后进一步把"切实解决执行难问题"写入党的十六大报告中,由此把解决"执行难"问题上升为党的意志。2005 年 12 月和 2006 年 11 月,中央政法委相继下发了《关于切实解决人民法院执行难问题的通知》、《关于完善执行工作机制,加强和改进执行工作的意见》,并于 2008 年 11 月与最高人民法院联合部署在全国范围内开展了为期一年的大规模集中清理执行积案活动。

多年来,省委、省人大、省政府也始终高度重视和支持全省法院的执行工作。早在 1998 年 9 月,省九届人大常委会第五次会议就专门听取和审议了全省法院执行工作情况的报告,并在会后向省委提出了切实解决"执行难"问题的建议,得到了省委的高度重视。1999 年 6 月,在中央 11 号文件下发之前,省委办公厅、省人大常委会办公厅、省政府办公厅就联合下发了《关于重视和支持法院执行工作,维护司法权威的通知》。2000 年 1 月,在省委政法委的组织领导下,省高院与省检察院、省监察厅等八个部门联合制定了《关于加强支持配合协助人民法院执行工作的若干意见》,并于 2005 年在全国率先成立了执行工作协调领导小组。今年 8 月,省委常委会议专题听取了全省法院的执行工作汇报,就进一步加强执行工作提出了明确意见,并决定设立执行救助基金,逐步纳入财政预算。省人大常委会也于今年 10 月组成两个检查调研组,对全省部分法院执行工作进行了专项视察。

中央和省委的坚强领导、省人大的有力监督和政府有关部门、其他政法机关及社会各界的大力支持,为全省法院加强和改进执行工作提供了良好的政治保障、法律保障和执法环境。

近年来,随着民事诉讼案件的大量增加,民事执行案件也逐年递增。2005 年以来,全省法院共受理执行案件 213158 件,占全部一审诉讼案件总数的 29.8%;在具有履行内容的民事生效法律文书中,每年都有 70% 以上的案件需要进入执行程序;在进入执行程序的案件中,约有 70% 的案件需要强制执行;在全省涉诉信访案件中,涉及执行案件的比例也始终在 20% 以上。执行工作在人民法院整体工作中的地位和影响越来越凸显,日益成为人民法院实现人民权益、维护公平正义、促进和谐稳定、保障改革发展的一项重要司法工作。对此,省高院党组高度重视,在去年年初新一届领导班子组建伊始,就鲜明地提出把执行工作与审判和立案工作一并作为人民法院的三大中心工作,进一步明确了执行工作的定位,加大了执行工作体制机制改革创新力度,推进了全省法院执行工作的深入开展。

二、近年来全省法院执行工作的基本情况

2005 年以来,全省法院认真践行"为大局服务、为人民司法"的工作主题,共执结各类案件 190755 件,年均执结率 77.8%,执结标的总额 432.3 亿元,为实现当事人合法权益、保障我省经济社会又好又快发展作出了积极努力。

(一)坚持民本执行,全力维护当事人合法权益

全省法院坚持把确保打赢官司的当事人及时实现权益作为顺民意、解民忧、保民生的"民心工程",对事关民生事项的执行案件,特别是申请执行人为特困群体的执行案件,切实加大执行力度,依法穷尽执行措施,对交通肇事赔偿、人身损害赔偿、拖欠农民工工

资和劳动报酬、赡养抚养、土地征用、土地承包权和林权纠纷等事关人民群众生活生产的案件，建立“绿色通道”，坚持优先执行。2005年以来，全省法院通过集中开展专项执行活动，共执结涉及拖欠农民工工资和特困群体的案件4495件，执结标的总额6.3亿元。同时，积极争取设立执行救助基金，对案件确实无法执行且申请执行人又属特困群体的，尽可能实施司法救助，努力缓解当事人的生活困境。

（二）坚持能动执行，依法保障经济社会发展

全省法院坚持以经济社会发展的司法需求为工作导向，不断增强执行工作服务大局的主动性、针对性和有效性，重点加强了影响全省经济发展的重大经济活动、重大项目建设中相关案件的执行工作，妥善协调和处理了北方彩晶、华润生化、兰宝公司等重点企业改制重组所涉及的执行问题。特别是去年以来，全省法院紧紧围绕“保增长、保民生、保稳定”的工作大局，相继出台了应对金融危机、保障企业发展的规范性指导意见，在执行工作中注重强化能动司法意识，对涉企执行案件坚持统筹兼顾、区别对待，充分考虑企业生产经营、员工生活保障和社会和谐稳定的需要，没有发生因执行不慎导致企业生存发展危机的事件。

（三）坚持依法执行，全面强化各项执行措施

对拖延、逃避执行的被执行人，坚决依法采取查封、扣押、拍卖财产等措施予以强制执行；对受到地方和部门保护主义阻碍的案件，积极采取提级执行、交叉执行等措施排除非法干扰；对有执行能力而拒不履行义务的被执行人，依法予以罚款、拘留直至追究刑事责任。2005年以来，全省法院共拘留拒不履行法律义务的被执行人5808人，判处拒不执行判决裁定罪48人，判处非法处置查封扣押冻结物品罪18人。同时，进一步加强了与政法机关和相关部

门的协调配合,不断完善执行联动机制,共克执行难案。如长春中院受理的美国太平洋公司与长春轮胎有限公司加工合同执行一案,自去年9月该院先后多次强制执行受阻,申请执行人多次向有关部门反映,并准备通过外交途径解决。长春中院及时向省、市政法委和省高院进行了汇报,在省高院的直接督办下,在长春市公安局的大力配合下,长春中院依法果断采取强制措施,于今年4月顺利执结此案。

(四)坚持和谐执行,努力实现最佳社会效果

全省法院坚持把促进社会和谐作为评判和检验执行工作的重要标准,努力通过和谐执行化解矛盾。2005年以来,在全省已结的执行案件中,通过说服教育促使被执行人自动履行、通过调解疏导促使当事人达成和解协议、通过强制力的威慑迫使当事人自动履行的比率达到58.6%,真正通过实施强制措施执行的案件不到30%,一些重大案件通过和解执行取得了较好的效果。如延边中院执行的大连日报社与石岘白鹿纸业有限公司欠款纠纷一案,如果强制执行大连日报社的财产,虽然白鹿纸业的债权能够实现,但双方长期形成的合作关系必将终止。为此,延边中院做了大量工作,最终促使双方达成和解协议,由大连日报社每月给付白鹿纸业100万元,其中50万元用于偿还欠款,50万元用于继续购纸,这样既维护了债权人的合法权益,也使双方长期的合作关系得以维系和发展。

三、以"执行年"为载体,全面加强和推进执行工作

为深入贯彻中央和省委的统一部署,切实解决"执行难"问题,我们把2009年确定为全省法院的"执行年",将其作为开展"人民法官为人民"主题实践活动的重要载体,并明确地把全面完成集中

清理执行积案任务、建立完善执行工作长效机制、突出加强执行队伍建设作为“执行年”的中心任务，全面加强和推进了全省法院的执行工作。

（一）强化联动协作，集中开展清理执行积案活动

在本次集中清理执行积案活动中，全省法院作为清积工作的主办单位，在省委和省清积工作领导小组的坚强领导、省人大的有力监督和政法机关及相关部门的鼎力协助下，全面落实了定承办人员、定督办领导、定执行措施、定执行期限、定目标责任和重点案件领导包案的“五定一包”工作责任制，集中清理了2007年12月31日以前有财产可供执行的未结执行积案，特别是重点清理了受地方和部门保护主义干扰及其他非法干预未执行的案件、被执行人为政府、军队、人大代表、政协委员等特殊主体的案件、申请执行人为困难群体的案件、涉及农民工工资和建筑工程款的案件、因未能执行或执行不当引发的重复信访案件，高质量地完成了清积活动的既定目标，全省有财产可供执行的7807件执行积案已全部执结，执结标的额达37.69亿元，执结率与其他5个省市并列全国第一；执结重点案件7165件，执结率达到99.6%；执结全国人大和最高人民法院交办的涉执重信重访案件36件，执结率为78%。对无财产执行积案，在穷尽财产调查手段和执行措施的前提下，严格按照中央政法委和最高人民法院规定的结案标准终结本次执行程序，目前已基本清理完毕。我省清积活动的成效和经验在今年6月召开的全国法院执行工作座谈会上被最高人民法院推广，并得到了全国人大常委会和中央政法委的充分肯定。

（二）强化改革创新，健全完善执行工作长效机制

创新执行工作领导体制，省高院于去年7月在全国法院系统首设了执行委员会，并将其作为全省法院执行工作的最高领导机构，

进一步加强了党组对执行工作的领导和监督，更有利于解决执行不力、执行不公、执行不严、执行不廉等突出问题。加强执行规范化建设，制定和修订完善了二十余项执行工作制度，形成了覆盖执行工作各个方面、各个环节的制度体系。深化执行管理改革，进一步明确了执行工作基本规范，设定了执行工作质量、效率、效果的考核标准和执行管理责任。强化执行监督制约，在省高院和各中院成立了案件复议审查机构，科学界定了执行实施权、执行监督权和执行审查权，并分别由不同机构行使，实现了执行权的分权制约。推动建立党委领导、人大监督、政府支持、各界配合、法院主办的执行联动机制，初步形成了综合治理执行难的工作格局。自觉接受人大监督，建立了人大常委会及专门委员会批转交办案件和人大代表关注案件“直通车”制度，办理省人大常委会及专门委员会批转交办的执行案件 34 件，全国和省人大代表关注的执行案件 27 件，并通过邀请人大代表观察执行听证或担任监督咨询委员，广泛接受人大代表对执行人员及其执行活动的监督。

（三）强化廉洁执行，突出加强执行法官队伍建设

在新形势下，执行权日益成为利益博弈的焦点，一旦失去监督，极易滋生腐败，近年来全国法院系统执行法官违纪违法案件屡屡发生，也充分说明了这一点。为此，全省法院始终坚持把廉政建设作为执行队伍建设的重中之重。集中开展执行队伍专项教育整改活动，组织全省法院对乱执行、消极执行问题进行了专项治理，并制定了《关于对乱执行、消极执行进行专项监督的意见》、《关于进一步规范执行行为的规定》等规范性意见。对执行法官进行经常性的廉政教育，特别是以省高院曾发生的执行法官李承禧贪污受贿被判处死刑和其他执行法官违法犯罪案件为反面典型，不断强化执行法官公正执行、规范执行、廉洁执行意识。严肃查处执行法官违纪违法案件，不断加大了对违纪违法案件的查办力度和处

理速度,今年以来共查处违纪违法人员9人,全部作出严肃公开处理,撤销审判职务,调离审判执行岗位,并在全省法院进行了公开通报。

四、求真务实,攻坚克难,努力开创执行工作新局面

虽然近年来全省法院的执行工作取得了一定成效,但总体上看,“执行难”问题仍未从根本上得到解决,执行工作仍然面临着严峻的挑战和考验。

一是执行工作任务越来越繁重。近年来,由于民事诉讼案件逐年增加,而当事人的自动履行率不断下降,致使民事执行案件逐年递增,全省法院每年受理的民事执行案件都在四万件以上。同时,民事执行的内涵不断扩大,按照最高人民法院的规定,行政非诉案件和行政诉讼案件的执行,以及财产保全、先予执行、财产刑等也统一划归执行机构负责实施,执行工作案多人少的矛盾更加突出。

二是规避和对抗执行的现象比较突出。有的被执行人恶意逃废债务,长期外出躲藏,甚至举家迁移,下落不明;有的恶意转移、隐匿、处分财产,化名存款、挂名置产、账外设账,甚至借企业改制重组的名义剥离优良资产,悬空债务,规避执行;有的滥用执行异议权等法律救济途径拖延执行;有的单位负责人组织职工甚至雇佣社会闲散人员闹访,对执行工作施加压力;有的直接以暴力手段抗拒执行,侮辱、谩骂、攻击、伤害执行法官;在新形势下,执行工作既要最大限度地实现债权人的利益,又要统筹兼顾民生和社会和谐稳定,难度和压力越来越大。

三是无财产和仅有部分财产可供执行的案件所占比重较大。人民法院强制执行须以被执行人有可供执行的财产为前提,但在

执行实践中，相当一部分案件无财产可供执行，或可供执行的财产不能满足全部债权。在本次集中清理执行积案活动中，全省法院共清理出 2007 年 12 月 31 日以前的无财产执行积案达 83838 件，占执行积案总数的 91.48%；从 2008 年以来全省法院执行案件的收、结案情况看，无财产可供执行和仅有部分财产可供执行的案件比例占 48.7%。这种情况是造成人民群众对执行工作不理解、不满意的重要因素。

四是执行工作本身还存在一些突出问题。执行工作管理存在薄弱环节，执行流程、执行公开、执行规范等相关措施在有些法院还没有完全落实到位，致使个别案件的暂缓执行、中止执行、终结执行存在随意性；解决涉执信访问题的办法和化解矛盾的途径还缺乏创新，信访终结机制还没有完全建立，不能很好地满足当事人的合理诉求；执行队伍的整体素质还不能完全适应执行工作面临的新形势和新要求，解决突出问题和普遍问题的方法和途径还存在局限性；少数执行法官特权思想严重，消极执行、乱执行甚至腐败问题还没有完全遏制，严重损害人民法院的执行公信力，制约执行工作健康发展。

五是执行外部环境有待于进一步改善。近年来，执行工作的外部环境虽然有所改善，但被执行人难找、执行财产难寻、协助执行人难求、应执行财产难动的问题仍然突出；被执行人为特殊主体的执行案件难度较大；地方和部门保护主义还时常干扰执行工作；少数法定的协助执行机构不履行协助义务，甚至给被执行人通风报信；由于缺乏相应的法律依据和监管措施，执行联动机制运行不畅，联而不动的现象时有发生。

这些问题和困难表明，从根本上解决“执行难”问题将是一项长期、艰巨、复杂的任务，既需要人民法院大力加强和改进自身工作，也需要社会各界的广泛理解和大力支持。

今后一个时期，全省法院将深入贯彻落实科学发展观和中央、省委的一系列文件精神，切实改进和完善执行工作体制机制，着力推进执行长效机制建设，全面提升执行规范化水平，积极探寻破解“执行难”的有效途径，努力开创执行工作新局面。一是进一步加强执行队伍建设。着力加强执行队伍能力建设和组织建设，加大执行人员的培训教育力度，优化执行机构设置，配齐配强执行队伍，提升执行工作能力。突出加强执行队伍廉政建设和作风建设，在执行机构配备廉政监察员，加大执行工作中容易产生腐败的重点环节的监督力度，加强对执行人员的职业道德教育和廉政教育，规范执行人员与当事人、律师的交往，完善违纪违法行为查纠机制，努力建设公正、高效、廉洁、文明的执行队伍。二是进一步加大执行工作力度。全省各级法院在年底前成立执行指挥中心，建立执行快速反应机制，确保对执行线索快速处理、快速行动。完善立审执协调配合机制，加强诉讼指导、法律释明、风险告知、诉讼调解、财产保全、判后答疑工作，形成法院内部解决执行难的合力。进一步规范执行信访案件的处理流程，建立全省法院上下一体的执行信访审查处理机制，加大重大信访案件接访和督办力度，完善执行信访的考评和督查。三是进一步强化执行监督制约。着力强化省高院对全省法院执行工作统一管理、统一协调的职能作用，探索建立“管案、管事、管人”相结合的管理模式，保证执行权的正当行使和高效运行。加强对执行工作重点环节和关键节点的监督制约，坚决防止和纠正违法执行、消极执行行为。全面落实执行公开制度，切实保障当事人的知情权、参与权、监督权。拓宽监督渠道，进一步完善党委、人大、舆论等各类监督机制，提高执行的公信力。四是进一步加快执行长效机制建设。紧紧依靠党委领导、人大监督和政府支持，进一步建立和完善执行工作联席会议制度、重大案件沟通协调制度、执行联动机制等长效制度体系，有效破解非法干预执行、抗拒执行的问题，协调处理好可能影响社会稳定的重大突发事件或暴力抗法事件、重大执行信访案件。加快推动建立执行救助基金，完善社会救助机制，实施对特困申请执行人的生活帮扶，维护社会和谐稳定。进一步建立民意沟通机制，广泛深入地了解人民群众和社会各界对执行工作的意见和建议，并转化为改进工作的具体措施，提高执行工作水平。

主任、副主任、秘书长、各位委员，本次会议专门听取和审议全省法院民事执行工作情况的报告，充分体现了省人大常委会对法院执行工作的重视和关心。我们将以本次会议为契机，认真听取审议意见，严格制定整改措施，振奋精神，坚定信心，攻坚克难，努力开创执行工作新局面，为实现人民权益、维护公平正义、促进和谐稳定、保障改革发展作出新的贡献！

关于刑事审判工作情况的报告*

主任、副主任、各位委员：

现在，我代表省高级人民法院向本次会议报告全省法院刑事审判工作情况，请予审议。

2008 年以来，全省法院在各级党委领导和人大监督下，坚持以社会主义法治理念为指导，紧紧围绕“为大局服务、为人民司法”的工作主题，紧紧围绕构建和谐社会、建设平安吉林的战略部署，严格执行国家刑事法律和司法政策，依法履行刑事审判职能，共受理各类刑事案件 56015 件，审结 53306 件，充分发挥了刑事审判惩罚犯罪、保护人民、维护稳定、促进和谐、保障发展的职能作用。

一、依法严惩严重刑事犯罪，保障吉林振兴发展大局

围绕“科学发展、加快振兴、富民强省”的工作大局，省高院相继制定了应对金融危机、保障企业发展、致力平安建设、服务加快

---

* 本文是 2010 年 11 月 24 日张文显在吉林省十一届人大常委会第二十二次会议上所作的吉林省全省法院刑事审判工作情况的专题报告。

经济发展方式转变等二十余份司法文件，要求各级法院全面发挥刑事审判法律职能、社会职能和政治职能，全力为吉林振兴发展创造和谐稳定的社会环境。三年来共审结一审刑事案件46332件，判处罪犯69063人，其中审结杀人、抢劫、强奸、爆炸、绑架等严重危害社会治安的犯罪案件15832件，判处罪犯21852人；审结制售假冒伪劣商品、走私贩私、金融诈骗、侵犯知识产权等严重破坏市场经济秩序的犯罪案件1130件，判处罪犯2084人；审结贪污贿赂、渎职侵权等国家工作人员职务犯罪案件2362件，判处罪犯3185人。特别是针对近年来我省比较突出的重点犯罪和多发犯罪，进一步加大了专项打击力度，组织全省法院深入开展“打黑除恶”专项斗争，集中开展涉毒犯罪、涉农犯罪、涉众型经济犯罪专项整治行动，共审结组织、领导、参加黑社会性质组织犯罪案件34件，判处罪犯258人；审结走私、贩卖、运输、制造毒品等犯罪案件1034件，判处罪犯1977人；审结生产、销售伪劣种子、化肥、农药等坑农害农犯罪和盗伐、滥伐林木犯罪案件2119件，判处罪犯3471人；审结集资诈骗、非法吸收公众存款等涉众型经济犯罪案件145件，判处罪犯390人，其中成功审理了涉案金额高达8.6亿元、受骗群众多达3.5万人的吉林海天非法集资案等一批社会广泛关注的重大案件，确保了对重点犯罪、多发犯罪的打击力度和震慑效果。

二、贯彻宽严相济刑事政策，着力维护稳定促进和谐

全省法院准确把握“该宽则宽、当严则严、宽严相济、罚当其罪”的政策要求，坚持宽严并用、宽严并重、宽严平衡，确保实现裁判法律效果和社会效果的有机统一。坚持以严维稳，对于严重危害社会治安和人民群众安全感的犯罪，始终保持“严打”高压态势；对于主观恶性较深、社会危害较大、犯罪情节严重，以及有组织犯

罪、集团犯罪的首犯和主犯、累犯、惯犯、再犯，罪该重判的坚决依法判处重刑，罪该处死的坚决依法判处死刑，三年来判处五年以上有期徒刑直至死刑的占判处罪犯总数的 17.6%，其中严重危害社会治安犯罪的重刑率占 41.2%，超出全部刑事犯罪重刑率 23.6 个百分点。坚持以宽促和，对于犯罪情节较轻、主观恶性较小、社会危害不大的初犯、偶犯、未成年犯、老年犯，以及因婚姻家庭、邻里纠纷等民间矛盾激化引发的轻微刑事犯罪，依法从宽处理，共判处管制、缓刑、免予刑事处罚和单处罚金 20982 人，占判处罪犯总数的 30.4%。认真贯彻"教育、感化、挽救"方针，深入推行圆桌审判、社会调查制度，创新完善未成年人刑事审判制度，判处未成年罪犯 2246 人，其中适用非监禁刑的占 44.7%。强化减刑假释工作规范化管理，牵头与省检察院、省公安厅、省司法厅联合制定了规范指导意见，组织全省法院推行了减刑假释案件开庭审理和公示听证制度，对涉黑涉恶罪犯、严重暴力罪犯、累犯和犯罪集团首犯、主犯等依法从严掌握，对确有悔改表现以及老病残妇等服刑人员依法从宽审批，共办理减刑假释案件 33285 件。积极参与社区矫正工作，主动加强与其他政法机关的协作配合，认真落实社区矫正人员跟踪帮教措施，形成了有效预防、矫治和减少犯罪的合力。

三、严格执行刑事法律制度，加强刑事司法人权保护

惩罚犯罪与保障人权，是我国刑事司法不可分割的两项基本职能。全省法院坚持以保证实体公正和程序公正为根本，严格执行刑事法律和诉讼制度，确保实现惩罚犯罪与保障人权的有机统一。坚定贯彻罪刑法定原则，严格遵循证据裁判规则，确保无罪的人和无确凿证据认定有罪的人不受刑事追究，依法宣告无罪 138 人。全面落实审判公开制度，除涉及国家秘密、个人隐私和未成年

人犯罪的案件外，所有一审刑事案件、死刑二审案件和检察机关抗诉案件全部公开开庭审理，所有案件一律公开宣判。严格落实辩护制度，切实保障被告人的辩护权利和律师依法会见被告人、查阅案卷、调查取证、出庭辩护的权利，并为7834名符合法律援助条件的被告人指定了辩护人，占有辩护人案件总数的23.8%。认真落实陪审制度，全国人大常委会《关于完善人民陪审员制度的决定》实施以来，人民陪审员共参与审判刑事案件13951件，年均递增29.4%。同时，切实维护被害人的合法权益，着力加强刑事附带民事赔偿的调解力度，尽可能使刑事犯罪的被害人及其家属得到应有的经济赔偿和精神抚慰，民事赔偿调解率达到67.5%；一些法院还在当地党委、人大、政府的支持下，初步建立了刑事被害人社会救助制度，努力缓解被害人及其家属的生活困难。

四、稳步推进刑事司法改革，全面提升刑事审判质量

刑事审判直接决定着被告人的人身自由以至生命，责任重于山，质量大于天。全省法院紧紧抓住刑事审判工作中的重点难点问题，深化刑事司法改革，完善刑事审判机制，精心打造刑事审判"铁案"工程。深入推进死刑案件审理程序改革，着力规范庭审举证质证，全面推行合议庭成员交叉阅卷制度和死刑发改案件剖析评议制度，确保死刑案件质量，三年来我省死刑案件的核准率始终位居全国法院前列，没有发生错杀错判案件。积极推进量刑规范化改革，自去年7月最高人民法院推行此项改革以来，我省六个试点法院适用量刑规范化程序审理刑事案件783件，服判息诉率达到98.2%，试点工作得到了最高人民法院的充分肯定，并在全国法院量刑规范化建设工作会议上介绍了经验；省高院还于近期制定了我省的量刑规范化实施细则，对最高人民法院确定的15种犯罪提

出了具体的量刑标准,并从10月1日起在全省法院全面铺开。完善刑事大案要案审判机制,成功审理了上海社保系列犯罪案、原申能集团副总经理王维工受贿案等一些社会影响重大的案件,均收到了良好的法律效果、社会效果和政治效果,集中体现了我省刑事法官的良好素质、能力和作风,得到了中央纪委、中央政法委和最高人民法院的充分肯定,我省也因此被最高人民法院确定为全国少数几个审理刑事大案要案的省份法院之一。

五、加强刑事审判监督指导,努力提升刑事司法水平

近年来,我省涉黑犯罪增多,涉众型经济犯罪突出,边境地区涉毒犯罪、涉外犯罪猖獗,特别是我省作为农业、林业大省,涉农犯罪、涉林犯罪多发。对此,省高院着力加强了对我省社会治安形势和刑事犯罪态势的分析研判,针对"六涉"犯罪深入开展专题调研,相继制定了13份规范性司法指导意见,指导各地法院调整司法政策,加大打击力度,统一法律适用。充分发挥刑事二审、再审程序的审判监督职能,省高院共审理刑事二审、再审案件2133件,改判和发回重审421件,并针对案件审理中存在的事实认定不清、政策把握不准、法律适用不当等问题,通过组织开展专题研讨、交流审判经验、发布典型案例、强化案例指导等措施,进一步加大了对下监督指导力度,促进了全省法院刑事司法水平的不断提升。

六、坚持党的领导和人大监督,保障和促进司法公正

牢固树立党的领导观念,对于刑事审判工作的重大事项,特别是审理刑事大案要案和群体性敏感案件的重大情况,及时向党委

报告,积极争取党委的领导和支持。近年来,在省委及政法委的正确指导下,吉林海天非法集资案、通钢群体性事件致人死亡案等一些重大刑事案件均得到了妥善处理,最大限度地减少了犯罪所造成的社会危害。更加自觉地接受人大监督,向省人大常委会专题报告了死刑案件审理情况,向内务司法委员会报告了减刑假释工作情况,在省人大的监督和支持下,确保了死刑核准制度改革的平稳过渡和减刑假释工作的规范管理。建立邀请人大代表观察庭审和列席审判委员会制度,全省有2500余名人大代表应邀观察了八百余件刑事案件的庭审,102名人大代表应邀列席了审判委员会,并认真办理了省人大常委会和内务司法委员会批转批办的刑事案件24件。依法支持检察机关对诉讼活动的监督,对确有错误的裁判坚决依法改判,共改判55件。注重扩大对新闻媒体的开放,先后召开了12次新闻发布会,就人民群众广泛关注的重大刑事案件审理情况和涉黑、涉农、涉毒犯罪专项整治行动开展情况,及时向新闻媒体公布,既自觉接受了新闻舆论的监督,也充分保障了人民群众的知情权和监督权。

七、围绕公正廉洁为民司法,加强刑事审判队伍建设

深入开展社会主义法治理念和司法核心价值观教育,扎实推进"人民法官为人民"主题实践活动,引导广大刑事法官端正刑事司法指导思想,确保刑事审判的正确方向和刑事法律的正确适用。组织实施刑事法官职业化建设规划,选调优秀人员充实刑事审判力量,全省法院现有刑事法官460人,其中具有本科以上学历的占88.9%,具有硕士、博士学位的53人。今年5月,省高院与中国政法大学签订了培养证据科学领域专家型法官的合作协议,计划在三年内为全省每一个法院培养一名证据科学方面的专家型法官。

着力加强刑事审判队伍司法能力建设,三年来共选派400余名刑事法官参加了最高人民法院组织的专项培训。省高院还于去年召开了建国以来规模最大的刑事审判工作会议,邀请最高人民法院主管刑事审判的张军副院长和部分刑事审判专家,就宽严相济刑事政策、刑事证据规则、死刑案件审理、量刑规范化建设等重大问题,对240余名各级法院主管院长、庭长和审判骨干进行了集中培训。本月初以量刑规范为主题再次对全省法院刑事审判人员进行了全员集中培训。通过这些培训,提高了刑事法官正确把握政策、准确适用法律、公正和谐司法的能力。狠抓司法廉政建设,特别是针对量刑幅度、缓刑适用、罚金适用等容易出现问题的重点环节,加强监督管理,实行分权制约,努力从源头上、根本上预防腐败问题的发生。三年来,全省共有23个刑事审判先进集体和44名刑事审判先进个人受到省级以上表彰,3名刑事法官荣膺"全国优秀女法官"、"全国三八红旗手"、"全国刑事审判模范个人"称号,1名刑事法官被命名为"全国审判业务专家",没有发生法官因徇私枉法而被追究法律责任的案件。

三年来,全省法院的刑事审判工作虽然取得了一定成效,但也仍然存在一些问题和困难,主要表现在:一是刑事犯罪总量始终居高不下,全省法院受理的一审刑事案件以年均4.5%的幅度增长,特别是在当前社会矛盾叠加凸显的形势下,刑事犯罪有可能持续走高,刑事审判任务日益繁重,案多人少矛盾将更加突出。二是司法机关之间在宽严相济刑事政策的把握、死刑案件证据标准的适用等问题上,在个别案件中还不同程度地存在着认识不够统一、把握不够一致的问题;侦查人员、鉴定人和证人出庭作证难的问题也还没有得到很好的解决。三是刑事涉诉信访压力较大,且主要集中在死刑案件被害人及其家属的上访上,一方面我省命案频发,另一方面又必须严格执行"少杀、慎杀"的死刑政策,致使这一问题表现得尤为突出;同时,刑事附带民事赔偿的执行困难重重,刑事被害人社会救助制度进展缓慢，也是导致上访的主要原因。四是一些法官把握社情民意、掌握法律政策、适用证据规则、化解矛盾纠纷的能力，与新时期刑事审判面临的新形势新任务还有许多不适应的问题。这些问题和困难，既需要我们从自身工作做起，采取有效措施切实加以解决，也需要其他国家机关和社会各界的理解、支持与配合。

主任、副主任、各位委员，本次会议专题审议刑事审判工作报告，既是对刑事审判工作的有力监督，也是对刑事审判工作的巨大支持，对于进一步推进全省法院刑事审判工作乃至其他各项工作的开展具有重要意义。我们将认真听取各位委员的审议意见，真诚接受各位委员的批评和工作建议，进一步端正刑事审判的指导思想和司法理念，进一步加强刑事司法改革和规范化建设，进一步提升刑事审判队伍的职业素质和司法能力，努力推进全省法院刑事审判工作实现新跨越，为国家安全、社会安定、人民安宁提供更加有力的司法保障。

开创法院工作新局面的主题思想*

第十八次全省法院工作会议就要结束了。现在，我做一个总结讲话。我的讲话聚焦在开创全省法院工作新局面这个主题上。开创全省法院工作新局面既是这次会议的主题，也是今年和今后一个时期全省法院工作的主题。

这次会议之前，省委书记王珉同志于12月27日到省高院视察并召开了法院工作座谈会，发表了重要讲话。省高院领导班子成员和各市州中级法院院长、林业分院院长参加了座谈会。王珉书记的视察和讲话给与会人员极大的鼓励和鞭策，起到了统一思想、振奋精神、努力奋斗，开创法院工作新局面的重大作用。

1月2日召开了省高院党组2008年第一次会议，1月3日召开了省高院机关全体干部大会，传达了王珉书记的重要讲话和全国政法工作会议的基本精神，在省高院机关引起强烈反响。1月18日至20日，省高院党组理论学习中心组集体学习了胡锦涛总书记在全国政法工作会议代表和全国大法官、大检察官座谈会上的讲话、周永康同志在全国政法工作会议上的工作报告和总结讲话、肖扬院长在第十九次全国法院工作会议上的报告以及最高人民法院

---

* 本文是2008年1月24日张文显在第十八次吉林省全省法院工作会议上的讲话，标题是收入文选时新加的。

常务副院长曹建明同志的总结讲话,参加学习的除了理论学习中心组的成员之外,还有省高院全部中层正职。这次集体学习立足于武装头脑、指导实践、做好工作、开创局面,起到了厘清工作思路、凝练工作要点、制定工作措施的预期效果。通过学习讨论,与会人员在法院工作许多重大问题上形成了共识,增添了开创法院工作新局面的信心,激发了工作热情,为今年省高院和全省法院的工作奠定了较好的思想理论基础,也为召开第十八次全省法院工作会议作出了充分的思想准备和工作准备。

昨天上午,省委召开了全省政法工作会议,王珉书记发表了重要讲话,申学书记作了工作报告。王珉书记的讲话和申学书记的报告再一次起到了统一思想和行动的重要作用,为做好全省法院工作、开创法院工作新局面进行了新的动员。

我们这次全省法院工作会议就是在这样的背景下隆重召开的。这是一次准备充分的会议、意义重大的会议,是换届之后继往开来的一次动员大会。

在昨天下午的全体会议上,省高院党组副书记、常务副院长马建华同志受党组的委托作了题为《改革创新、求真务实,努力开创全省法院工作新局面》的工作报告,明确提出要全面贯彻落实党的十七大、全国政法工作会议和第十九次全国法院工作会议精神,努力开创全省法院工作新局面,并从审判工作、队伍建设、司法保障三个方面具体布置了开创新局面的工作。

下面,我讲三个问题:

一、为什么提出开创法院工作新局面

第一,这是党中央对政法工作提出的要求。胡锦涛总书记在全国政法工作会议代表和全国大法官、大检察官座谈会上指出:“政法事业是中国特色社会主义事业的重要组成部分,必须随着中国特色社会主义事业的发展而发展”,希望政法战线的同志们“高举中国特色社会主义伟大旗帜,认真贯彻落实党的十七大精神,以对党和人民的高度忠诚,以昂扬向上的精神状态,以扎实有效的工作作风,为开创中国特色社会主义政法事业新局面而努力奋斗。”中央政治局常委、中央政法委书记周永康同志在全国政法工作会议上的报告题目就是《高举中国特色社会主义伟大旗帜,开创新时期政法工作新局面》。他在报告中多次提出开创中国特色社会主义政法工作新局面。例如在讲到全国政法工作会议的主要任务时,指出:“会议的主要任务是,总结党的十六大以来的政法工作,贯彻落实党的十七大精神,部署明年和今后一个时期的政法工作,努力开创中国特色社会主义政法工作的新局面,为夺取全面建设小康社会新胜利,创造和谐稳定的社会环境和公正、高效、权威的法治环境。”在报告的最后再次发出开创政法工作新局面的号召:“让我们更加紧密地团结在以胡锦涛同志为总书记的党中央周围,高举中国特色社会主义伟大旗帜,坚持以邓小平理论和‘三个代表’重要思想为指导,深入贯彻落实科学发展观,同心同德,扎实工作,奋力开拓,乘胜前进,努力开创政法工作新局面,为夺取全面建设小康社会新胜利而奋斗!”所以,我们说开创全省法院工作新局面是党中央对政法工作提出的新要求。

第二,这是最高人民法院向全国各级人民法院提出的要求。在第十九次全国法院工作会议上,肖扬院长在报告中指出:“当前和今后一个时期,人民法院的工作目标和主要任务是:社会主义审判制度和工作机制更加完善,司法活动更加公正高效权威;维护公平正义和促进社会经济协调发展的司法功能更加健全;化解社会矛盾的司法手段更加多样,司法方式更加便捷;人权的司法保障更加充分,人民群众的诉讼权利得到全面落实;司法的公开性和透明度明显增强,司法民主建设基本到位;法官队伍素质不断提高,法官职业化基本实现;保障能力和水平显著增强,小康社会的司法需求得到更好满足。”连续使用六个“更加”、并使用了“明显增强”、“不断提高”、“基本实现”等词语，完整地阐述了开创新局面的标志。曹建明常务副院长在总结讲话中指出：“站在新的历史起点上，我们要全面深刻领会胡锦涛总书记12月25日重要讲话，按照周永康同志提出的‘八个牢牢把握’的要求，把党的十七大提出的新任务落实到人民法院各项工作中去，继往开来，加倍努力，进一步开创人民法院工作的新局面。”“要按照公正高效权威的社会主义司法制度的要求，正确运用、充分发挥宪法和法律赋予的审判职能，不断开创人民法院工作的新局面。”

第三，这是省委对全省法院提出的要求。省委书记王珉同志12月27日在法院工作座谈会上，从服务发展大局、履行法律职责、建设过硬队伍等方面对全省法院提出了明确要求。在全省政法工作会议上，省委常委、政法委书记李申学同志的报告十分明确地把“高举旗帜，服务大局，努力开创吉林政法工作新局面”作为全省政法工作的目标要求。1月21日下午，我在向省委常委会汇报法院工作中，提出今年和今后一个时期我省法院工作的主题是努力开创法院工作新局面。王珉书记和长赋省长非常赞同，王珉书记讲开创法院工作新局面，非常有现实意义，并指示省委省政府有关部门充分支持法院工作，帮助解决现实困难，让法院在建设法治吉林、诚信吉林、平安吉林中发挥更大的作用。

第四，这是推动工作的重大举措。党和国家在一定时期内为了团结全党和全国人民，推进事业发展，都要提出一个纲领，一个鼓舞人心、凝聚力量的号召。现在，根据党中央、最高人民法院和省委的要求，结合我们自己面临的形势、任务，适时地提出开创法院工作新局面，是非常重要的。这个工作主题可以起到明确奋斗方向的作用，号召、动员的作用，凝聚力量的作用，提高工作水平和工作业绩的作用。当前，提出开创新局面也是为了彻底扭转法院工作的被动局面，特别是省高院工作的被动局面，迅速走出公信力低谷状态的迫切需要。另外,据统计,在这一轮换届中,中级法院院长连任的4人,新任的5人;县(市、区)基层法院院长中,连任23人,新任38人。无论是连任还是新任,都有一个在新的任期内、新的岗位上为人民再立新功的责任,开创法院工作新局面就是再立新功的推动力。

二、如何理解开创工作新局面

第一,开创法院工作新局面意味着在原有工作的基础上与时俱进。与时俱进是我们党的思想路线。我们党的思想路线在毛泽东时代是“实事求是”,改革开放初期邓小平增加“解放思想”,并把“解放思想”放在“实事求是”之前,党的十五大前后江泽民又增加一条“与时俱进”。这样,党的思想路线就是“解放思想、实事求是、与时俱进”。党的思想路线也必然是政法工作的思想路线和指导思想。与时俱进也是中华民族优秀传统文化。《易经》曾有“凡益之道,与时偕行”之格言。此后,儒家、道家、法家、兵家都有类似与时俱进的思想,例如,“与世推移”,“与时推移”,“因时制宜,因时变法”,“时移事迁,审时度势,应时达变”。与时俱进更是实现党的十七大提出的战略目标和战略任务的要求。党的十七大在提出全面建设小康社会各项新要求的同时,提出了全面落实依法治国基本方略,加快建设社会主义法治国家的战略目标,提出了深化司法体制改革、建设公正高效权威的社会主义司法制度的战略任务。实现新要求必然要求我们与时俱进。与时俱进,不是破旧立新,更不是推倒重来,而是在原有工作的基础上发展新局面。全省法院的工作基础是好的,队伍的整体素质是好的,大家对于进一步抓好工作还是有信心、有决心、有办法的,所以我们才能顺应形势的需要,提出在原有工作基础上与时俱进。

第二,开创法院工作新局面意味着要进一步解放思想、深化改革。今年是党的十一届三中全会召开30周年,是中国改革开放30年。30年的发展历程告诉我们不断解放思想、不断深化改革,是中国特色社会主义事业不断取得新胜利的根本动力。改革开放以来中国特色社会主义司法事业的发展也充分证明了这一基本经验。党的十七大提出建设公正高效权威的社会主义司法制度,唯有通过深化体制和机制创新来实现。从我省法院工作的实际来讲,为了开创新局面,也必须解放思想,深化改革,否则就无法适应新形势、新要求,就谈不上开创新局面。我请王珉书记来省高院讲话,肯定法院工作和法官队伍,就是要解放我们的思想,鼓舞我们的士气,引导我们振奋精神。

第三,开创法院工作新局面意味着要加大工作创新的力度。解放思想、深化改革,必然要求工作创新。如果说改革主要是体制和机制问题,工作创新则主要是举措和方法问题,要在审判工作、思想政治工作、队伍建设、党风廉政、司法保障、后勤服务等方面有新举措、新方法。

第四,开创法院工作新局面意味着要大幅度提高人民法院的公信力,提高人民代表的满意度和赞成率。省人民代表大会对法院工作报告的赞成率不低于全国平均水平,不低于五分之四的底线。尤其是省高院要通过卓有成效的工作,迅速重塑省高院的形象,迅速恢复和提高省高院的公信力,迅速扭转省高院工作的被动局面。

第五,开创法院工作新局面意味着法院工作的整体推进。开创新局面是一个整体性目标和整体性要求,要求法院的各项工作都要呈现新局面,尤其是在审判工作、队伍建设、司法保障三个方面要有新局面。建华同志在报告的第三部分提出,要以建设公正高效权威的社会主义司法制度为目标,努力开创审判工作新局面;以严格规范司法行为和全面提高司法能力为核心,努力开创队伍建设新局面;以创造优良的司法条件与和谐的司法环境为重点,努力开创司法保障新局面,体现了开创法院工作新局面的整体性与重点性的统一。

三、如何开创法院工作新局面

我提出六个“更加坚持”:

第一,更加坚持社会主义法治理念和法治精神。坚持党的领导、人民当家作主、依法治国的有机统一,坚持党的事业至上、人民利益至上、宪法法律至上,做到对党负责、对人民负责、对法律负责的有机统一,坚定不移地维护法制的统一、尊严和权威,坚定不移地维护公平正义、维护人民群众权益,坚定不移地服务大局、保障全局。

司法工作坚持党的领导,除了要求全面贯彻党中央的路线、方法、政策和重大决策外,还要求主动接受各级党委及其政法委员会的领导和协调,特别是遇到区域性、全省性和全国性的重大案件,遇到触及经济、政治、生态、民族、宗教、外交、军事等热点问题的重大案件以及群体性敏感案件,牵涉到诸多政法机关以及其他国家机关职权边界的重大案件,都应及时向党委汇报,以便得到正确指导、协调与支持。在这些问题上,我们一定要为党委帮忙,而不是添乱。

人民民主是社会主义的生命。在我国,一切权力属于人民,人民行使权力的机关是各级人民代表大会。人民法院由人民代表大会产生、向人民代表大会负责、受人民代表大会监督,是我国政治体制的根本原则。除了每年一度向人大全体会议报告法院工作之外,我们还应做到定期或不定期地向人大常委会汇报工作,自觉接受人大常委会的监督,争取人大常委会更多更有效的支持。同时,还要采取多种方式、多种渠道,接受人民群众的直接监督和支持,构建和谐司法局面。

依据宪法和法律独立公正地行使审判权，维护社会主义法制的尊严、统一和权威是人民法院的神圣职责。为此，我们要严格遵守法定程序，坚持法律面前人人平等，抵制地方保护主义和特权保护主义，使法院审理的每一起案件都经得起宪法和法律的考验，经得起上级法院审判监督的考验，经得起社会主义道德和社会舆论的考验，更要经得起时间和历史的考验。

第二，更加坚持人民法院的根本宗旨。人民法院的宗旨可以用两句话概括：一是维护社会公平正义；二是尊重与保障人权。社会公正和人权保护是紧密相连的，如果一个社会出现不公，受害的基本上都是社会弱者。上不起学，看不起病，找不到工作，住不起房子，打不起官司，是社会不公的基本表现，而社会不公的苦难和压力都是由社会弱势群体承载着。所以，维护社会公平正义与维护弱势群体权利是一个问题的两个方面。正因为如此，党中央强调把维护社会公平正义作为法院各项工作的生命线，把尊重和保障人权、切实维护好人民权益作为人民司法的根本出发点和落脚点。人民法院主要是通过司法活动，做到既维护公平正义又维护和保障人权。人民法院的根本宗旨要转化为具体措施，至少有这样一些：一是优先审理涉及民生的案件，着力保护人民群众最关心、最直接、最现实的合法利益。依法为民生案件设立绿色通道，优先立案、优先审理、优先执行。二是依法扩大简易程序适用范围，不断完善人民法庭巡回审判制度，进一步提高司法效率，最大限度地减轻当事人的诉累。我们既要有庄严神圣的审判法庭，也要有老百姓就地就近解决纠纷的场所，要运用不同的审判方式来满足人民群众多元化的司法需求。三是进一步完善法律援助制度，让经济确有困难的群众打得起官司，实现法律面前人人平等，绝不能因为交不起诉讼费用或者缺乏收集证据的能力和出庭辩论的能力，而丧失或削弱诉讼权利。要确保有理有据的当事人打得赢官司，让打赢官司且有条件执行的当事人及时实现权益。四是推进司法救助制度的建立。司法救助涉及方方面面,人们越来越关注的是对刑事被害人实施社会救助与执行救助,体现司法的人文关怀。救助的方法很多,要争取国家和社会建立刑事被害人救助基金,用来救济那些确有困难的刑事被害人。否则,我们把犯罪分子判了刑,关押在监狱,或者执行了死刑,只是打击了犯罪,而没有完全实现保护人权、维护社会公正。当然,对刑事被害人的司法救助和社会救助是一个系统工程,不是法院自身能够做到的,需要政府和全社会的关注。

第三,更加坚持服务大局的神圣使命。各级法院要更加自觉地把人民司法作为中国特色社会主义事业的重要组成部分,作为党和国家工作全局的重要组成部分,作为振兴吉林、富民强省战略任务的重要组成部分,围绕中心、服务大局、保障全局,为我省经济发展、社会进步、人民安康创造良好的法治环境。最近一个时期,王珉书记在多个场合强调,各个政法机关要找准服务大局的切入点和着力点,为改革发展营造一个良好的法治环境,尤其是要求政法机关为我省的招商引资和民营经济发展提供高质量法律服务和高效率法律保障。各级法院都要认真进行一次服务大局的专题研究,并在当地党委和政府的指导下,找准服务大局的切入点和着力点。

第四,更加坚持致力于建设人民满意的法院,提升全省法院的公信力。为此,首先,要全面加强领导班子建设,包括领导班子思想建设、组织建设、作风建设、能力建设、廉政建设等。要按照省委的要求,深入开展“和谐班子”创建活动,努力把各级法院领导班子建设成为团结和谐、坚强有力、勤奋好学、求真务实、风正劲足的领导集体。

其次,要全面加强法官队伍建设。要按照严格、公正、文明司法的要求,全面加强法官队伍建设,努力造就一支政治坚定、业务精通、作风优良、司法公正的高素质法官队伍。为此,一是要严格教育和管理法官干警队伍。要对法官干警深入进行社会主义法治理念、法治精神、职业伦理、党风廉政和廉洁司法教育,深入实施法官职业化建设和司法能力建设。今年上半年,全省法院要按照省委政法委的统一部署,对法官干警队伍进行专项教育整改活动,从端正司法思想、转变司法作风、规范司法行为、提高司法能力、保证司法廉洁五个方面入手,严格管理队伍。严格管理干部是对干部最大的关心和爱护,放任不管就是不负责任,就是失职、渎职。

二是缜密规范司法行为。党的十七大报告把规范司法行为作为深化司法体制改革的重要方面,足以说明法官的司法行为还存在着不够规范、缺乏规范等现象。司法行为不规范、不端正,一方面有悖司法文明,另一方面也是司法腐败的开始。

三是改革完善制约机制。审判工作与社会有着千丝万缕的联系,法官时常遭遇金钱、美色和不当利益的诱惑和考验。对此,我们要保持清醒的意识和警惕性。要切实加强反腐倡廉建设,全面落实党风廉政建设责任制,从根本上防范和惩治司法腐败问题,坚决纠正损害群众利益和侵犯当事人合法权利的违纪违法行为,严厉惩处法官执法犯法、贪赃枉法的犯罪行为。1 月 22 日召开的省纪委九届二次全会,传达了十七届中央纪委二次全会精神,王珉书记发表了重要讲话。王珉书记在论述必须正确分析和把握当前我省反腐倡廉工作新形势时,讲到一些重点领域的违纪违法案件时有发生。“比如,我省去年查办了几起利用司法审判权、矿产资源开发审批权收受贿赂等典型案件。省法院先后有多名法官因徇私舞弊、贪赃枉法,被移送检察机关。”讲到严肃查办违纪违法案件时指出,要严肃查处“利用司法权索贿受贿、徇私舞弊的案件”。省纪委书记李法泉同志在这次纪委全会上讲到司法领域仍然是查办案件的重点领域之一,而且讲到去年省纪委查办的省高院原刑事审判庭庭长宋祥等人的违法犯罪案件。王珉书记和法泉书记的讲话应当引起我们的高度重视。

四是在法官干警队伍中抵制歪风邪气，弘扬新风正气。风气是人们工作的氛围、气候、软环境，转变风气是为了创造更好的工作氛围。我们通过建设公正自由、宽松和谐、赏心悦目的良好风气，让每个人都带着阳光心情，快乐地工作，快乐地生活。要在全省法院形成学习之风、敬业之风、文明之风、廉洁之风。

第五，更加坚持改革创新。我们正处在一个改革创新的年代，党的十七大明确提出要深化司法体制改革，并把司法体制改革作为全面落实依法治国基本方略、加快建设社会主义法治国家的重要方面。我们要认真研究司法改革，紧紧围绕建设公正高效权威的社会主义司法制度开展理论研究和对策研究，准确把握司法改革的政治方向、基本原则、政策策略、方法步骤，为司法改革提供理论支持。要积极参与司法改革，涉及全局性重大改革由中央自上而下部署，涉及全省性、政法机关多边性的改革，由省委统一推进。在这样的前提下，各级法院仍有很大的改革空间，要按照建设公正高效权威的社会主义司法制度的总体要求，从各地的实际出发，积极稳妥地进行具体改革，积累成功的经验，争取成为新一轮司法改革的基地和试点单位，正如申学书记所说，“在改革的总体原则指导下，要鼓励基层政法机关积极探索、大胆实践，用改革的措施和办法解决制约政法工作的体制性、机制性问题。”要主动适应司法改革，适应新法律实施引发的实体和程序两个方面的改革，适应中央政法委和最高人民法院推出的改革事项。

第六，更加坚持构建和谐司法，为法院工作创造良好的政治环境和社会环境。全省各级法院都要自觉接受党委的领导，自觉接受人大常委会和人大代表的监督，主动争取各级政府的支持，虚心听取人民政协和社会各界的意见、建议和批评，加强司法宣传，紧密与社会各界联系，努力构建和谐司法局面，努力做到与人大代表和谐，与政法系统各部门和谐，与大众媒体和谐，尽可能减少工作阻力、减少负面影响。构建和谐司法,既是我们做好司法工作的内在需求,也是维护司法尊严和权威的客观要求。这里,我有两条建议:一是建议各级法院要高度重视与人大代表的联系,接受他们的监督和支持,要建立制度化、规范化、日常化的联系机制,不要临近人代会才想到与人大代表联系。二是建议与大众传媒建立通畅的信息渠道和互信机制,使新闻记者有更多机会和条件旁听案件审理,特别是采访社会关注的重大案件的审理,以便正确引导公众而不是误导公众,共同做好"以案释法"、"以案讲理"(法理)、"以案普法"的工作,在全社会形成自觉学法守法用法护法的法治文化,同时也有利于在全社会树立人民法院和人民法官公正、高效、权威、文明的良好形象。

各位院长:在开创法院工作新局面中,各级法院院长肩负着极其重要的领导责任。这里,我向各位院长、包括我自己在内提出两点要求:一要忠实履行院长的法定职责;二要模范遵守法官的职业准则。

关于忠实履行院长法定职责。我理解,院长的法定职责主要有六条:

一是把好方向。核心是人民司法的政治方向,坚持人民司法的社会主义政治方向,坚持党的领导、人民当家作主和依法治国的有机统一,为党和人民掌握好、行使好司法权。二是谋好大事。院长的领导作用,除了政治领导,最重要的就是思想领导,院长要善于从全局和大局谋划法院工作,着眼于统一思想认识、厘清工作思路、凝练工作重点,为法院工作指明方向。三是带好班子。领导班子是做好工作的政治保障和组织保障,院长(党组书记)是法院领导集体的班长,是政治保障和组织保障的第一责任人。带好班子,最重要的是坚持民主集中制原则与集体领导和分工负责相结合的原则,凡属重大问题都要按照集体领导、民主集中、个别酝酿、会议决定的原则,由党组集体讨论,做出决定,党组成员要根据集体的决定和分工,切实履行自己的职责。江泽民同志说得好,我们面临复杂的情况,要解决各种复杂的问题,单凭个人的智慧和能力是很不够的,要靠集体智慧、集体领导,靠全体同志群策群力。领导干部一定要虚怀若谷,善于集纳群言,团结各方面的同志包括有不同意见的同志共同工作。四是抓好队伍,为建设人民满意的法院奠定良好的组织基础。抓好队伍的关键是树立以人为本的理念、人才资源是最重要的资源的观念,注重法官的能力建设和综合素质培养,注重法官的廉政建设和道德建设。五是管好审判。审判是人民法院的本质属性,法院是国家审判机关,审判是法院的核心职能和中心工作,法院的其他工作都要以审判为中心,从属于、服务于、服从于审判工作,要把精兵强将配置到审判第一线,各项政策要向审判第一线倾斜,全力、全面提高审判质量,努力满足人民群众日益增长的多元化的司法需求。院长不能脱离审判实践,更不能远离审判实践。六是做好"民生"。这里所说的"民生"是广义的,法官干警的生活问题就是院长的"民生"问题。院长要关心法官干警的生活、工作困难,关心他们的身心健康,力争成为群众拥护的"亲民院长"。

关于模范遵守法官职业准则。在世界各文明国家,司法都是具有较高社会声望的职业,一个法官离职或退休之后,不管他现在干什么或者什么也没干,人们仍然习惯地称呼他(她)"法官"。由于法官代表着正义、良知、理性和智慧,所以,作为法官,具有很高的荣誉和威信。在这个意义上,法官是一种荣誉。同时,法官更重要的是一种责任,因为法官承担着维护社会公平正义的责任,承担着尊重和保障人权的责任,承担着化解社会矛盾、促进社会和谐的责任,也承担着引导人们用理性方式来解决社会冲突的责任。鉴于这样的荣誉和责任,法官应当是一个优秀的公民,即公民当中的优秀分子,应当具有优秀公民的品质。一个人只有成为爱国家、爱人民,讲操守,重品行,懂荣辱并且具有自由民主、公平正义、法治人权等崇高理念的优秀公民，才能胜任法官职务和责任。法官自己应当有优秀公民的自觉意识及相应的自律精神。作为法官群体的领导人，院长应当是法官中的优秀法官，应当成为遵守法官职业准则的楷模。

同志们，开创全省法院工作新局面主题鲜明、意义重大、任务艰巨。希望与会的同志们自己首先十分明确开创法院工作新局面这一工作主题，并大力宣传这一工作主题，在全体法官干警中间形成广泛共识，普遍增强开创法院工作新局面的紧迫感和责任感，求真务实、开拓进取、扎实工作，努力实现开创全省法院工作新局面的奋斗目标。我们的工作目标是半年之内初见成效，一年之内基本实现。我们的目标一定要达到，我们的目标一定能够达到。

充分发挥司法职能　为改革发展稳定大局创造良好法治环境*

今年五月，省委九届五次全会决定开展“继续解放思想、推动吉林振兴”大讨论活动之后，省法院立即传达了全会精神和王珉书记的重要讲话，结合中央政法委部署开展的“大学习、大讨论”活动和省委政法委部署开展的政法队伍专项教育整改活动，认真组织党组成员和全体法官深入学习省委九届五次全会精神，深刻认识在吉林改革发展的关键时期进一步解放思想的伟大意义。党组拟定了十三个专题，由党组成员和领导班子其他成员每人一个专题，进行深入研究和调查，并在全院干部大会和全省法院院长研讨班上发言。

我们在“继续解放思想、推动吉林振兴”大讨论活动中深刻认识到：第一，如果说在改革开放初期、90 年代初期思想解放主要是破除“两个凡是”、“姓资姓社”的思想和政治障碍，那么在新的历史起点上，解放思想主要是实现思想观念的与时俱进。第二，解放思想有两个关键：一个是“从哪里解放出来”，很显然就是要从妨碍科学发展、全面振兴的种种思想观念中解放出来；另一个是“向哪里

* 本文是 2008 年 9 月 11 日张文显在中共吉林省委理论学习中心组学习会上的发言。

解放出去”,很显然就是要树立并不断强化发展是党执政兴国的第一要务的思想。第三,解放思想大讨论是有的放矢的活动,每个地方、每个部门、每个领导班子、甚至每个人解放思想的具体任务和内容都不尽相同,解放思想必须从实际出发,求真务实,讲究实效。从上述认识出发,我们组织班子成员和全体法官以推进改革、保障发展、维护稳定、促进和谐、全面实现省九次党代会提出的奋斗目标为出发点和落脚点,以建设公正高效权威的社会主义司法制度为关键,紧密结合全省法院特别是省法院的思想状态和工作实际,在以下方面推动思想解放和工作创新。

一、积极推动人民法院指导思想的与时俱进:坚持党的事业至上、人民利益至上、宪法法律至上

关于人民法院指导思想曾经有过各种不同的表述,最近几年比较正式的表述是“公正司法,一心为民”。最高人民法院党组征得周永康同志的同意,将法院工作指导思想表述为:始终坚持党的事业至上,人民利益至上,宪法法律至上。“三个至上”更加准确地体现了党的领导、人民当家作主、依法治国有机统一这一社会主义民主政治的根本特征,全面体现了人民法院的政治性、人民性、法律性。“三个至上”是对“公正司法,一心为民”指导方针的丰富和发展,实现了新时期人民法院工作指导思想的与时俱进。

“三个至上”的有机统一是中国特色社会主义民主政治的鲜明标志,也是社会主义法治的必然要求。中国特色社会主义民主政治的本质特征是坚持党的领导、人民当家作主、依法治国的有机统一,“三个至上”正好对应坚持党的领导、人民当家作主和依法治国,并从中派生出忠于党、对党负责,忠于人民、对人民负责,忠于法律、对法律负责的有机统一,体现了我国司法制度政治性、人民性、法律性的高度统一。党的事业、人民利益、宪法法律三个方面

是有机统一的，相互依存、缺一不可。

二、更加准确地定位人民法院的性质和职能：中国特色社会主义事业的建设者和捍卫者

胡锦涛总书记在全国政法工作会议代表和全国大法官、大检察官座谈会上指出：政法战线的全体同志，既是中国特色社会主义事业的建设者，又是中国特色社会主义事业的捍卫者，责任重大，使命光荣。在全国政法系统领导干部"大学习、大讨论"专题研讨班上，周永康同志以《坚定不移地做中国特色社会主义事业的建设者和捍卫者》为主题，就如何履行好中国特色社会主义事业建设者和捍卫者这一神圣职责，进行了深刻而全面的阐述，并提出了十分鲜明的要求。

建设者和捍卫者的使命和责任是由政法机关的性质和任务所决定的。政法事业是中国特色社会主义事业的重要组成部分，这一属性决定了政法工作者的"建设者"使命；政法机关是人民民主专政国家机器的重要组成部分，这一属性决定了政法工作者的"捍卫者"使命。作为建设者，政法战线的每一项工作都是建设性的，政法工作者直接参与中国特色社会主义的经济建设、政治建设、文化建设、社会建设，发展社会主义物质文明、政治文明、社会文明、生态文明，服务和保障大局，全面建设小康社会；同时，我们致力于政法事业自身的建设和发展，不断解放思想、深化改革，建设民主、法治、公正、高效、权威的政法制度，使政法事业随着中国特色社会主义事业的发展而发展。作为捍卫者，政法工作者肩负着巩固党的执政地位，巩固人民当家作主的国家政权，维护社会主义市场经济秩序、政治秩序、意识形态秩序和社会秩序，保障人民群众的民主权利和自由、人身权利、财产权利和其他合法权益，为经济社会发展和人民群众安居乐业创造和谐稳定的法治环境和社会环境。

建设者的使命与捍卫者的使命是交织在一起的。政法机关的很多工作，往往既是在履行建设者的使命和责任，又是在履行捍卫者的使命和责任。

建设者和捍卫者的定位，决定了人民法院和人民法官的根本政治方向、首要政治任务和基本政治准则。

根本政治方向，周永康同志讲："中国革命、建设、改革的实践证明，政治方向问题至关重要，对于政法机关来说，尤为重要。"政法工作者的根本政治方向，就是始终高举中国特色社会主义伟大旗帜，坚定不移地坚持中国特色社会主义道路，坚定不移地坚持中国特色社会主义理论体系，努力在执法思想、执法实践、执法作风等方面真正体现中国特色社会主义的正确方向。

首要政治任务，就是胡锦涛总书记和周永康同志反复强调的"三个维护、一个确保"，即"维护党的执政地位、维护国家安全、维护人民权益、确保社会大局稳定"。在首要政治任务的格局中，人民法院当前要更加注重推动发展，更加注重促进社会和谐，更加注重保障民生，更加注重维护国家安全和社会稳定。

基本政治准则，就是真正把中国特色社会主义作为坚定不移的理想信念，不断增强对中国特色社会主义的政治认同、理论认同、感情认同，旗帜鲜明地同干扰、破坏中国特色社会主义事业的行为作斗争；始终坚持党的事业至上、人民利益至上、宪法法律至上，把"三个至上"作为人民法院工作的重要指导思想。

三、树立符合中国国情和社情的审判工作质量观：努力追求和实现法律效果、政治效果与社会效果的有机统一

强调审判工作法律效果、政治效果与社会效果的有机统一，不仅要做到尽职尽责，严格执法，办对案件，还要做到尽善尽美，正确

处理公正与效率、实体与程序、审判与服务等重要关系，办好案件，真正实现案结事了，息诉罢访，息事宁人。

更加有力地服务大局，为改革发展稳定创造良好的司法环境。王珉书记在法院工作座谈会上指出："市场经济就是法治经济。良好的法治环境比优惠的投资政策更为重要。全省法院一定要把审判工作放在经济社会发展全局中去谋划和思考，切实解决机械执法问题，营造公正高效权威的法治环境，为构建法治吉林、信用吉林、和谐吉林提供有效的司法保障"。实践证明，党和国家任何全局性的工作，都与司法工作有着密切的关系。这就要求法院干部要学习和把握中央的方针政策和决策部署，了解和把握国内国际形势以及相关案件对当地改革发展稳定的影响，自觉地、主动地、积极地贴近大局、服务大局，做到部署工作、处理问题、审理案件都要置于大局中思考，从有利于大局来判案。我们决不能片面强调司法所谓"独立性、被动性、间接性、中立性"的特点，决不能置身于党和国家工作大局之外，置身于人民群众的要求和期盼之外，机械执法，就案办案。这既是一个重要的司法理念问题，也是一个重要的司法实践问题，必须引起高度重视。为此，年初以来，我们始终坚持以加强法治环境建设为根本，充实完善了《关于保障和促进企业发展的若干意见》，提出了 21 条具体工作意见，进一步丰富和发展了为企业发展服务的各项措施，从司法保障的角度给企业创业、投资、发展以最大的支持，并坚持主体平等原则，充分尊重合同当事人法律规定范围内的意思自治，以不违背国家法律和行政法规的强制性规定、不损害国家利益和社会公共利益、不侵犯第三人的合法权益为原则，依法维护合同效力，保护和促进合法经济关系和交易行为。今年 1—8 月份，全省法院共审结各类合同纠纷案件 35222 件，诉讼标的总额 83. 2 亿元。特别是围绕我省国企改制、民营经济发展、金融生态环境建设和投资信用环境建设，突出加强了影响全省经济发展的重大经济活动、重大项目建设中涉及的相关案件的审判和执行工作，妥善处理了北方彩晶债务案、兰宝公司重组案、苏宁环球执行案等一些事关全省经济发展大局的重大案件，得到了省委、省人大、省政府领导的充分肯定。日前，为了保障省委、省政府关于加快推进我省国有粮食购销企业产权制度改革的工作部署顺利进行，我们制定了《关于在国有粮食购销企业产权制度改革中涉司法问题的处理意见》，对审理国有粮食购销企业改革案件的基本原则和指导思想、破产案件的申请与受理、破产财产处理、职工权益保障等问题提出了明确具体的意见，同时要求全省法院对国有粮食购销企业提起的诉讼和申请执行案件要优先办理，最大限度地提高案件审理速度，依法保障国有粮食购销企业产权制度改革的顺利进行。

正确理解和运用宽严相济的刑事政策，维护社会治安大局稳定。前几年，对宽严相济的刑事政策出现了片面理解，错误地认为是对“严打”方针的否定，是“轻刑化”。实际上，宽严相济刑事政策本意是针对不同情况区别对待，该宽则宽，当严则严，宽严相济，罚当其罪。年初以来，我们在全省法院进一步强化了对宽严相济刑事政策的正确理解和准确把握，要求各级法院既要以宽济严，又要善于以严济宽，防止片面强调从严和片面强调从宽两种倾向，既要严厉打击严重刑事犯罪分子，又要从宽处理具有法定从轻、减轻和免除刑事处罚的轻微犯罪人员，减少社会对抗，增加和谐因素。今年以来，全省法院把宽严相济与“严打”方针统一起来，进一步发挥刑事审判的法律职能、政治职能和社会职能，切实维护党的执政地位和国家安全，保障国家长治久安；切实维护法律秩序，切实增强人民群众的安全感，为人民群众创造安居乐业的生存环境。今年1—8月份，全省法院共审结一审刑事案件9849件，判决发生法律效力罪犯10372人，其中妥善审理了上海社保系列犯罪案等一些社会各界广为关注的大案要案，受到了中纪委、最高人民法院和最高人民检察院的高度评价。

进一步强化调解优先的民事诉讼理念,保障和促进社会和谐发展。社会和谐既是发展的重要目标,也是发展的基本保证。全省法院坚持把促进社会和谐作为最重要的目标追求,以创造和谐稳定的社会环境为基点,牢固树立"定分止争、案结事了"的审判质量观,把"定分止争"作为基本要求,把"案结事了"作为最终追求,妥善调处社会矛盾,特别是牢固树立调解优先的民事诉讼理念,在依照法律程序及时审结各类案件的同时,进一步加大了诉讼调解工作力度,并积极探索开展了诉前调解、委托调解等工作方式,不断促进司法裁判与人民调解的有效衔接和良性互动。今年1-8月份,全省法院共审结各类民事案件75622件,其中一审民商事案件调撤结案率达到57.6%,一些重大的民商事案件通过调解解决得到了妥善处理,实现了法律效果、政治效果与社会效果的有机统一。

树立先进司法理念　全面加强法院建设*

这次理论中心组学习，主题鲜明，准备充分，规范有序，达到了学习文件、深化认识、交流思想、推进工作的预期效果。

我们这次学习的文件分为三组：第一组是中共中央《关于加强和改进新形势下党的建设若干重大问题的决定》以及省委贯彻中央决定的意见，学习这组文件意在进一步提高同志们对加强人民法院党的建设的重要性、紧迫性和着力点的认识；第二组是省委书记王珉同志和省长韩长赋同志在省委九届八次全体会议上的讲话以及王珉同志在省委理论中心组学习会上的讲话提纲，学习这组文件意在增强同志们对我国和我省经济社会发展大局以及当前和今后一个时期省委中心工作的把握；第三组文件是王胜俊院长关于加强人民法院党的建设的讲话和关于社会主义司法理念的文章，学习这组文件意在使同志们进一步坚定人民法院工作的政治方向，强化社会主义法治理念，深化人民司法工作中一系列重大理论认识。上午和下午，大家结合贯彻落实党的十七届四中全会和省委九届八次全会精神，畅谈了深化社会主义司法理念和法院工作指导思想的认识成果，并立足于做好人代会前的各项工作和明

---

* 本文是2009年11月21日张文显在吉林省法院党组理论学习中心组扩大学习会上的发言提纲。

年法院工作,发表了很有思想深度、很有工作内容、很有目标信心、很有对策建议的发言。听了大家的发言,很受启发,很受教育,很受鼓舞。

今年以来,我们高举中国特色社会主义伟大旗帜,紧紧围绕“为大局服务,为人民司法”的工作主题,紧紧围绕“公正高效办案,和谐司法为民”的实践载体,紧紧围绕“争当全省政法战线排头兵,跨入全国法院系统先进行列”的奋斗目标,以豪情奔放、志远千里,自强不息、勇往直前,自动自发、争先创优,百折不挠、永不言弃的“奔牛精神”,努力工作、艰苦工作、创造性工作,使立案(包括涉诉信访)、审判和执行三大中心工作有了新进展,使审判管理、行政管理、队伍建设、基层基础建设有了新进展,使和谐司法和法院工作的外部环境有了新进展,与此同时包括改善干警工作条件、居住条件、生活条件在内的法院民生工程也有了新进展。这些新的进展集合起来表征省高院和全省法院工作又上了一个新台阶,在保障发展振兴、促进社会和谐、维护公平正义中发挥了新的作用,作出了新的贡献。最高人民法院、省委、省人大、省政府以及社会各界对全省法院的工作是满意的。

对今年的各项工作,年底我们将做出全面总结。对明年的工作,特别是明年法院工作的主题、目标、任务和重点,大家都提出了很好的想法,我们要进一步研究,待中央政法委和最高人民法院的工作会议、省委省政府经济工作会议之后,我们再集中研究和确定法院工作要点。下面,我谈谈学习三组文件的体会,同时把我个人关于法院明年工作的初步思考讲出来,与同志们交流。

一、牢固树立党的先进性理念,切实加强和改进人民法院党的建设,以党建推动人民法院工作科学发展

党的十七届四中全会明确提出了加强和改进党的建设的总体

要求、目标任务、重要举措,作出了《关于加强和改进新形势下党的建设若干重大问题的决定》。人民法院工作是党的事业的重要组成部分,认真学习贯彻党的十七届四中全会精神,对于人民法院坚持以科学发展观为指导,进一步加强和改进人民法院党的建设,建设中国特色社会主义司法制度,全面推进人民司法事业科学发展,具有重大而深远的意义。最高人民法院王胜俊院长在关于加强人民法院党的建设的重要讲话中,提出了在"六个方面"下功夫、见实效,系统阐明了新形势下加强和改进人民法院党的建设的总体要求和重点工作。我们要认真学习研究,针对全省法院工作的实际,提出贯彻落实的具体措施,切实加强和改进各级人民法院党的建设,确保党对人民法院的绝对领导,确保发挥各级党组织的领导核心、战斗堡垒作用和党员干部的先锋模范作用,确保以党建工作推动人民法院工作科学发展。加强和改进人民法院党的建设,必须牢固树立党的先进性理念,保持和不断提高党的先进性,强化党的领导观念,增强党的执政意识,提高党的执政能力;必须以邓小平理论、"三个代表"重要思想和科学发展观为指导,紧紧围绕法院的根本任务和中心工作,把党的建设与法院的科学发展有机结合,以党的建设推进和保障法院的科学发展;必须把党的思想建设、组织建设、作风建设和制度建设有机结合,既立足于做好经常性工作,又着力解决关键问题。当前要重点做好以下几个方面的工作:

(一)围绕"建设学习型法院、培养研究型法官",切实加强思想建设

党的十七届四中全会提出,要把建设马克思主义学习型政党作为一项重大而紧迫的战略任务抓好抓实。这是我们党在新的历史条件下高度的政治责任感、历史使命感和强烈的进取精神的体现。落实建设学习型政党的要求,对于人民法院来说,就是要"建设学习型法院、培养研究型法官",这是提高队伍素质的需要,是

“为大局服务,为人民司法”的需要,也是建设中国特色社会主义司法制度的需要。

当前人民法院思想建设的首要任务是抓好理论武装工作。要引导广大法官干警系统学习马克思主义基本理论,尤其是马克思主义法律思想,系统学习中国特色社会主义理论,学习实践社会主义核心价值体系,学习实践社会主义法治理念,自觉践行“三个至上”指导思想,确保人民法院工作科学发展。

“建设学习型法院、培养研究型法官”,要以相应的制度来保障。建立健全理论中心组学习制度、干部培训制度、党支部学习制度,以领导班子和领导干部学习理论的表率作用带动广大法官干警学习理论的热情。开展“法官论坛”、“以案说法”、“主题征文”、“理论研讨会”等丰富多彩的活动,吸引广大法官干警不断优化知识结构,提高研究水平。

(二)围绕提高执政能力和战斗力,切实加强组织建设

加强法院党的组织建设的关键是提高领导班子的执政能力,提高党支部的战斗力,其中提高领导班子执政能力是重点。

今年上半年省委巡视组在对我院的巡视中,指出了领导班子和干部队伍建设中存在的问题,主要表现是:思想不够解放,视野不够开阔,工作缺乏创造性,关键环节抓得不准;班子成员间坦诚交心不够,情况沟通和协调配合意识不强;有的院领导忙于日常业务,忽视理论学习,用理论研究指导实践,高起点、深层次解决问题的意识不强;有的院领导考虑问题时,存在部门本位思想,为自己分管部门考虑的较多,全局性意识不足;有的院领导责任意识不强,锐气不足,不敢碰硬,对于分管业务中的难题不愿把关和承担责任。对于这样一些问题,我们要虚心接受,认真整改。要紧紧围绕政治坚定、业务精通、求真务实、风正劲足、团结和谐的要求,建设符合法院科学发展需要的领导班子和干部队伍。

提高党支部的战斗力，关键是要不断提高党支部的组织、动员和教育能力。要按照有利于加强党的领导和开展活动的原则，合理调整党支部的设置和支部书记的选配，把那些政治素质高、党性原则强、热爱党务工作、业务能力过硬的同志选配到党支部书记的岗位上，同时健全党支部书记的激励机制。党支部要采用生动活泼的形式和方法开展工作，使党支部的活动更富有时代感和吸引力，更贴近党员的思想、学习、工作和生活实际。

（三）围绕培育良好院风和文化氛围，切实加强作风建设

加强党的作风建设是党永葆生机和活力的保证。党的作风在法院主要是通过各级党组织的工作作风体现出来的，也是通过党员的工作作风表现出来的。加强党的作风建设，必须密切联系工作作风，用优良的党风引领院风，转变影响法院建设和发展的某些不正之风。

经过将近两年的努力，我院的风气有了明显好转，但风气建设是一个长期的过程，还需要我们不断加强。今年上半年，省委巡视组对我院巡视中，指出了我们在作风建设上依然存在的不足，需要引起我们高度重视，主要表现是：少数人不安心工作，嫉贤妒能，造谣生事，干扰法院的正常工作，导致一些法官干警不敢创新，不敢作为，从而使优秀人才不能脱颖而出；有些法官干警之间相互过问案件，疏通关系；一些人超出同志关系，搞亲亲疏疏、帮帮伙伙等不正常活动；有的法官干警对自己要求不够严格，违反规定与律师、有关当事人及其他业务处室密切接触，人情案、关系案等问题时有发生。

风气不正，令难行，禁难止。鉴于我院的特殊情况，我们应该在一段时期内把风气建设作为一个重点，以良好的党风引领良好院风的形成。要深入学习贯彻中央关于《建立健全教育、制度、监督并重的惩治和预防腐败体系实施纲要》和最高人民法院要求，明

确工作责任，落实工作任务，深入开展示范教育和警示教育，提高各级党员干部思想道德素质和拒腐防变能力，认真落实党风廉政建设责任制，对发现的问题，坚决查处，决不姑息。

解决风气问题的治本之策是大力加强法院文化建设。要根据广大法官干警日益增长的文化生活需求和队伍建设的需要，积极探索法院文化建设的新途径，不断提高法院文化建设的层次和质量，积极营造先进文化与司法精神融为一体的法院院风和司法行风，从而解决好正气建设、工作作风和精神状态等问题。

（四）围绕坚持和贯彻民主集中制，切实加强制度建设

加强党的制度建设，关键是坚持和不断完善民主集中制。民主集中制是党的根本组织制度和领导制度，是团结和谐的政治基础，是法院各项工作健康发展的制度保证。民主集中制有两条根本原则：一条是民主基础上的集中，集中指导下的民主；党员个人服从组织，少数服从多数，下级服从上级，全党服从中央。另一条是集体领导和分工负责相结合，凡属重大问题都要按照集体领导、民主集中、个别酝酿、会议决定的原则，由党组会集体讨论，做出决定，党组成员要根据集体的决定和分工，切实履行自己的职责。要进一步完善党组会、院长办公会的议事规则和决策程序，以保障民主集中制原则落到实处，保障决策的民主、科学和效率。

总之，正如王胜俊同志指出：加强新形势下人民法院党的建设，是适应世情、国情、党情深刻变化的迫切需要，是全面提高法院队伍素质的迫切需要，是全面推进人民法院科学发展的迫切需要。认真反思我们的党建工作，我认为我们的认识还有不到位的地方，党组织和党员干部先锋模范作用还有发挥不到位的地方，在加强党建工作中所采取的措施也还有不到位的地方，必须根据新形势、新要求，以十七届四中全会精神为指导，坚持改革创新，不断提高人民法院党建工作水平。

二、牢固树立司法为民理念，深入开展“人民法官为人民”主题实践活动

强化司法为民理念，首先是要坚持人民法院的人民性。人民法院的人民性，是指人民法院的司法权源于人民、属于人民、服务人民、受人民监督的本质属性。切实增强对人民法院人民性的理论认同、感情认同和实践认同，对于人民司法事业的改革和发展具有极为重要的意义。

人民法院的人民性是中国特色社会主义民主政治制度的必然产物。司法权的性质是由国家的根本政治制度决定的。人民民主专政的国体和人民代表大会制度的政体，决定了我国司法制度的人民性。《中华人民共和国宪法》第2条明确规定：“中华人民共和国的一切权力属于人民”，“人民依照法律规定，通过各种途径和形式，管理国家事务，管理经济和文化事业，管理社会事务”。我国实行的人民代表大会制度，是我国的根本政治制度。司法权同其他国家权力一样来源于人民，具有最为彻底和广泛的人民性。

坚持人民法院的人民性，揭示了人民司法工作的本质和目标，阐释了人民法院、人民法官的性质和宗旨，鲜明透彻地回答了“为谁掌权、为谁司法、为谁服务”的根本问题，为进一步做好人民法院工作指明了方向。人民性是我国社会主义司法的本质特征，法院是人民的法院，法官是人民的公仆。坚持人民性，就是要牢固树立公仆意识，保持党和人民群众的血肉联系，切实做到为人民司法、为人民服务；就是要牢固树立亲民爱民意识，设身处地为人民群众着想，满腔热情为人民群众服务；就是要牢固树立服务意识，把服务作为审判工作的出发点和落脚点，为党和国家的工作大局服务，为人民群众服务；就是要牢固树立责任意识，对人民负责，受人民监督，坚定司法工作的政治方向。

要通过深入开展“人民法官为人民”主题实践活动，把为民司法理念落到实处。一是强化活动主题，把“人民法官为人民”主题实践活动作为贯穿人民法院各项工作始终的常态活动，加强对法官干警人民性教育，让法官干警时时刻刻用心关注民生、悉心体察民情、耐心倾听民声、精心排解民忧。二是注重活动实效，大力关注民生，着力解决与人民群众息息相关的实际问题。要提供更加便捷高效的司法服务，妥善处理劳动争议、住房、医疗、教育、土地征收和房屋拆迁纠纷案件，以及农民工工资和劳动报酬的纠纷案件，为人民安居乐业提供有力的司法保障。要进一步健全执行机制，强化执行措施，加大执行力度，保护当事人合法权益。要更加关注社会弱势群体的权益，不断改进完善司法救助制度，逐步拓宽救助领域，扩大救助范围，缓解当事人及其亲属的生活困难。要努力畅通涉诉信访渠道，高度关注群众诉求，切实解决群众信访中反映的问题。三是创新活动形式，增强主题实践活动的吸引力，研究建立活动常态化机制，确保活动取得实效。

三、牢固树立能动司法理念，为经济发展和社会进步的大局服务

强化能动司法理念就是要倡导服务型司法、主动型司法、高效型司法。司法的被动性被认为是司法规律，有其一定合理性，因为人民法院受理案件奉行不告不理原则，在案件审理过程中也坚持尊重当事人的程序选择权。但是中国特色社会主义司法制度则要求强化能动司法理念，对于经济社会发生变化、新的立法和司法解释实施可能导致出现的一些新情况、新问题，要作出前瞻性预判，提出应对的措施，主动提请有关部门或者配合有关部门把可能产生的问题化解在萌芽状态，化解在危害发生前。

坚持能动司法，首先要求我们要具有大局意识，自觉把法院工

作置于党委和政府工作大局中去思考、去谋划，积极主动为全局工作排忧解难，发现可能影响大局的因素和苗头时，要及时通过司法建议等形式，提请有关部门纠正和防范，确保审判工作为大局服务。其次要具有过硬的本领，在做好本职工作的同时，善于以宽广的视野、超前的思维和政治敏感，发现新苗头，研究新问题，提出新举措。再次要具有无私的情怀，具有法律职业人的职业理想，追求尽善尽美，以无私奉献的精神投入到司法实践中，以实际行动充分发挥司法活动的辐射效应，为经济发展和社会进步服务。

当前，我省正处在经济企稳回升的关键节点、巩固发展基础的特殊时期、进行弯道超越的重要阶段，保持全省经济平稳较快发展的良好势头任务艰巨。全省法院要紧紧围绕保增长、保民生、保稳定这一中心任务，能动司法，主动服务，不断提高为大局服务的能力和水平。一是突出抓好执法办案的第一要务，充分发挥打击犯罪、化解矛盾等职能作用，着力提高审判执行的质量、效率和效果，以更加专业化和更加公正高效的审判、执行机制保障经济平稳较快发展的大局。二是积极应对国际金融危机的影响，妥善处理相关案件，为投资拉动、结构调整大局服务，营造良好的投资环境。三是关注大局，研究大局，把握大局，根据经济社会发展和维护人民群众利益的需要，积极为服务大局献计献策，提供有效的司法保障。

当然，能动司法主要体现在司法政策上而不是具体案件上，所以越是上级法院越应当重视和研究能动司法，及时出台司法政策或司法向导，各级法院的领导干部应当准确把握最高人民法院的司法政策；能动司法不是盲动司法，不是法院大包大揽，不能把本来不属于自己职权的事务硬包揽过来；能动司法与司法的中立性、受动性是辩证统一的；能动司法是一个整体概念，也只能在法院整体工作的意义上使用这一概念，不宜盲目提能动立案、能动审判之类口号。

四、牢固树立和谐司法理念，建构和谐司法体制，营造和谐司法环境，弘扬和谐司法文化，促进和谐社会建设

树立和谐司法理念，关键是建构和谐司法体制、营造和谐司法文化、形成和谐司法环境。从内至外，一是要追求司法系统内部和谐，共同形成推进法治的合力。和谐司法要求一个法院内部，上下级法院之间，乃至全国法院系统更多地考虑相互协调，形成合力，抵制干扰，完成使命，共同促进法治进程。二是实现政法机关的和谐，即法院与公安、检察、司法行政、安全部门的和谐，共同促进法治发展。基于职责分工，在权力互相制约的同时，密切配合，构建和谐政法格局。三是营造最佳的司法环境，要通过坚持不懈的努力，彻底改变司法工作环境，达到党委高度重视和常规化领导，人大高度重视和依法监督，政府充分理解和支持与配合，为法院工作营造最优的政治环境、法律环境和物质条件。同时，也要努力实现司法与社会公众的和谐相处，建立与媒体的互信机制，最大限度地提高司法公信力。

树立和谐司法理念，核心是弘扬和谐文化，把促进社会和谐作为法院的崇高目标和神圣使命，把法院工作置于构建社会主义和谐社会之中，把是否促进社会和谐作为评判和检验法院各项工作的重要标准，以和谐的理念、和谐的标准、和谐的方式、和谐的作风，最大限度地增加和谐因素，最大限度地减少不和谐因素，有效促进社会和谐。要把最大限度地实现案结事了贯穿于立案、审判和执行工作的全过程。当前，一是要围绕和谐吉林建设，强化和谐司法理念，建立和完善科学有效的利益协调机制、诉求表达机制、矛盾调处机制和权益保障机制，不断增加和谐因素，最大程度地化解不和谐因素。二是积极参与平安吉林建设，准确把握和正确执

行宽严相济的刑事政策，坚决依法严惩涉黑涉恶等各类严重刑事犯罪和重大经济犯罪，确保社会治安稳定。三是坚持“调解优先、调判结合”原则，进一步加强诉讼调解工作，建立多元纠纷解决机制，最大限度地化解矛盾，定分止争，更好地实现案结事了，减少社会对抗。四是加大涉诉信访工作力度，建立涉诉信访终结机制，进一步畅通申诉再审渠道，切实做好息诉息访工作。

五、牢固树立科学司法理念，加强法院信息化建设，提高办案效率和管理水平

科学司法是我们党提出的科学执政理念在司法领域的具体化。强化科学司法理念，一是要在司法实践中弘扬科学精神，以科学的态度对待立案、审判、执行、管理当中的事实问题和法律问题；二是坚持求真务实的工作作风，尊重司法的客观规律；三是正确处理好国法、人情与道德的关系，大量的案件都是情理法纠缠在一起，从法院来讲，既要考虑法，也要考虑情和理，但是前提是法，这就是科学精神的理性精神；四是大幅度提高司法工作的科技含量，特别是提高证据调查和采信、评估鉴定的科学性，提高法律事实与客观事实的一致性，今后要为全省每一个基层法院培养一名证据科学领域专家型法官，这是法官职业化建设的重要举措；五是要注重学习新知识、了解新技术，用最先进的科学技术知识武装头脑，将先进的科学技术运用于立案、审判、执行、管理的各个方面，从而引领和推动司法文明进步；六是研究互联网时代的司法模式，充分利用互联网进行网上立案、网上调解、远程审判、远程取证等活动，提高司法效率，最大限度地减少当事人的诉讼成本，最大限度地方便人民群众诉讼。

树立科学司法理念、实施科技强院方针，明年和今后一个时期的重点是加强法院信息化建设，提高法院的信息化水平。一是要

加强人民法院的信息化建设,建设好内部审判管理网和外部综合信息网站,做好裁判文书和审判信息上网工作,推进人民法院信息公开。二是要加强科技法庭建设,做到庭审全程录像、录音,影音资料存档,加大庭审网上直播的力度。三是充分运用远程视频系统开展网上办案、经验交流、教育培训等核心业务,积极探索办案流程的网上流转。四是善于运用网络信息技术,实施严格管理和科学管理,实现动态、实时的案件质量督查和科学评价办案人员工作实绩的网上绩效考核。

同志们,通过这次理论学习中心组学习,我们进一步深化了认识,明晰了思路,为做好明年的工作奠定了很好的基础。从现在到人代会召开只有一个多月的时间,希望大家继续发扬“奔牛精神”,全力以赴,一鼓作气,以冲刺的状态高质量做好全年的各项工作,完成全年的工作任务;更希望大家以更加坚定的信念、更加昂扬的姿态、更加务实的作风、更多创新的举措,做好本职工作,以“为大局服务,为人民司法”的新成就,以“公正高效办案,和谐司法为民”的新形象,进一步展示人民法官的风采,提高人民法院的公信力。

在更深刻的意义上把握三项重点工作和司法核心价值*

在公丕祥院长的主持下，在各位同志的积极参与和支持下，江苏省高院与吉林省高院党组理论中心组（扩大）学习会规范有序地进行，取得了预期的效果。对这次学习会，我个人有几点体会。

第一，这次理论学习会主题鲜明，深入推进三项重点工作、依法服务加快经济发展方式转变和扎实开展司法核心价值观教育与实践三个论题共同构成了人民法院当前和今后一个时期的工作主题，其理论性、现实性、指导性都很强。

第二，这次理论学习会体现了两省法院良好的学风和水平，发言的同志理论联系实际，理论探索与推进工作有机结合，既有深刻的思想认识和理论成果，又有丰富的实践内容和工作意见。

第三，这次理论学习会采取两省高院理论中心组扩大会议的方式，并且邀请各中院院长和省高院有关部门的同志参加，创新了理论学习会的形式，更加有利于开阔视野、互相交流、互相学习、互相推动。特别是江苏省三级法院在深入推进三项重点工作、服务和保障经济发展方式转变、开展社会主义司法核心价值观教育等

---

* 本文是 2010 年 11 月 20 日张文显在江苏、吉林省高院党组理论学习中心组学习（扩大）会上的发言提纲。

方面，不仅实践上走在了全国前列，在理论上也做出了重大贡献，以能动司法理论为标志的研究成果和相应的工作经验，已经成为指导全国法院工作的重要理论和工作模式。我们吉林法院的同志从江苏法院同事这里学到了许多新的思想、新的理念、新的经验，更重要的是增强了我们的学习意识、研究意识、实践意识、创新意识。可以说，就目前而言，已经是不虚此行。

下面，围绕本次学习会的主题，我谈几点想法，作为交流。

王胜俊院长11月2日在致“人民法院深入推进三项重点工作理论与实践研讨会暨中国法学会审判理论研究会2010年年会”的信中指出：“伟大的实践需要伟大的理论”，同时要求我们：要紧紧围绕三项重点工作，加强审判理论研究，充分发挥理论研究对推进三项重点工作的指导作用；紧紧围绕三项重点工作，加强审判理论研究，丰富完善中国特色社会主义司法理论体系；紧紧围绕三项重点工作，加强审判理论研究，大力加强马克思主义法学理论研究的队伍建设。

以王胜俊院长的致信精神为指导，我对相关问题进行了一些思考：

一、在更深刻的意义上把握和推进三项重点工作

关于化解社会矛盾。继业同志在发言中讲到：法律起源于纠纷，司法起源于解决纠纷。在现代社会，法院是专门的纠纷解决机构，基本职责是定分止争、化解矛盾。这一论断非常准确。法律是定分止争的实践理性，正如胡锦涛总书记所指出的：“法治是以和平理性的方式解决社会矛盾的最佳途径”。“定分止争”源自先秦思想家、法家代表人物管仲，蕴含着法律要明确权利、义务及各自的界限、公正合理地调整利益关系，缓解和消除利益冲突，实现国泰民安。“定分止争”又延伸出“定纷止争”，即通过司法或准司法

程序,查明纠纷、辨明是非、公正高效处置,进而实现矛盾纠纷化解、案结事了人和。而“实践理性”则体现了近代以来的法律精神和法律方法,用实践理性作为现代法律的表征,也是对传统意义的定分止争的理性引导、科学规范和价值重塑。

关于社会管理创新。法院作为公共权力的组成部分,是社会管理的特殊组织形式,而法院所从事的司法活动则是社会管理的高级文明形态。法院是通过惩恶扬善、弘风阐化、权利救济、人格恢复、社会矫治等来引导社会从失范无序到规范有序的方式积极参与社会管理,把社会管理纳入法制的轨道,实现社会的长治久安。

关于公正廉洁执法。公正执法,廉洁执法,既是对法官的行为要求,也是提升人民法院的公信力、增强人民法院的权威性、建设公正高效权威的社会主义司法制度的关键。

二、在更深刻的意义上提高对服务和保障经济发展方式根本转变的认识,增强服务和保障的主动性

江苏法院在全国率先提出能动司法的理念,受到全国法院的关注。今年年初,我们以能动司法理念为指导,围绕如何为经济发展方式根本转变提供司法保障和法律服务的课题开展了大讨论、大调研、大实践,向最高人民法院和吉林省委省政府提出了相关研究成果,对全省法院发出了指示。不过,对照党的十七届五中全会审议通过的《中共中央关于制定国民经济和社会发展第十二个五年规划的建议》(以下简称《建议》),我们的认识显然需要进一步提高,特别是在理论层面上要显著提高。《建议》十分鲜明地提出“十二五”期间要以科学发展为主题,以加快经济发展方式转变为主线。加快经济发展方式转变是推动科学发展的必由之路。加快经济发展方式转变的基本要求是五个坚持:坚持把经济结构战略性

调整作为加快经济发展方式转变的主攻方向，坚持把科技进步和创新作为加快经济发展方式转变的重要支撑，坚持把保障和改善民生作为加快经济发展方式转变的根本出发点和落脚点，坚持把建设资源节约型、环境友好型社会作为加快经济发展方式转变的重要着力点，坚持把改革开放作为加快经济发展方式转变的强大动力。《建议》还提出要“大力推进经济体制改革，积极稳妥推进政治体制改革，加快推进文化体制、社会体制改革，不断完善社会主义市场经济体制，使上层建筑更加适应经济基础发展变化，为科学发展提供有力保障。”加快经济发展方式根本转变需要更加良好的法治环境，需要更加坚强的司法保障和良好的法律服务，要求转变司法理念，加快司法创新，深化司法改革。

明年是“十二五”规划的开局之年，也将是人民法院工作新阶段的开局之年。我们应当以十七届五中全会精神为指导，认真研究《建议》的指导思想以及《建议》所提出的经济社会发展的主要任务，结合十七大以来人民法院为大局服务、为人民司法的经验，找准“十二五”期间服务和保障经济社会发展的结合点，同时谋划好人民法院各项事业科学发展的目标和任务，确保在“十二五”开局之年就大有作为。

三、在更深刻的意义和更高的理论层面上探索和丰富社会主义司法核心价值或者说价值观

党的十七大提出“社会主义核心价值体系”命题之后，全国法院系统积极探索社会主义司法的核心价值。最高人民法院提出了“公正、廉洁、为民”的社会主义司法核心价值观，并强调公正是灵魂，廉洁是基石，为民是主旨。我个人理解，这是对胡锦涛总书记对人民法官提出的“公正司法、一心为民”的基本要求和“公平正义”、“执法为民”等社会主义法治理念的话语转换，理论意义和现

实意义都很强,为全国法院系统深入探索和凝练社会主义司法核心价值与价值体系提供了很好的思路。关于当代中国社会主义司法的核心价值或价值观,我认为应当以三个参照深入研究。

参照之一:司法价值体系。司法的核心价值是相对于司法的价值体系而言的,没有价值体系的存在,核心价值就是虚无;没有核心价值的凝练,价值体系也将是一盘散沙。所以,全面概括社会主义司法价值体系非常重要。

参照之二:司法的核心价值和价值体系是法律价值体系的组成部分。中国传统法律文化注重法律的人文精神,强调以民为本,社会和合;注重礼法互补,德治与法治并存,强调明德慎刑,主张以法为教;注重治国者、执法者的道德品质以及对国家的责任感和使命感,主张为官者、执法者要清正廉洁,光明正大,发挥以吏为师的榜样作用;注重变法促进,强调通过变法革新来解决社会深层次矛盾,保持社会稳定,推动社会发展。这些思想中蕴含着前人对法律价值的深刻理解和赋予。改革开放以来,法学界把中国传统法律思想与西方近代法律思想融会贯通,把秩序、自由、正义(公平)、效率、人权、民主等概括为法律价值体系的基本要素或者说是核心价值。如何把司法的核心价值和价值体系与中国特色社会主义法律价值体系衔接好、对接好,在法学界、法律界以至全社会形成共识,无疑是我们的一个重要课题。

参照之三:司法的价值体系和法律的价值体系是社会主义核心价值体系的组成部分,也是社会主义核心价值的内在延伸。社会主义核心价值体系主导着政治、法律、经济、文化、道德、宗教等各个领域价值体系及其核心价值。我们应当积极探索以中华民族的民族精神、当代中国的时代精神、全球化时代的人类精神来凝练社会主义核心价值,进而凝练出具有共识性的社会主义法律价值和司法价值。

最后,我代表来苏学习的吉林法院的全体同志向公丕祥院长、周继业常务副院长和江苏法院的同志们表示衷心感谢，在我们学有增长、学有进步的同时，也感受到你们对我们的友好、热情，感受到你们的作风、会风和高水平的接待工作。我们将认真学习你们的经验，努力承办好明年的理论中心组学习会。期待着明年夏天在美丽雄伟的长白山再会。

人民法院立案工作的指导思想和基本原则*

历时一天半的全省法院立案工作座谈会即将结束，这次会议开得很及时，也取得了明显的成果。在一天半的时间里，与会同志深刻分析了立案工作面临的新形势和新情况，深入剖析了立案工作存在的突出问题和疑难困惑，广泛交流了各地法院立案工作的体会和经验，研判释解了一些近年来立案工作发生的典型案例，并有的放矢地提出了解决问题的对策和方法，集中讨论了规范立案工作的有关文件。通过这次座谈会，大家提高了认识，形成了共识，增添了做好立案工作的信心和责任，对开创立案工作新局面必将起到积极的推动作用。

下面，针对大家座谈中所关注的问题，总结各地法院的先进经验，概括大家的建言良策，我就进一步加强和改进立案工作谈几点意见，作为对大家发言的积极回应和工作参考。

一、要进一步提高对立案工作重要性的认识，切实加强对立案工作的领导

立案工作是与审判工作和执行工作并列的人民法院中心工作

* 本文是2009年4月27日张文显在吉林省全省法院立案工作座谈会上的讲话。

之一。这次会议之前,我曾多次讲到审判工作、执行工作和涉诉信访工作是人民法院的三大中心工作,是因为涉诉信访问题突出、社会关注、牵动全局、任务艰巨。参加此次会议使我提高了对立案工作的整体认识,对先前的表述做了修正,使之更加准确,这就是:“立案工作、审判工作和执行工作是人民法院的三大中心工作,构成法院工作的基本格局”。今后,我们要使用新的表述方法。这是我参加此次座谈会的重要收获之一。

立案工作包括五个大的方面:一审立案、二审立案、再审立案、执行立案、赔偿立案。立案工作本身就是一个系统,内容丰富,涉及法院工作的方方面面。就立案工作的重要性来讲,我认为有四个“第一”的定位,这些“第一”的定位决定了立案工作是法院全部工作的龙头:

第一,立案工作是法院审判执行事务的第一环节。它启动了审判程序和执行程序,联动着法院的全部工作,没有立案就没有审判和其他后续工作;更重要的是,没有立案,人民群众的合法诉求就无法得到司法救济和保障。这是立案工作最本质的定位,从这一本质来看,立案启动的是权利救济程序。

第二,立案工作是法院的第一窗口。它直面社会,与人民群众、当事人、各行各业广泛接触,是法院连接社会的最直接、最主要的通道,也是人民群众了解法院、走进司法的第一个窗口。作为法院的窗口,立案工作也是法院审判作风、司法行风、法院公信力的风向标,直接影响着人民群众对法院工作的认识和感受。

第三,立案工作是司法的第一防线。立案是司法的入口也是关口,起到过滤功能的作用,具有防火墙的功能,既保障当事人的诉讼权利,又防御诉讼权利的滥用;既引导诉讼方向和规范诉讼行为,又防止盲目诉讼和恶意诉讼;既给法院审判和执行输送工作任务,又起到前置性“减负”作用,从源头上控制和减少涉诉信访的发生,特别是避免群体性涉诉信访。

第四,立案工作是人民法院定分止争的第一责任。立案法官处于化解矛盾纠纷的前沿,担负着定分止争的第一责任,也承担着保证法院审判和执行工作质量、效率、效果的第一岗位责任,因此在一定意义上讲,立案工作的质量决定或制约着审判和执行工作的质量。

上面这“四个第一”的定位决定了立案工作的龙头地位,是立案工作应受到高度重视的根本理由。特别是当前各种社会矛盾凸显并交织在一起,大量的纠纷都试图通过诉讼程序化解。1978 年全省法院各类诉讼案件刚过一万件,而 2008 年则达到约二十五万件,三十年间增长了近二十五倍,平均每年以 9% 的速度增长。这一方面说明社会利益关系日趋复杂,社会内部矛盾日益突出,各类民间纠纷日渐增多;另一方面也说明人民群众的法律意识不断增强,对司法机关的信任感逐渐增强。“有事情找法院、讨公道找法官”,这是法院社会功能和司法权威明显增强的一种标志,说明法院越来越处于社会公共生活的中心地带,而不是像过去那样处于边缘化状态。当然,由于广大人民群众都寄希望通过诉讼的渠道来维权,实现权利救济,维护公平正义,所以立案工作面临着前所未有的复杂局面,立案法官承受着前所未有的巨大压力,特别是面对素质低下、无理纠缠、威胁恐吓的当事人,法官甚至还要忍辱负重,立案工作从来没有像今天这样突出和关键。

基于立案工作的定位和所面临的突出问题,各级法院都要提高对立案工作的认识,加强对立案工作的领导,加大对立案工作的支持。一是各级法院党组要加强对立案工作的领导,把立案工作作为党组工作重要内容来抓,每年至少要集中研究两次立案工作,分析形势、厘清思路、查找问题、提出对策,帮助立案法官解决实际困难和问题。二是审判委员会作为法院的最高审判机构,要高度重视和加强对立案工作的指导和监督,审委会不能只研究具体审判案件,也要讨论立案工作中的重大业务问题,讨论立案工作中的重大疑难复杂案件,讨论立案工作中出现的管辖异议和管辖权争议问题。省高院审委会的全体会议就讨论过一些比较复杂和疑难案件的立案问题。三是各级法院院长和主管副院长要切实增强责任感,加强对立案工作的领导,作为院长要对全院工作负总责,自然包括对立案工作负总责,对一些重大案件要亲自过问、亲自研究,主管副院长协助院长分管立案工作要尽职尽责,重大情况要及时提交院长决定,或者提交审判委员会集体研究。

二、要进一步明确立案工作的指导思想和基本原则

立案工作的指导思想是:全面贯彻实践科学发展观,始终坚持社会主义法治理念,为人民司法,为大局服务,保障人民群众依法行使诉讼权利,保证人民法院正确及时受理案件,方便人民群众诉讼,便利人民法院审判。

立案工作应当坚持以下四个基本原则:

第一,坚持以人为本,充分保障人民群众的诉讼权利。这是立案工作的根本原则。以人为本的理念在法治领域首先体现为以人民群众的权利为本,在立案工作中首先体现为以当事人的诉讼权利为本。在绝大多数情况下,当事人行使诉讼权利不仅是实现个人的利益,也是实现社会的利益。诉权体现了个人利益与社会利益的有机统一。一个社会如果没有诉权就没有法治,通过行使诉权,既能维护诉讼当事人自身的合法权益,又能够维护市场经济秩序、社会公共生活秩序;通过行使诉权,借助于公共权力实现权利救济,是社会文明进步的标志,也是胡锦涛总书记所强调的用平和、理性的方式解决社会矛盾纠纷的最佳方法。如果没有诉权的行使,没有法律诉讼的救济通道,权利受到侵害的人就可能选择歪门邪道,诸如借助于黑社会、地痞流氓、私家讨债公司等非法手段

来实现自己的权利,或者行使赤裸裸的暴力进行报复,由此社会必然从文明倒退到野蛮。所以,我们绝不能把诉讼权利的行使仅仅看成是当事人个人的事情,而要看作是整个社会利益的高度凝缩。因此,从事立案工作的法官要认真对待诉权,为老百姓诉权的实现提供充分的保障。日前,最高人民法院提出了一系列在立案环节的便民措施,如网上立案、远程立案、预约立案、上门立案、巡回立案、假日立案等等,既有常规的、也有非常规的立案方法,都是为了方便群众诉讼。对于有特殊困难的当事人,要实行司法救助,为他们提供必要的物质保障和法律援助,以帮助他们实现诉权。对符合立案条件应当依法受理的案件,不管当事人有没有能力交纳诉讼费、能不能准确表达诉讼请求,都应当及时受理,同时进行诉讼方向的引导和诉讼方法的指导,尤其是对法律意识较低和经济能力较差的社会弱者,我们绝不能提出过于苛刻的条件。

第二,坚持遵循司法权运行规律——“不告不立”原则。“不告不立”在世界范围内都是法律诉讼最基本的原则,反映了司法权运行的客观规律。相对于当事人而言,法院应是受动的,应当实行不主动干预的原则。法院介入社会的程度是有限的,这个限度就是“不告不立”。人民法院不能因为创收或其他因素而到处找案源,有的法院给每个业务庭,甚至每个法官下达创收指标,导致乱找案子和乱收诉讼费;一些法院受本位利益的驱动,违背“不告不立”的司法权运行规律,争抢管辖权,出现了一些问题。有个基层法院院长甚至因为超管辖立案而被追究滥用职权罪,各级法院的领导同志应当引以为戒。

第三,坚持质量第一、强化立案审查的原则。人民法院的立案审查制度和工作机制经历了从发生到不断完善的过程。从建国之初到80年代初,基本上是立审不分;80年代中期,开始登记立案,后来挂号立案;80年代后期,半登记半审查,后来逐步发展为审查立案。之所以实行审判和立案的分离,加强立案审查,一是因为诉讼数量猛增,超出了法院的司法能力;二是因为一些当事人滥用诉讼权利,盲目诉讼、甚至恶意诉讼。立案审查要坚持“宽严互济”的原则,对有些案件把关要严,对有些案件则适度放宽;立案审查要坚持形式审查为主,同时坚持必要的实体审查,例如对关键证据的初步审查,就属于非常必要的实体审查。面对人民法院“案多人少”的实际情况,立案审查既要充分保障人民群众的诉权,也要充分考虑法院的司法资源。

坚持质量第一的审查原则,具体要求包括:一是法律没有明文规定由法院受理的案件一般不予受理。这和英美等西方国家不同,英美国家实行判例制度,法院没有理由拒绝社会的诉求,我们是成文法国家,法院不能超越法律规定自行其是。特别是全国人大常委会和有关专门委员会以及最高人民法院明确规定各级法院不得受理的案件一律不能受理,如涉及宪法的诉讼概不受理,人民法院没有权利审查违宪的问题。二是依法属于法院受理范围内的诉讼案件也不一定全部受理。我们要充分考虑到社会矛盾的复杂性和特殊性,对一些敏感案件和特殊类型案件一定要谨慎对待,正确把握受理的时机和条件,不能把所有的社会矛盾都纳入司法程序来解决。当然,有一些可能当时不宜受理,过一段时间则可以受理,比如婴幼儿奶粉事件。三是充分考虑司法资源的稀缺性和司法功能的局限性。有些案件形式上法院可以受理,但是受理之后不但不能解决问题,反倒会使问题更加复杂难解,不如依靠党委、政府通过行政救济来解决,效果会更好。对于这样的案件,我们从事立案工作的法官一定要耐心细致地向当事人讲清楚道理,使他们善于利用党委、政府的政治优势、社会管理优势和资金优势,合理利用这些优势,将能更有效地解决实际问题。法院工作的根本目的是为了化解人民群众的纠纷、实现权利救济,就一定要选择对人民群众最便捷、最有利的解纷方法。四是慎用“裁定不予受理”、“裁定驳回”的做法。给当事人下达“裁定不予受理”、“裁定驳回”，本身就意味着已经受理了，当事人会顺着这些裁定书层层上诉、申诉甚至上访、闹访。五是立案审查是司法为民的体现，该立的立案并移交审判或执行，把有限的司法资源用在刀刃上，用在急需的权利救济和矛盾化解上，不至于造成司法资源的紧张和浪费。申诉审查也要非常严格，既包括形式，又包括实体，不要轻易做出“认定事实不清”、“适用法律错误”的判断，要以最高人民法院的裁判文书为范本，在申诉复查裁定书上使用中性语言，例如“符合……受理条件”等。

第四，坚持公正尚善，营造和谐立案的局面。以胡锦涛同志为总书记的党中央在十六大以后明确提出了构建社会主义和谐社会的思想，并就构建社会主义和谐社会做出了一系列重大部署。和谐是中华民族的传统理念，是当今中国的“时代精神”，也是社会主义的核心价值。构建和谐社会的基本要求体现在法治领域就是追求和谐法治，坚持和谐司法的理念，体现在立案工作中，就是走和谐立案的道路，营造一个和谐立案的局面。具体来讲包括四个方面：一是善待当事人。无论原告还是被告，我们都要以真心、热心、细心、耐心去接待，要理解、同情和宽容当事人，认真履行对当事人的告知义务，让老百姓知道怎样参与诉讼、如何进行诉讼。二是认真做好诉讼指导工作。包括释法明理、诉讼风险提示、诉讼投入与产出预测等。诉讼本身是维权的行动，但是情绪化的诉讼是非理性的，我们要引导当事人理性地进行诉讼活动。三是认真做好立案的过滤工作。这也是构建和谐立案局面的要求。要积极引导当事人选择解决矛盾纠纷、获得权利救济的最佳途径，免却当事人无谓的诉讼，减少讼累。四是全力做好立案调解工作。通常所讲的立案调解指的是立案之后到庭审之前应一方当事人的请求或者征求双方当事人的同意而进行的调解。这一理解是有局限的，我们在立案审查阶段就应当进行调解，这个阶段的调解也属于立案调解的范畴。在正式受理案件之前，如能开展调解工作，直接化解矛盾,那就不必立案、不必进入庭审程序,必将减少当事人的讼累,节约有限的司法资源。我们要积极探索立案调解规律,统筹当事人的诉权保护与化解矛盾纠纷、促进社会和谐的关系,综合利用多元纠纷解决机制,形成人民调解、诉中立案调解、诉后判前调解等调解方式相结合的调解工作大格局,力争取得最佳法律效果和社会效果。

三、要高度重视规范立案行为,确保立案权依法公正行使

第一,要依法行使立案权,就要严格依照三大诉讼法和最高人民法院的明确规定,从"两保"、"两便"的基本要求出发,正确行使立案权,既要避免立案权缺位,也要防止立案权越位。第二,要严格把好"六关":一要严格把好法律关,所立的案件必须符合法定的诉讼事由;二要严格把好政策关,所立的案件必须符合党和国家的方针政策;三要严格把好管辖关,切忌出现违规管辖的问题,更不能发生滥用职权的职务违法行为;四要严格把好证据关,认真审核当事人提供的证据材料;五要严格把好收费关,不能随意改变收费范围和收费标准,严禁乱收费和收费不开发票的行为;六要严格把好转办关,立案转办要有明确的规定和严格的程序。第三,严格执行最高人民法院规定的"五个严禁"和省委政法委日前公布的"八个严禁",严禁立案法官直接和当事人接触,严禁接受任何当事人的请客送礼,严禁和律师有非正当的交往,严禁插手审判执行业务庭法官的办案工作,严禁泄露国家机密和审判工作秘密。第四,要强化规范立案、文明立案、廉洁立案。针对不规范、不文明、不严肃、随意性过强等等问题,特别是针对人情案、关系案、金钱案在立案环节中时有发生的教训,应突出强调廉政建设和廉洁立案。

四、要大力加强立案工作的规范化、制度化和信息化建设

20世纪90年代以来，人民法院进行了立案体制和机制改革，实行了立审分离，不断建立健全了立案机构，为立案工作奠定了制度基础和组织基础。省高院和全省各级法院在过去立案工作中积累了丰富的经验，打下了良好的工作基础。现在的改革任务和工作重点是及时转向规范化、制度化和信息化的建设。

第一，遵循司法权运行的内在规律，依据三大诉讼法、最高人民法院有关立案工作的规定和司法解释，深入开展调查研究，认真总结分析我省立案工作的经验教训，针对当前立案工作中存在的倾向性问题、普遍性问题和突出问题，抓紧制定和完善全省法院立案工作规则。

第二，理顺上下级法院的立案工作关系，形成立案工作一盘棋的格局。依法科学合理地规范上级法院对下级法院的立案指导行为，规范下级法院对上级法院的立案请示报告行为，加强上下级法院之间重大案件、敏感案件和疑难案件立案裁决的沟通协调。

第三，合理界定立案庭的职能，进一步明确立案机构的任务，正确处理好立案庭和审判管理机构的关系。

第四，规范执行案件的立案工作。一是执行立案要实行归口管理，统一到立案庭，执行局不再直接受理执行立案。二是要细化执行立案的程序性要求。三是对于执行异议受理工作，考虑到当前集中清理执行积案活动正处于关键阶段，为了保持工作的连续性、稳定性，暂时仍由执行局负责，以后如何改革再行研究。

第五，建立和完善全省相对统一的特殊类型诉求的立案程序和立案标准，包括新类型案件、重大疑难案件、集团诉讼案件、政策性案件、有历史结论的案件、容易引发连锁反应的案件、影响社会

稳定的案件、突发性公共事件的案件等，这些案件可否立案、何时立案、以什么案由立案，要实行严格的逐级请示报告制度，必须逐级向主管副院长、院长请示，或提请审委会研究决定，必要时向上一级法院请示报告。

第六，建立案件管辖权异议和管辖权争议的审查与确认程序和准则，完善刑事案件异地管辖的协调与规范机制。

第七，以科学发展观和科学的政绩观为指导，制定立案机构和立案法官的业绩考核标准，既要体现立案工作的职能任务和基本要求，也要注重对立案调解、分流、过滤、疏导工作的考核，要把和谐立案和立案质量作为业绩考核的核心标准，建立体现先进理念、激励工作热情、有利于全面提高立案工作质量、效率和效果的考核标准。

第八，做好诉讼费的管理工作，防止诉讼费流失和不当使用，严禁挪用、贪污诉讼费。

第九，建立和完善立案监督制约机制，加强对立案工作的外部监督和内部监督，严肃追究违纪违法行为。

第十，加强立案信息化建设，提高立案工作的信息化程度，既要方便群众诉讼，又有利于科学管理。省高院立案庭、技术处是全省法院立案信息化建设的主管部门，要抓紧制定全省法院立案信息化建设方案。

五、要努力抓好立案审判队伍建设

立案工作好坏，关键是立案审判队伍如何。当前，要对立案法官队伍情况进行认真调查研究，制定切实可行的建设方案。着力突出以下几个方面，切实加强立案审判队伍建设：

第一，对立案法官继续进行社会主义法治理念教育，提高立案法官的法治意识、政治意识、政策意识、大局意识、群众意识。中央政法委已经部署深入开展社会主义法治理念教育活动，最高人民法院也即将部署开展“人民法官为人民”主题实践活动，立案法官要走在前面，作出表率。

第二，要注重选拔审判业务骨干充实到立案工作第一线，提高立案法官队伍的整体素质。立案法官一个人面对复杂的情况，所以应具有更高的素质和能力。今后，凡是不胜任审判、执行工作的法官亦不得安排在立案庭工作，不应把立案庭仅作为接待室对待。

第三，加强立案干部的轮岗交流工作，建议每两年或三年交流一次，每次交流三分之一，使我们这支立案审判队伍能进能出，保持活力。立案法官面临着各种各样的风险，责任很大，交流到立案庭工作的法官可以视为到基层锻炼。

第四，实行立案法官政治待遇平等、生活待遇从优、安全保障加强的制度。

第五，加强立案法官的能力建设，包括认识和把握社会矛盾的能力、研判当事人法律诉求的能力、释法明理的能力、群众工作的能力、心理咨询的能力、应对突发事件的能力等等。今后每年都要举办一期立案法官的专题培训班；组织分管立案工作的中院副院长及部分基层法院院长到省外考察学习；要认真实行休假制度，保障立案法官带薪休假。

全面加强调解工作　促进和谐社会建设*

今天，我们召开这次全省法院调解工作经验交流会，主要任务是：以科学发展观为指导，深入贯彻落实全国法院调解工作经验交流会精神，总结交流全省法院调解工作的成绩和经验，紧紧围绕“为大局服务、为人民司法”的工作主题，认真贯彻“调解优先、调判结合”的工作原则，全面部署今后一个时期人民法院的调解工作，大力推进诉讼调解与非诉讼调解的有效衔接，推动构建多元纠纷解决机制，全力服务和保障社会主义和谐社会建设。

对这次会议，省人大、省委政法委、省司法厅高度重视。省委政法委、省司法厅与省高院联合起草了《关于建立健全多元纠纷解决机制的意见》，提交本次会议讨论。今天，省人大内务司法委员会主任委员穆立林同志、省委政法委副书记秦利明同志、省司法厅厅长刘振宇同志又亲临会议指导。在此，我代表省高院党组和全省法院法官干警，对省人大、省委政法委、省司法厅对法院工作的支持，对立林主任、利明书记、振宇厅长的莅临表示热烈的欢迎和衷心的感谢！

党的十七大以来，全省各级法院深入贯彻落实科学发展观，自

---

* 本文是 2009 年 11 月 12 日张文显在“吉林省全省法院调解工作经验交流会”上的讲话。

觉坚持“三个至上”的重要指导思想，牢固把握“为大局服务、为人民司法”的工作主题，认真贯彻“调解优先、调判结合”的工作原则，诉讼调解理念不断强化，调解工作机制不断健全，调解方式方法不断创新，调解案件范围不断扩大，调解工作质量不断提高，多元纠纷解决机制不断完善，调解工作成效不断提升，为保障我省经济社会又好又快发展，维护社会和谐稳定做出了重要贡献，同时也显著提高了人民法院的司法公信力。

在肯定成绩的同时，我们也应当看到，全省法院调解工作还存在一些问题和困难：全省各级法院之间调解工作开展不够平衡，调解工作制度不够健全，调解工作方法不够规范，调解工作保障机制不够完善，一些法官的调解能力还不能完全适应调解工作的需要，调解工作的质量和效率亟待进一步提高，等等。我们要通过这次会议和会后的工作，全面推进法院调解工作，开辟调解工作新局面。

下面，我就如何全面推进法院调解工作讲六点意见：

一、深刻认识加强法院调解工作的重要性

调解是我国诉讼制度的重要组成部分，是人民法院行使审判权的重要方式，也是根植于我国历史文化传统并经过长期司法实践证明行之有效的纠纷解决方式。我国自古以来“和为贵”、“中道”、“中庸”、“天时、地利、人和”等和谐理念根深蒂固，而调解正是这种和谐理念的司法体现。新民主主义革命时期形成的“马锡五审判方式”，强调通过调解化解人民群众之间的矛盾纠纷，蕴含着深刻的法理内涵和丰富的人文精神，是人民司法的优良传统。新中国成立后，人民法院调解工作得到进一步重视并不断制度化、规范化，先后经历了“调解为主”、“着重调解”、“自愿合法调解”、“能调则调、当判则判、调判结合、调解优先”、“调解优先、调判结合”等

若干发展创新阶段，已成为中国特色社会主义司法制度的独特优势和宝贵财富。在当前经济转轨和社会转型的特殊历史时期，各种社会矛盾叠加凸显，利益分化和利益纠纷不断加剧，诉讼案件数量激增，更要求我们继承和发扬调解优先这一人民司法的优良传统，更加重视运用调解手段化解纠纷、调节关系、平衡利益、息诉宁人。

（一）全面加强调解工作，是维护社会稳定、促进社会和谐、保障经济发展的必然要求

构建社会主义和谐社会是我国的社会发展目标。我们要建设的和谐社会，并不是一个没有矛盾和冲突的社会，而是一个能够有效化解矛盾和冲突的社会。人民法院的根本职责正是通过运用司法权来化解矛盾纠纷，维护社会稳定，促进社会和谐，保障经济社会科学发展。全省各级法院要以构建和谐社会为己任，充分运用与构建和谐社会相适应的司法机制和工作方法，最大限度地增加和谐因素，最大限度地减少不和谐因素，而调解正是这种有效的机制和方法。人民法院充分运用调解方法，使争议双方通过协商自愿达成协议，有助于化干戈为玉帛，彻底解决当事人之间的纷争，促进当事人的理解和宽容，为日后的和睦相处、继续合作创造条件。同时，在双方互谅互让的基础上形成的利益平衡，也能够最大限度地减少当事人与司法机关的对立甚至敌视情绪，减少对法律和政策的误解，进而促进社会安定和谐。

（二）全面加强调解工作，是实现"公正高效办案、和谐司法为民"的必然要求

"公正高效办案、和谐司法为民"，是省高院党组在学习实践科学发展观活动中提出的实践载体。这一载体把调解工作提升到为民司法、和谐司法的高度。调解是以人为本的核心理念在司法工

作中的集中体现,它一方面体现了当事人在调解中的主体地位和主导作用,双方当事人在法官的主持下能够平等自愿地处理自己的纠纷,恢复被模糊或损害的法律关系和利益关系,他们所达成的协议能够充分反映当事人的意志和诉求,有利于最大限度地实现当事人追求的实体公正;另一方面体现了人民法院为民、亲民、惠民的司法政策,调解方式简便灵活高效,方便人民群众诉讼,能够节省诉讼中的各种费用支出,最大限度地减轻当事人的讼累,更好地实现人民群众对法院工作的新要求新期待。加强调解工作也是破解案多人少、提高司法效率的重要办法。对法官而言,通过调解处理纠纷,能够优化司法资源配置,免却繁琐的审判程序和法律文书制作过程,能够大幅度提高办案效率。

(三)全面加强调解工作,也是有效破解“执行难”问题的必然要求

长期以来,“执行难”问题一直是困扰人民法院工作的难题,也是人民群众最不满意的突出问题。实践证明,经过调解达成的调解协议以当事人的合意为基础,更易为当事人自觉履行,与判决的执行比较,调解的履行成本低、效率高;更为重要的是,由于减少法院强制执行,能够极大地缓解社会对立,减少当事人对法院的不满情绪,减少涉及执行案件的申诉、信访、上访、缠访。特别是通过加强调解工作、构建诉讼调解与非诉讼调解相衔接的多元纠纷解决机制,可以将大量矛盾纠纷化解在源头、解决在诉前,从源头上减轻执行工作压力。

二、正确认识和处理调解与判决的关系,增强贯彻“调解优先、调判结合”原则的自觉性

判决和调解都是人民法院行使审判权的法定方式,都是解决

纠纷的有效手段。从本质和功能上讲,二者的目的和作用都是维护公平正义、实现案结事了。调解能够做到案结事了,判决同样可以做到案结事了,在有些案件中唯有通过判决才能做到案结事了。所以,我们要始终坚持调判结合,坚持调解与判决的辩证统一。人民法院毕竟是国家的审判机关,判决是国家审判权运行的标志,是国家强制力的鲜明体现。我们不能因为强调调解工作的重要性就忽视判决的重要性,不能片面追求调解率,更不能不切实际地提出"零判决"的目标。"调解优先"必须在"调判结合"的前提下实行,基于人民法院作为国家审判机关的定位和功能,当事人无法达成合意时,法院必须及时作出判决。但是,在大多数民事案件、行政案件审理活动中,特别是像婚姻、继承、损害赔偿、劳动争议、土地纠纷等民事案件的审理中,调解具有明显的实现案结事了的优点。实践证明,大多数民事、行政案件是可以通过调解、协调方式得以解决的。所以,我们必须始终强调调解优先。为此:

一要深刻把握调解优先的科学内涵和基本要求。调解优先意味着:第一,把调解作为处理各种社会矛盾纠纷的首选方式,尽可能地减少国家强制力的运用。在构建社会主义和谐社会目标的指导下,各级法院应该尽可能采用非强制的方式解决矛盾纠纷,最大限度地尊重当事人对自身权利的处分,少用、慎用甚至不用强制手段,通过调解方式促使双方当事人达成合意,不仅有利于纠纷的彻底解决,也能够最大限度地减少当事人的对立情绪,增进当事人对法律的认同和对法院工作的认可。

第二,在既可以使用判决方式又可以使用调解方式的案件中,原则上使用调解方式而不采用判决方式。与判决相比较,调解所倡导的平和、高效、经济、圆满解决纠纷的理念,在缓和社会冲突、维护社会稳定、弥补法律及诉讼程序的不足、妥善解决纠纷、节约司法资源等方面具有明显优势,是更优质的结案方式。就个案而言,调解可能需要法官付出比判决更多的时间和精力,但一宗案件调解后，当事人不上诉、不申请再审、不上访，且容易履行，其效果远胜于一判了之。因此，多做一些调解工作是值得的，也是更有效果的。

第三，在审理程序上始终注重调解，在诉讼的各个阶段、各个环节努力把握一切可以调解结案的时机，创造一切可以调解结案的机会，尽可能做到调解结案。

二要坚持自愿、公平、依法和“事了”的原则。具体要求是：第一，调解必须以当事人自愿为前提，任何时侯、任何情况下都不能不顾当事人的意愿强迫调解，变相剥夺当事人的诉讼权利。这包括两层含义：程序上，在是否采用调解作为解决纠纷方式的问题上，要尊重当事人的意愿；实体上，对事关当事人实体权利的行使和处分问题上，要出于当事人的自愿，绝不能“以判压调”强制调解或“威逼利诱”欺骗调解，调解协议的达成必须是双方当事人真实意思的表示。

第二，调解必须符合公平原则，这要求我们在调解工作中必须首先分清法律上的是与非、对与错，这是调解工作取得定分止争法律效果的基础，也是保证调解公信力的基础。调解不是无原则的“和稀泥”，法官要首先做到对案件涉及的法律问题和法律关系心中有数，本着公平、诚信的原则，指导当事人制定调解协议，有的放矢地进行调解，保障当事人达成的调解协议不背离法律精神和社会公平。

第三，调解必须依法进行，应当以事实为根据，以法律为准绳，应当在查清事实的基础上，依法调整利益关系，而不能脱离法律原则和法律规范，强迫当事人无原则的妥协。要防止个别当事人利用调解拖延诉讼或恶意串通调解以获取不正当利益，加强对调解协议的审查和确认，特别是对关联主体之间的“自愿调解”要倍加注意，必要时可依职权主动调查取证，确保调解协议不存在违反法律法规的强制性规定或侵害国家利益、社会公共利益和他人合法权益的情形。近期,我接到多起与调解有关的举报,都是反映当事人恶意串通调解损害第三者合法利益,法官不仅没有发现当事人的违法行为,而且还有意或无意地协助当事人实现了非法利益。

第四,调解必须坚持案结事了的工作目标,不能为了在形式上取得调解效果或片面追求调解率而实行"以调代判、久调不决、以拖促调",使社会关系长期处于不稳定、不确定状态,使利益受到侵害的当事人无法及时实现权利救济。

三、持续推进调解工作机制创新,实现法院调解工作新发展

首先,要创新调解理念,实现调解工作的更好效果。广大法官要进一步解放思想,转变观念,牢固树立为民意识和大局意识,并切实体现在人民法院的调解工作中。一要树立以人为本的调解理念,把维护当事人的利益作为根本宗旨,想人民之所想,急人民之所急,怀着对人民群众的真挚感情,怀着为当事人解难题、办实事的愿望去做调解工作,确保调解工作取得更大更好的社会效果。二要树立法律智慧与政治智慧相结合、法律效果与社会效果相统一、审判程序与实体裁判并重、具体法律规定与立法精神兼备、准确定分与案结事了相默契的司法理念,切实克服和解决简单机械执法、片面孤立办案的问题。广大法官要站在建设社会主义和谐社会的高度,本着全局性的思维开展调解工作,把调解工作做通、做透,尽量通过调解一起案件,彻底化解这一案件可能引发的所有纠纷,使参与调解的所有人群都受到法制教育,力争实现"调解一案解决一串,调解一案教育一片"的效果。今年,省高院审理的中国信达资产管理公司长春办事处与中国冶金进出口吉林铁合金公司等四家公司债务纠纷案,几经努力最终以当事人案外和解、原告撤诉方式结案,并一举解决了相关联的七起纠纷,充分体现了调解

解决纠纷的彻底性。

其次,要创新调解工作机制,推动调解工作良性发展。各级人民法院要勇于创新,通过创新构建调解工作长效机制。当前,要着力抓好三个机制建设:一是着力建立健全以调解案件分类化、调解主体专业化、调解方法特定化为内容的类型化调解机制,提高正确适用调解和判决方式的能力,增强调解工作的针对性,提高调解成功率。二是着力建立健全调解考评和激励机制,将调解案件的自动履行率、调解后再审率、申诉率和信访率一并纳入考评体系,科学设置考评指标,正确引导调解工作方向,激发法官开展调解工作的积极性和主动性。三是着力建立调解工作保障机制,针对当前调解经费不足、队伍不强、条件欠缺等问题,各级法院在资源配置上,要充分考虑调解工作的实际需要,在人员配置、经费保障、物质装备等方面给予适当倾斜,使法院调解工作逐步进入良性发展轨道。

四、切实提高法官的调解能力,进一步提高法院调解工作的质量

司法调解既是一种工作方法,更是一门法律艺术。调解成功与否,在很大程度上取决于法官的调解能力。各级法院要加大法官调解能力的培训力度,把提高法官的调解能力作为推进法院队伍建设、促进法官职业化建设的重点工作常抓不懈。要制定长期的培训计划,建立法官轮训制度,加大对调解经验的总结和推广力度,特别是要注重对各类疑难、复杂案件的调解工作经验的总结和交流,提高法官以和谐方式解决纠纷、化解矛盾的能力。

司法调解也是一种群众工作方法,是我们党的群众路线在法院工作中的具体体现。做好调解工作,必须培养法官的群众工作能力。在很多情况下,调解工作的对象不仅是当事人,而且包括当

事人的亲属、朋友、邻居、同事等,在有些情况下,当事人是由很多人组成的群体,所以调解的过程就是做群众工作的过程。广大法官要深刻把握群众路线的精髓,把群众工作方法运用到调解工作中,在调解工作实践中,增进与人民群众的感情,提高把握社情民意的能力,积累做群众工作的本领。同时,要善于总结和学习人民群众中间蕴藏的化解矛盾纠纷的智慧和经验,提高调解工作的艺术。

五、加强对调解工作的领导,进一步完善全员、全面、全程的调解工作格局

调解工作做得好不好,能否充分发挥调解在维护稳定、促进和谐、保障发展中的积极作用,取决于广大法官是否重视调解工作,关键在于各级法院的领导班子和院长是否重视调解工作。从建立健全全员调解、全面调解、全程调解的工作格局出发,各级法院的院长必然是调解工作的第一责任人,应当亲自领导和指导调解工作,在必要的情况下,要亲自参与重大、疑难案件的调解。这也是我们把全省基层法院院长都请来开会的缘由。在这方面,一些法院领导班子和院长为我们树立了良好榜样。镇赉县法院严格落实院长接待日制度,强化院领导的调解工作责任,用足调解手段,实现了连续三年无来省进京访。各级法院要进一步强化调解工作的责任落实,建立院长统一领导下的、各分管副院长亲自指导、各部门协同配合、全院法官共同参与的逐层级调解工作网络,形成"人人都来调、人人都能调"的全员调解格局。同时,经当事人同意可以邀请人民法院以外的国家机关、社会组织、人大代表、政协委员或公民个人协助调解或主持调解,充分利用社会力量的地缘、人缘和专业优势提高调解成功率。

调解优先的原则不仅适用于民事案件,也适用于其他案件。

我们在强化民事案件调解工作的同时，要积极拓宽调解案件的范围，积极探索在现行法律框架内的全面调解，把调解案件的范围从民事案件逐步扩展到行政案件、刑事自诉案件、轻微刑事案件、刑事附带民事案件、国家赔偿案件、执行案件、信访案件。要通过深入实践，用足用活调解的方式和方法，不断探索有助于和谐社会建设的多种结案方式，不断创新诉讼和解方法，积极推动轻微刑事案件和解机制、行政案件协调机制和执行案件和解机制，最大限度地通过调解实现案结事了。

各级人民法院要把调解贯穿于诉讼活动的各个阶段，贯穿于立案、审判、执行、息访的各个环节，做到全程调解。广大法官要牢固树立“调解优先”的工作理念，不放过诉讼活动各个阶段存在的调解可能性，利用好每一次与当事人接触的机会，了解当事人的想法和诉求，不失时机地向当事人释法明理，并动之以情，力争最大限度地以调解方式化解纠纷，努力实现法律效果与社会效果的统一。

六、进一步推动诉讼调解与非诉讼调解的有效衔接，构建多元纠纷解决机制

建立诉讼调解与非诉讼调解相衔接的矛盾纠纷解决机制，是法院调解工作的必然延伸，是和谐政法、和谐司法的必然要求，也是中国特色社会主义司法制度的政治优势。这是一项涉及各个领域、各个部门和各个阶层的系统工程。推动诉讼调解与非诉讼调解相衔接的矛盾纠纷解决机制的建立和完善，必须紧紧依靠党委的领导、人大和政府的支持，争取社会各界的积极参与。各级法院要积极主动地向党委报告法院调解工作，听取党委对诉讼调解与非诉讼调解相衔接工作的指示和部署。我省较早推动建立诉讼与非诉讼相衔接的矛盾纠纷解决机制并取得良好效果的基层法院，

都得益于党委、人大和政府对这项工作的高度重视和大力支持，建立起了党委领导下的人民调解、行政调解和法院调解“三位一体”的调解工作格局。长春市宽城区法院、吉林市昌邑区法院、白山市八道江区法院和扶余县法院等在这方面做出了有益的尝试，并取得了初步成效。尚未建立相应工作机制的法院，要认真借鉴这些基层法院的做法，结合本地情况，积极争取把这项工作列入党委的决策部署，列入人大监督和支持的范畴，列入政府的工作规划，取得党委、人大和政府的支持，尽快建立健全诉讼调解与非诉讼调解相衔接的矛盾纠纷解决机制。

要充分发挥人民法院的引导推动作用，为诉讼与非诉讼纠纷解决机制的衔接提供动力支持。矛盾纠纷形成的原因是多方面的，解决矛盾纠纷的途径和方法也应该是多元的。因此，我们一方面要不断加强诉讼调解，另一方面要全力推动调解的社会化，促进各种纠纷解决方式相互配合、相互协调和全面发展，做好诉讼调解与非诉讼调解的相互衔接，为人民群众提供更多可供选择的纠纷解决方式。各级人民法院要积极推动行政机关、人民调解组织、社会团体、行业协会、企事业单位建立健全纠纷调处机制，在诉讼程序之外对民事纠纷进行调解。当事人起诉的，人民法院在决定立案前，对适宜调解的案件，可以引导当事人选择诉讼外调解。法院应当支持、尊重有关组织在不违反法律、行政法规和地方性法规强制性规定的前提下，参照行业惯例、村规民约、社区公约和当地公序良俗等社会规范处理纠纷。经诉讼外调解达成的调解协议，经双方当事人申请，法院立案后进行审查，依法予以确认，使之取得司法效力。

同志们，这次全省法院调解工作经验交流会是在“人民法官为人民”主题实践活动深入开展、司法体制和工作机制改革不断深化、多元纠纷解决机制日益健全的背景下召开的一次十分重要的会议，也是大力推进人民法院调解工作和多元纠纷解决机制建立、积极回应广大人民群众日益增长的多元性和多样化司法需求、致力于建设公正高效权威和谐的社会主义司法制度的一次非常重要的会议。让我们以社会主义法治理念和“三个至上”重要思想为指导,认真贯彻“调解优先、调判结合”的工作原则,全面加强人民法院调解工作,积极推动多元纠纷解决机制的建立和完善,为构建社会主义和谐社会做出更大的贡献!

以社会主义法治理念为指导
努力实现刑事司法事业科学发展*

这次全省法院刑事审判工作会议是经过省高院党组讨论、批准召开的，会议的主要任务是：认真学习贯彻党的十七届四中全会和省委九届八次全会精神，深入贯彻落实科学发展观，以社会主义法治理念和“三个至上”重要思想为指导，回顾总结近年来全省法院刑事审判的主要工作和基本经验，分析研判当前刑事审判工作面临的形势和任务，部署今后一个时期进一步加强刑事审判工作的各项措施，促进刑事审判职能充分发挥，为保障经济社会科学发展、人民群众安居乐业、社会和谐稳定、国家长治久安做出新的更大的贡献。

对这次会议，最高人民法院和省委政法委高度重视，最高人民法院党组副书记、副院长张军同志和省委政法委副书记秦利明同志莅临指导，充分体现了最高人民法院和省委政法委对全省法院工作的关心和支持，必将极大地促进全省法院刑事审判和其他各项工作的深入开展。省直政法部门的领导同志和律师协会的同志也应邀参加会议，交流刑事诉讼的思想和经验。在此，我代

---

* 本文是2009年10月15日张文显在“吉林省全省法院刑事审判工作会议”上的讲话。

表院党组和全省法院的法官干警，对最高人民法院、省委政法委和省直政法部门的各位领导同志表示热烈的欢迎和衷心的感谢！

关于今后一个时期刑事审判的具体工作，建华同志还将代表院党组作具体部署。下面，我讲三个主要问题：

一、近年来全省法院刑事审判工作的简要回顾和总体评价

自2006年11月第五次全国刑事审判工作会议以来，全省法院在省委和各级党委的领导下，深入贯彻落实科学发展观，认真学习和实践社会主义法治理念，全面落实最高人民法院的工作部署，严格执行刑事司法政策和刑事审判原则，依法审理了各类刑事案件四万八千余件，判决发生法律效力罪犯四万六千余人，为维护国家安全和社会稳定、保障经济社会健康发展和人民群众安居乐业作出了突出贡献，刑事审判工作取得了新成就和新进展。

——进一步明确了刑事审判的指导思想和司法理念。全省法院认真学习和实践社会主义法治理念，特别是去年以来通过集中开展“大学习、大讨论”活动和深入学习实践科学发展观活动，扎实开展“三个至上”重要指导思想和社会主义法治理念教育实践活动，使全省法院和广大刑事审判法官进一步加深了对新时期人民法院工作重大理论和实践问题的清醒认识，加深了对“三个至上”重要思想和社会主义法治理念的深刻理解，加深了对社会主义法治理念在刑事司法领域的基本要求的准确把握，并在“三个至上”重要思想和社会主义法治理念的指导下，进一步理清和确立了社会主义刑事司法理念，为全面做好新时期的刑事审判工作奠定了坚实的思想政治基础。

——进一步增强了对刑事司法政策的深刻把握。全省法院严格执行刑法和刑事诉讼法，切实强化了对罪刑法定、罪责刑相适

应、适用刑法人人平等和审判公开、程序法定、证据裁判等基本原则的正确把握,依法惩处刑事犯罪。特别是去年以来针对一些法院和部分刑事法官在把握宽严相济刑事司法政策、国家死刑政策等方面存在的模糊认识和片面理解,我们组织全省法院广泛开展了专题研讨、专题调研和集中学习等活动,积极参加最高人民法院组织的刑事审判业务学习,认真研究中央司法改革意见和最高人民法院司法改革纲要的精神,使广大刑事审判法官进一步增强了对宽严相济刑事司法政策和国家死刑政策的全面理解和准确把握,为全面推进刑事审判事业健康发展提供了坚实的政策理论基础。

——进一步促进了刑事审判职能作用的充分发挥。全省法院注重充分发挥刑事审判职能,严格依照法律原则和法定程序进行刑事审判活动,严把案件事实证据关和法律政策适用关,进一步提高了刑事审判的质量、效率和效果,有效地维护了党的执政地位、维护了国家安全、维护了人民权益,确保了社会大局稳定。特别是加大了对严重暴力犯罪的打击力度,扎实开展了打黑除恶专项斗争、治理商业贿赂专项行动和涉农犯罪专项整治,切实加大了对刑事大案要案的审理力度,成功审理了上海社保系列案、刘文义等涉黑涉恶案件、吉林海天非法集资案等在全国有重大影响、社会各界和人民群众广泛关注的大案要案,对全省典型的涉农犯罪案件、毒品犯罪案件及涉黑涉恶案件集中公开宣判,取得了良好的法律效果和社会效果,得到了中央纪委、中央政法委、最高人民法院和省委的充分肯定。

——进一步完善了刑事审判制度和工作机制。全省法院认真贯彻中央和最高人民法院的改革部署,积极探索和推进刑事司法改革,建立和完善刑事审判工作机制。死刑核准制度改革平稳实施,如期实现了与最高人民法院的顺利衔接和平稳过渡,死刑案件质量明显提高,死刑核准率位居全国前列。积极推行案例指导制度，大力开展量刑规范化试点工作，着力建立量刑平衡机制和法律统一适用机制。进一步强化合议庭职责和公开审判职能，严格落实证据裁判原则和庭前证据展示等制度，扎实推进裁判文书改革，进一步统一、规范了全省刑事裁判文书的样式和格式，特别是死刑案件的综合报告样式和质量得到了最高人民法院的肯定。加强未成年人刑事审判组织机构建设，探索实行了未成年人刑事案件集中管辖，促进了未成年人刑事审判制度的进一步建立。积极开展刑事案件远程视频提讯工作，节约了司法资源，提高了办案效率。积极参与构建和谐政法格局，注重加强与其他政法机关的协同配合，及时就法律适用、证据标准等问题达成共识，确保了法律的正确实施。

——进一步提高了刑事法官队伍的整体素质。全省法院坚持把加强队伍建设作为推进刑事审判事业全面发展的重中之重，以加强刑事法官素质教育为重点，扎实深入地开展了社会主义法治理念和法官职业精神等一系列专项培训活动，进一步统一了执法思想和司法理念，坚定了刑事审判的正确政治方向，推进了刑事司法规范化建设。围绕全面提高刑事司法能力和公正司法水平，着力加强了刑事法官队伍的业务能力建设和司法廉政建设，重点加强了对刑事审判权运行的监督管理，扎实开展了刑事案件剖析评议，有效提高了刑事审判队伍的司法能力和职业素质，有力推动了刑事审判事业的全面发展，为维护国家安全和社会和谐稳定，保护人民群众生命财产安全，保障和促进我省经济社会发展，做出了重要贡献。

长期以来，全省法院的广大刑事法官坚持公正高效办案、和谐司法为民，以坚定的政治立场、正确的法治理念、精良的业务能力、优良的司法作风，忠实履行宪法和法律赋予的职责，勇担风险，甘于奉献，为刑事审判事业的全面发展付出了艰辛的努力。借此机会，我代表省高院党组向辛勤工作在全省各级法院刑事审判岗位上的广大法官干警致以亲切的慰问！

二、进一步清醒认识当前刑事审判面临的形势和任务，切实增强政治意识、大局意识和责任意识

刑事审判工作与国内、省内形势紧密相关。深刻认识当前我国社会主义建设面临的复杂国际国内形势，全面把握国家安全和社会稳定面临的各种风险和挑战，深入了解人民群众对司法工作的新需求和新期待，是做好新形势下刑事审判工作的重要前提。我们既要充分认识到，当前我国和我省总体形势较好，经济平稳较快发展，各项事业全面进步，社会大局和谐稳定，人民群众安居乐业；更要清醒地认识到，当前我国仍处于经济转轨和社会转型的特殊历史时期，现阶段人民内部矛盾凸显、刑事犯罪高发、对敌斗争复杂的基本特征没有变，特别是受国际国内各种复杂因素的影响，保持经济平稳较快增长、维护社会和谐稳定面临的压力明显增大。

一是经济和社会各种矛盾积聚叠加。去年以来发生的国际金融危机给我国和我省的经济发展带来了严重影响，经济领域内的矛盾和问题集中涌现，经济下行引发的各种不稳定、不确定、不和谐因素有所增加，呈现出了经济领域的新矛盾与老矛盾、经济领域的矛盾与社会领域的矛盾相互影响、相互作用的局面。特别是我省作为老工业基地，作为经济欠发达的省份，涉及农村土地征用、城镇房屋拆迁、国有企业和集体企业改制、保障性安居工程建设，以及涉法涉诉信访等方面的问题会更加凸显。尤其值得注意的是，随着利益主体日益多元、利益诉求日益多样、社会心态日益复杂，一些人心理失衡，对社会的不满情绪潜滋暗长，群体性事件不断增多，去年以来全国部分地区发生的大规模群体性事件，特别是今年我省发生的通钢事件，都为我们敲响了警钟。社会矛盾积聚、社会风险叠加的严峻形势，为我们刑事审判工作维护社会稳定、促

进社会和谐提出了新要求、新任务。

二是刑事犯罪总量仍将居高不下。总体上看，近年来全国和全省刑事犯罪案件发案平稳，社会治安大局稳定，人民群众的安全感持续上升，但也必须看到，刑事犯罪总量仍然处于高位运行的态势，犯罪的智能化、暴力化、动态化、组织化特征日益突出，刑事犯罪大要案数量明显增多，特别是黑恶势力犯罪、严重暴力犯罪、多发性侵财犯罪和涉众型经济犯罪屡屡发生，严重危害社会治安和经济社会秩序，危害人民群众的生命财产安全。特别需要警觉的是，受国际金融危机和社会矛盾积聚的影响，由经济纠纷引发的暴力讨债、绑架、哄抢以及因民间矛盾引发的杀人、伤害等"民转刑"案件可能更加突出，流动人口犯罪、多发性侵财犯罪可能更加突出，黄赌毒犯罪可能更加突出，城市社会治安问题向农村蔓延扩散的趋势可能更加突出，集资诈骗、非法传销等涉众型犯罪仍可能持续发生。因此，在现阶段受各种复杂因素的影响，刑事犯罪总量仍在高位运行的局面不会发生根本改变，人民法院维护社会和谐稳定的任务依然任重道远。

三是敌对势力破坏活动不断加剧。西方敌对势力对我国西化、分化的范围越来越广泛，方式也越来越多样，怂恿和支持境内外暴力恐怖势力、民族分裂势力、宗教极端势力大肆进行颠覆渗透破坏活动，藏独、疆独等分裂势力破坏活动越来越猖獗，严重危害国家安全和主权。吉林省是"法轮功"邪教组织的发源地和"法轮功"破坏的重灾区，利用邪教组织进行犯罪破坏活动的现象仍然比较突出。同时，吉林省又是东北亚腹地，近两年跨境犯罪尤其是跨境毒品犯罪十分猖獗，敌对势力和宗教势力的渗透也日益加剧，我们面临的国家安全、公共安全和社会治安问题更加严重。在这种态势下，人民内部矛盾和敌我矛盾、国内犯罪与跨国犯罪相互交织的形势会更加突出，与敌对势力的斗争会更加尖锐复杂。这些都对人民法院刑事审判工作提出了新的挑战。

四是社会舆情对司法的关注更加集中。当前,社会各界和人民群众对司法工作的关注日益增强,这一方面体现了人民群众对司法工作的关心和支持,反映了新时期人民群众对司法工作的新需求和新期待;另一方面,社会舆情特别是网络舆情对司法工作尤其是对人民法院审理刑事大案要案和敏感案件的高度关注,也向我们提出了新挑战、增大了新压力。在现阶段社会矛盾“触点”增多、“燃点”降低的新形势下,任何一起普通刑事案件的处理都有可能迅速转变为社会热点问题。从近年来社会舆情特别是网络舆情高度关注的广州许霆盗窃案、杭州胡斌交通肇事案、成都孙伟铭醉驾致人死亡案等等,都充分说明了这一点。同时,我们还要看到,由于司法机关在国家政权中的特殊地位和作用,敌对势力一直把司法领域作为对我实施西化、分化的突破口,司法领域已成为我国与敌对势力在意识形态和两种制度较量中的最重要领域之一,敌对势力利用法院审判个别错案或者审判中的瑕疵攻击社会主义司法制度的情况时有发生。这就要求我们必须提高判断事实证据的能力和正确适用法律的能力,及时、准确把握社情民意,实现法律效果和社会效果的有机统一。

总之,全省各级法院和广大刑事审判法官一定要清醒认识当前刑事审判工作面临的特殊形势和任务,进一步增强政治意识、忧患意识、大局意识和责任意识,深刻把握社会主义初级阶段的基本国情和当前我国我省发展的阶段性特征在刑事司法领域的具体体现,不断提高刑事审判的质量、效率和效果,确保刑事司法职能的充分发挥。

三、深入贯彻社会主义法治理念,坚持“三个至上”重要指导思想,全面推进和实现刑事司法事业科学发展

当前和今后一个时期,全省法院刑事审判工作总的指导思想

和主要任务是：深入贯彻落实科学发展观，以社会主义法治理念和“三个至上”重要思想为指导，紧紧围绕“为大局服务、为人民司法”的工作主题，牢固树立社会主义刑事司法理念，继续推进刑事审判改革创新，完善刑事审判制度和工作机制，充分发挥刑事审判职能，依法惩罚犯罪、保障人权，为我省振兴、发展、稳定、和谐提供有力的司法保障。

（一）深刻把握“三个至上”指导思想的实践要求，实现刑事审判法律职能、政治职能和社会职能的有机结合

社会主义法治理念是指导社会主义法治实践的总的方针和原则，是政法工作总的指导思想，事关政法工作的政治方向和价值目标。刑事司法贯彻社会主义法治理念，核心在于坚持“三个至上”重要指导思想，统筹兼顾刑事司法的政治性、人民性和法律性，充分发挥刑事审判的法律职能、政治职能和社会职能，使刑事审判工作更加有利于维护和推进党的事业，更加有利于维护和实现人民利益，更加有利于促进和保障宪法法律的正确实施。

第一，贯彻“三个至上”指导思想，既要坚持法治原则，也要坚持政治原则。法治是为实现党和国家的中心任务服务的，是为中国特色社会主义事业发展进步服务的。刑事司法坚持政治原则，就是要牢固树立党的执政意识、国家政权意识、人民利益至上意识、社会大局稳定意识，把“切实维护党的执政地位，切实维护国家安全，切实维护人民权益，确保社会大局稳定”作为首要政治任务和政治责任来定位和谋划刑事审判工作，找准刑事审判工作服务党和国家中心工作的结合点和着力点，真正做到部署工作、处理问题、审理案件都置于大局中去思考，从有利于大局来把握。当前和今后一个时期，“保增长、保民生、保稳定”是党和国家的中心工作，也是人民法院的重要政治任务，特别是我省目前正处在经济企稳回升的关键节点、巩固发展基础的特殊时期和进行弯道超越的重

要阶段,保持和创造和谐稳定的社会环境至关重要。全省法院要紧紧围绕"三保"这一中心任务,认真研究维护社会稳定的新思路,积极探索促进社会和谐的新方法,充分发挥刑事审判职能作用,全力为保增长、保民生、保稳定的大局服务。

第二,贯彻"三个至上"指导思想,既要严厉惩罚犯罪,也要坚决保障人权。惩罚犯罪和保障人权是刑事司法不可分割的两项根本职能,必须坚持两者并重。在当前刑事犯罪总量高位运行,特别是黑恶势力犯罪、严重暴力犯罪和侵财犯罪多发的形势下,要继续强调并充分发挥刑事审判惩罚犯罪的职能作用,增强人民群众的安全感,维护社会治安稳定。这是我们刑事审判工作在任何时候都必须坚守的根本职责。依法有效惩罚犯罪,保护广大人民群众的人身、财产等合法权利不受侵犯,也是刑事司法领域保障人权的重要方面。在刑事审判工作中,我们既要充分发挥惩罚犯罪的职能,也要强调人权保障的职能,要严格贯彻罪刑法定原则、罪责刑相适应原则和证据裁判原则,确保罚当其罪,同时确保无罪的人和没有确凿证据证明有罪的人不受刑事追究;要严格遵守刑事诉讼法关于案件审理期限的规定,这不仅是审判效率的问题,更关系到被告人的人身权利,要有效遏制超期审理、坚决杜绝超期羁押的问题发生;要充分尊重被告人的诉讼地位和人格尊严,依法保障被告人充分行使各项诉讼权利,充分听取被告人及其辩护人的意见,保证其受到合法、公正的审判;要高度重视和加强被害人及其家属司法权益的保护,依法保障被害人的诉讼权利和合法权益,着力加强刑事附带民事赔偿执行力度,建立刑事被害人社会救助制度,尽可能争取使受到伤害的被害人及其家属得到应有的经济赔偿和精神抚慰。

第三,贯彻"三个至上"指导思想,既要执行刑事法律,也要贯彻刑事政策。就法律与政策的关系而言,政策是法律的灵魂。法律与政策虽然在产生渠道、表现形式、作用和效力上有所区别,但二者相互影响、相互作用,具有本质上的一致性、功能上的共同性和适用上的互补性。虽然现阶段刑事法律日益完善,刑事审判的具体活动已经从过去主要依据政策转变为主要依据法律,但刑事审判的政治方向、基本原则和司法精神仍然是由、并始终将由党和国家的政策决定的。所以,正确把握党和国家的刑事政策,正确处理刑事法律与刑事政策的关系,实现执行法律与贯彻政策的有机统一,是我们必须始终坚持的司法原则,特别是在新的形势下,严格贯彻执行国家刑事司法政策更能有效地惩罚和预防犯罪,实现刑事法律的立法宗旨。为此,全省法院在刑事审判工作中,既要严格执行刑事法律,也要严格贯彻刑事政策,找准二者之间的最佳结合点,将法治意识与大局意识相结合,将原则性与灵活性相结合,兼顾法律的准确适用与刑事司法的目的追求,实现法律效果与社会效果的有机统一。

第四,贯彻"三个至上"指导思想,既要坚持严格执法,也要体现社情民意。刑事审判必须始终坚持以事实为根据、以法律为准绳的基本方针,必须始终坚持罪刑法定、罚当其罪的刑法原则,但这并不意味着法律教条主义和司法机械主义。法律作为规范,其内容是抽象的、概括的、定型的,具有一定的稳定性,但司法要处理的现实社会生活则是具体的、易变的,具有很大的不确定性,尤其是在当前我国经济转轨和社会转型的特殊历史时期,经济、政治、文化和社会生活日新月异,新情况新问题层出不穷。由此决定,刑事审判工作既不能不顾各地的不同情况,也不能不考虑变化了的和正在变化着的社会情势而机械执法。同时也决定刑事审判在坚持严格执法的同时,不能不高度关注和尊重民意,既要在整体刑事审判工作中充分考虑人民群众对社会和谐稳定的现实需求,依法严厉打击侵犯人民权益的犯罪行为,为人民群众安居乐业创造良好的法治环境,也要在具体刑事个案的处理中充分考虑人民群众对判决的感受、接受和承受程度。把坚持严格执法与体现社情民意结合起来,目的就是实现法律正义与社会正义的有机统一,实现法律效果与社会效果的有机统一。

(二)严格贯彻宽严相济的刑事政策,最大限度地实现惩治犯罪和促进和谐的有机统一

宽严相济的刑事政策,是对我国长期以来惩治刑事犯罪、维护社会和谐稳定实践经验的科学总结,是惩办与宽大相结合政策在新时期的继承、完善和发展,是深化司法体制和工作机制改革的重要内容,也是刑事审判工作正确执行国家法律的重要指针。全省法院要准确把握宽严相济刑事政策的科学内涵和精神实质,稳妥处理宽严相济刑事政策具体贯彻执行中的相关问题,以有力惩罚震慑犯罪、分化瓦解犯罪、遏制预防犯罪,维护社会稳定,促进社会和谐。

第一,贯彻宽严相济的刑事政策,必须准确把握其科学内涵。胡锦涛总书记在2007年底全国政法工作会议座谈会上强调指出:"要从有利于遏制犯罪、稳定治安大局、增强人民群众安全感、促进社会和谐出发,准确把握宽严相济的刑事政策,防止片面强调从严和片面强调从宽两种倾向。"这一重要观点为我们正确理解和运用宽严相济的刑事政策提供了根本的指导思想。宽严相济是唯物辩证法这一世界观和方法论在刑事审判中的生动体现,是辩证统一的两个方面。"严",就是要依法严厉打击严重刑事犯罪,该严不严,重罪轻判,严重犯罪就难以遏制,社会就不会安宁;"宽",就是要区别对待,对轻微犯罪和确有依法从轻情节的犯罪给以从宽处理,该宽不宽,轻罪重判,或者不考虑从轻情节,对抗性因素就会增加,社会对立面就可能扩大,不利于社会和谐。因此,正确理解和准确把握宽严相济的刑事政策,必须坚持宽严相兼备、相协调、相统一,分别讲宽和讲严,都不可能抓住其精髓。

第二,贯彻宽严相济的刑事政策,精髓在于科学运用"相济"。

宽严相济的刑事政策，精髓在于“相济”，真正做到以宽济严和以严济宽，实现相辅相成、相互依存、相互补充；本质要求在于依法做到“该宽则宽、当严则严、宽严相济、罚当其罪”。对这一刑事政策既要贯彻落实到刑事司法的整体实践中，也要贯彻落实到具体刑事个案的审理中。从刑事司法的实践层面来讲，贯彻宽严相济的刑事政策，一方面必须正确估计刑事犯罪的发展趋势和社会治安面临的严峻形势，在现阶段我国刑事犯罪高发、严重暴力犯罪多发的形势下，必须旗帜鲜明地强调“从严”惩治的一面，对那些危害国家安全犯罪、危害公共安全犯罪、恐怖犯罪、黑恶势力犯罪、严重暴力犯罪和集团犯罪的首要分子、累犯、教唆犯、预谋犯罪，以及发生在社会保障、征地拆迁、企业改制、医疗、教育等领域严重损害群众利益的国家机关工作人员职务犯罪，要毫不动摇地继续坚持依法严惩的方针，应当判处重刑的、应当判处死刑的，要坚决依法判处。另一方面，也必须注意强调“从宽”处理的一面，对那些社会危害不大、主观恶性不深，具有法定从轻处罚情节和酌定从宽处罚条件，以及较轻犯罪的初犯、偶犯，要坚持依法从宽处理。就具体刑事个案的审理来讲，贯彻宽严相济的刑事政策，绝不是简单地等同于重罪依法严惩轻罪依法从宽，也需要具体分析、区别对待，做到严中有宽、宽以济严，宽中有严、严以济宽，一方面对严重刑事犯罪在依法严惩的同时，必须重视“宽以济严”，对其中具有自首、立功、从犯等法定或酌定从宽处罚情节的，要严格依照法律和政策济之以宽；另一方面，对轻微刑事犯罪在依法轻处的同时，也要重视“严以济宽”，对其中屡教不改、恶性较大、群众反映强烈、不从严不足以有效惩戒的，要严格依照法律和政策济之以严，以确保充分实现惩戒和预防犯罪的刑罚目的。

第三，贯彻宽严相济的刑事政策，必须努力实现良好社会效果。宽严相济刑事政策的出发点和落脚点都在于追求刑事司法的良好社会效果，最大限度地增加和谐因素，最大限度地减少不和谐因素。这就要求我们,一方面要坚持审时度势,根据不断出现的新情况新问题,正确运用宽严相济的刑事政策,并随着社会发展和犯罪现实适时加以调整。宽严相济是一个动态的概念,"宽"和"严"都是相对的、动态的,永远不是绝对的、僵化的,随着犯罪率的升降、犯罪类型的变化、社会治安状况的好坏等等变量,宽严相济的刑事政策必然相应地呈现出时宽时严、在某些类型案件上总体趋宽而在另一些类型案件上总体趋严的趋势。我们必须正确分析不同时期不同地域社会治安的总体形势,理性研判一个时期内刑事犯罪的发展态势,准确把握"宽"与"严"适用的对象和尺度,确保罚当其罪和刑罚适用的社会效果。另一方面,要把宽严相济的刑事政策放在构建社会主义和谐社会这个大目标中来把握,将这一政策的基本精神和要求体现到刑事审判的每一起案件、每一个环节中,从有利于遏制和预防犯罪,有利于被告人认罪服法、教育改造和回归社会,有利于减少社会对抗、促进社会和谐稳定的视角来思考和运用,确保宽严相济刑事政策的贯彻执行取得最佳的社会效果。

(三)正确贯彻执行党和国家的死刑政策,以最严格的标准和最审慎的态度依法审理好死刑案件

死刑是我国刑罚体系中的重要制度,是剥夺犯罪分子生命的最严厉的刑罚方法,是和平时期国家强制力的最高形式。"保留死刑,严格控制和慎重适用死刑",是党和国家一贯的刑事政策。面对当前死刑案件数量不降反升的局面,科学把握死刑政策,正确审判死刑案件变得尤为重要。

第一,正确贯彻执行死刑政策,必须从我国的基本国情出发充分认识"保留死刑"的必要性和重要性,准确把握"严格控制"的深刻内涵。周永康同志强调指出:"对于死刑政策,一定要从中国的国情出发,从有利于减少犯罪、控制治安大局、增强人民群众安全

感、促进社会和谐稳定等方面认识和把握死刑政策。对于死刑问题,要考虑国际舆论因素,但主要从我国国情出发,依照我国的法律和政策办事。"这些重要论述为我们正确理解和准确把握党和国家的死刑政策提供了根本方法。一方面,我们必须充分认识到,是否保留死刑绝不单纯是一个法律问题,更确切地讲是一个政治问题,是由一个国家的基本国情所决定的。另一方面,我们更要清醒地认识到,现阶段我国仍处于并将长期处于社会主义初级阶段的基本国情没有变,人民日益增长的物质文化需要同落后的社会生产之间的矛盾这一社会主要矛盾没有变,我国社会稳定形势处于人民内部矛盾凸显、刑事犯罪高发、对敌斗争复杂的状况没有变,"保留死刑"符合我国现阶段的基本国情,适应社会治安形势的需要,顺应人民群众的意愿,在今后一个相当长的时期内,仍然是维护国家安全和社会稳定、保护人民群众根本利益、保障经济社会发展的重要手段。

"保留死刑"与"严格控制死刑"是国家死刑政策的有机整体。"严格控制"就是根据社会治安的总体形势和维护社会稳定的实际需要,从总体上、战略上和趋势上对死刑适用进行严格把握。"严格控制"绝不是"人为控制"。必须清楚,判处死刑的案件和人数的多少是由犯罪本身的性质和严重程度来决定的,是以法律规定为依据的,不以我们的主观意志为转移,社会上犯死罪的人多,依法被判处死刑的人相对就多,反之就少。我们必须准确地把握好这一辩证关系,绝不能为减少死刑数字而减少死刑,也绝不能以牺牲人民群众的生命财产安全和社会和谐稳定为代价而减少死刑,对于严重危害社会秩序、罪行极其严重的犯罪分子,特别是严重危害国家和社会公共安全的犯罪分子,论罪应当判处死刑的,要依法坚决判处死刑,以有效震慑和预防犯罪,使人民群众切实感受到法律的保护,切实增强人民群众的安全感。当然,在此前提下,也要慎用死刑。

第二，正确贯彻执行死刑政策，必须慎用死刑，以最严格的标准确保死刑只适用于极少数罪行极其严重的犯罪分子，以最审慎的态度确保死刑案件的证据必须达到确实、充分的证明程度。一方面保留死刑，另一方面要慎用死刑。这是党和国家的一贯方针政策。审判死刑案件，必须在具体事实认定、证据审查和法律适用、政策把握上始终坚持极其慎重的态度，要始终坚持严格统一的法律政策标准和慎之又慎的事实证据认定，绝对防止死刑案件出现任何人为的差误，坚决确保每一起死刑案件都办成经得起法律检验、经得起社会检验、经得起历史检验的"铁案"。要准确理解和贯彻证据裁判原则，适用死刑必须严格统一地坚持证据裁判的最高标准和最严要求，死刑案件的证据裁判标准是绝对的标准，必须达到确实、充分的证明程度，在任何时候、任何情况下都不能打折扣，在事实、证据问题上，我们绝不能冒一丝一毫的误判死刑的风险，对于定罪证据或者重要量刑证据有疑问、有欠缺，不能排除合理怀疑、不能得出唯一结论的，绝对不能适用死刑，无论我们面临多大的压力，都必须始终坚持对党的事业负责、对人民利益负责、对法律负责的精神坚决贯彻执行，这同时也是对人民司法事业负责，对我们自己负责。要严格统一地把握和执行法律政策标准，在考虑死刑量刑时，一定要根据被告人的罪责和法律政策标准审慎对待，对依法可以判处死刑的案件，是否判处死刑，要结合被告人的犯罪原因、犯罪情节、危害后果、认罪悔罪态度等法定、酌定量刑情节综合判定，具有法定从宽情节的，应当最大限度地体现立法精神，具有酌定从宽情节的，也应当充分体现政策，确保死刑适用法律效果与社会效果的有机统一。

（四）进一步加强刑事审判制度和工作机制建设，全面提高刑事审判的质量、效率和效果

开创刑事审判工作新局面，需要不断地改革和完善刑事审判

制度,加强和推进刑事司法规范化建设。全省法院要认真贯彻落实中央和最高人民法院的改革部署,以解决影响司法公正、制约司法能力的突出问题为重点,从有利于维护司法公正、高效、廉洁,有利于提高司法能力和水平,有利于促进社会和谐稳定出发,进一步加大制度创新力度,推进刑事审判工作机制建设。

一是要着力推进量刑规范化建设。"规范自由裁量权,将量刑纳入法庭审理程序",是中央和最高人民法院确定的一项重要的司法改革项目,是规范法官自由裁量权行使、维护社会公平正义、确保国家法律统一实施的必然要求和重大举措。法律的适用是通过法官的审判活动来实现的,所以必须尊重法官及合议庭的"自由心证"和"自由裁量",但这种"自由裁量"行为也必须加以规范,以确保法官按照法定程序和职权行使,确保公正司法、廉洁司法、和谐司法。就刑事审判工作而言,定罪和量刑是刑事审判活动的两个核心内容,但相对于定罪来讲,量刑公正则是刑事正义的重要体现,无论是实体正义还是程序正义,归根结底都需要通过量刑公正加以实现。同时,我们还要看到,就全国范围而言,由于各地情况的千差万别,量刑的不平衡在所难免,但在省内各地区之间量刑差异过大就不正常,必须引起我们的高度重视。全省法院一定要认真贯彻最高人民法院的部署,扎实推进量刑规范化试点工作,同时要以此为契机,进一步建立和完善案例指导制度,特别是要按照《人民法院量刑指导意见(试行)》和《人民法院量刑程序指导意见(试行)》的要求,加强对黑社会性质组织犯罪、领导干部职务犯罪、故意杀人犯罪、抢劫犯罪、盗窃犯罪等重点案件和多发性案件的量刑研究,形成我省法院统一适用的量刑指导意见,尽最大努力统一裁判标准,尽最大努力做到同样情形的案件同样处理,避免由于量刑随意和量刑出现较大差异而引发人们对司法公正的质疑。

二是要严格刑事证据规则的适用。刑事审判定罪的标准是"案件事实清楚,证据确实、充分"。这要求我们要不断强化证据审查意识,在仅有口供的情况下决不能定案,必须对各类证据的客观性、合法性、关联性进行严格审查、严格把关,对矛盾点认真细致地进行全面审查,确保据以定罪量刑的犯罪事实清楚、犯罪证据确实充分,能够排除一切合理怀疑。特别是在审理死刑案件时,在证据问题上容不得有丝毫纰漏,决不允许有任何侥幸心理。我们必须坚决执行王胜俊院长在全国法院刑事审判工作座谈会上讲话提出的要求:“死刑案件的证据裁判标准是绝对的标准,必须达到确实、充分的证明程度,在任何时候、任何情况下都不能打折扣。”要严格遵循“事实清楚,证据确实、充分”的法定定案标准,切实落实“一审是基础,二审是关键”的责任,一丝不苟、尽职尽责地履行好证据审查把关责任,切实避免带着问题审结、报核死刑案件。庭审证据审查工作要更加严格地按照刑事诉讼法的规定和最高人民法院、最高人民检察院、公安部的有关规定,严格执行,认真审查、把关,坚决防止错漏发生。

三是要建立完善刑事大案要案审判机制。近年来,严重危害国家安全的犯罪案件、重大职务犯罪案件和影响社会稳定的涉众型经济犯罪案件、黑恶势力犯罪案件以及影响广泛、社会高度关注的热点案件等刑事大案要案时有发生。对刑事大案要案的审理,不仅直接关系到党和国家的工作大局,也直接关系到刑事审判的司法公信力和司法权威。对此,全省法院必须进一步加强对刑事大案要案审判工作的组织领导,建立健全切实有效的工作机制。办理刑事大案要案,必须切实强化责任意识和质量观念,严格执行国家法律规定和刑事司法政策,把好事实证据关、法律适用关和审判程序关,确保办成“铁案”。坚持严格依法办案,这是我们在任何时候、任何情况下都不能动摇的,越是大案要案,越要注意依法办案,将确保办案质量作为重中之重。要努力实现法律效果与社会效果的统筹兼顾,审理刑事大案要案一定要在严格依法办案的前提下,全面把握中央的方针政策、党委的决策部署和人民群众的吁请，充分运用政治智慧和法律智慧，追求和实现法律效果与社会效果的最佳结合。

四是要健全完善刑事审判管理工作机制。刑事审判决定着生杀予夺，直接关系到公民的人身自由、财产甚至生命。因此，对刑事审判工作要实行更为科学、更为严格、更为规范的管理，以确保刑事审判质量、效率和效果。加强刑事审判管理，关键是要进一步加强审判组织建设，强化合议庭职责，切实发挥合议庭的职能作用，对死刑案件、抗诉案件、发回重审案件和承办法官通过阅卷认为事实不清、证据不足的案件，必须严格实行合议庭成员交叉阅卷制度，进而逐步推广到对所有的刑事案件全部实行交叉阅卷制度，保证合议庭职能的充分发挥。

要加大裁判文书改革力度。今年年初，我们进一步统一了全省刑事裁判文书和审理报告的格式。当前和今后一个时期，我们要进一步加强对质证中有争议证据的分析、认证，增强裁判文书说理性的研究，体现裁判公正。衡量一份判决书好不好，要看事实是否叙述清楚、用以证明事实的证据是否有力、说理是否充分、援引法律是否准确、判决结果是否正确、文字表述是否准确、精炼，要具有说理性、透明度、说服力和公信力。同时，要逐步向全社会开放裁判文书，在互联网上公布裁判文书，疏通普通公众接触裁判文书的渠道，并把裁判文书改革和审判方式改革相结合，不断提高法院的司法权威。

要建立科学合理的考评机制，将传统的粗放式审判管理转变为精细的、更为科学的审判管理，将相对偏重数量的绩效考核转变为更加注重质量、效率和效果的绩效考核，从承办案件的疑难复杂程度、分析说理能力、开展附带民事调解以及法律文书撰写质量等方面进行更全面、更科学的考评，以此促进刑事司法水平的不断提高。

五是要进一步优化上下级法院审判职权的配置。上级法院与下级法院是监督指导关系。监督,是指上级法院通过对上诉刑事案件的审理和申诉刑事案件的审查进行个案监督,这种监督具有事后性;指导,是指上级法院对一定区域内法院整体刑事审判工作的业务指导,这种指导具有事前性或者事中性。首先,要正确认识上级法院对下级法院上诉案件的改判和发回重审、对申诉案件的提审或指令再审,上级法院作出改判或发回重审、提审或指令再审的裁定时,要具有充分的法律依据,决不能以此为手段来干预下级法院审理和执行案件,把监督指导关系演绎成领导关系。其次,上级法院要做好对下级法院的指导工作,采取各种形式对辖区内法院整体刑事审判工作进行业务指导,尤其是对当前存在问题比较多及需要引起重视的死刑案件的政策适用问题、职务犯罪的量刑问题、非监禁刑的适用问题、未成年人刑事案件的审判问题、涉黑涉恶案件的审理问题、刑事审判管理问题等等加强指导,全面提高各级法院的司法能力,促进法院工作整体推进。再次,要处理好下级法院对上级法院的个案请示和汇报制度。法院系统内的案件报告请示的做法在新中国成立之初便已产生,这种做法对于密切上下级关系、交流经验、正确处理重大或疑难问题、避免错误观点,以及提高干部水平和改进工作,都有很大的好处,但是现在越来越多的案件请示被演变为矛盾上交和避免地方干预的手段,这种做法与法律规定的审级制度严重背离,两级法院的裁判变成了一个法院的裁判,使被告人的权利无从保障。在今后工作中,要严格依照最高人民法院出台的关于请示制度的规范性文件:下级法院进行个案请示时,只能就法律适用问题请示,不能就案件事实问题请示;请示时必须做到事实清楚,事实不清、证据不足的案件不得报送请示;必须经过本级审判委员会讨论,并形成倾向性意见,请示报告中要反映出各方面的意见;必须逐级请示;请示的案件必须是适用法律存在疑难问题的重大案件,或者依照有关规定应当报送请示的案件;上级法院答复请示问题必须采用书面形式。

（五）以提高能力、增强素质为重点，进一步加强刑事法官队伍建设

全面开创刑事审判工作新局面，努力实现刑事司法事业科学发展，队伍建设是根本。我们要按照严格、公正、文明、廉洁、和谐司法的要求，努力建设一支高素质的刑事法官队伍。

第一，要深入进行社会主义法治理念教育，深入开展“人民法官为人民”主题实践活动。要把社会主义法治理念特别是“三个至上”的重要思想与刑事审判结合起来，使全体刑事法官时刻牢记社会主义法治理念的基本理论、科学内涵和实践要求，凝练刑事司法中的法治理念，在刑事审判中践行社会主义法治理念；要善于找准人民性教育与刑事司法的交合点，明确刑事司法当中人民性教育和实践的载体，更好地践行“人民法官为人民”的根本宗旨。

第二，要加强中国特色社会主义理论体系的学习，加强马克思主义法学理论、诉讼理论和刑法理论的学习与研究，加强刑事司法政策的学习，使全体法官坚定中国特色社会主义的理想信念，深入把握改革发展稳定的理论，牢固树立马克思主义的法律观、刑法观和诉讼理念，学会运用政策的观点、发展的观点、稳定的观点、和谐的观点理解好刑事司法政策和法律的精髓，并用以审判好具体案件。

第三，要着力提高刑事法官把握大局的能力和把握社会矛盾的能力，做到对国际国内形势了然于胸，对中央的方针政策和决策部署了然于胸，对审判工作与改革发展稳定的关系了然于胸；做到对经济社会发展和社会和谐稳定的形势充分把握，对刑事犯罪案件的客观形势和发展趋势充分把握，对维护社会和谐稳定的实际需要和人民群众的意愿要求充分把握，并以此正确指导刑事司法实践，在思考分析问题、执行法律政策、审理各类案件时胸怀全局，

自觉做到为大局服务、为人民司法。

第四,要着力提高刑事法官的廉洁意识,增强拒腐防变的能力。需要引起各级法院党组和领导高度重视的是,当前刑事审判特别是基层法院的刑事审判工作已经成为热点岗位,刑事法官手中的审判权特别是量刑幅度、罚金适用、非监禁刑适用等等已经成为少数法官权力寻租的重要手段,切实抓好刑事审判队伍的司法廉洁问题刻不容缓,在这方面我们也有着极其深刻的教训。各级法院要坚持不懈地抓好党风廉政建设,进一步加强廉政制度建设,正确处理好放权与监督的关系,切实加强对审判权行使的监督制约,特别是加强对权力集中、容易出现问题的重点环节的管理和监控,加强审判纪律约束,加强廉政文化教育和反面警示教育,严肃追究违法审判、徇私枉法的责任,确保刑事法官队伍的清廉本色。

第五,要制定刑事法官职业化建设规划,在整体提升刑事法官素质的同时,培养一大批刑事审判专家和研究型法官,培养一批精通刑事证据科学的专家,培养善于审理知识产权犯罪、网络信息犯罪、涉外犯罪等新型犯罪的审判法官,保证在刑事审判的各个领域、各个方面都有业务精良的审判专家和研究型法官。同时,要着力培养刑事法官运用现代科学技术,特别是信息网络技术、多媒体技术、科技法庭技术的能力,推动刑事审判现代化。

第六,要根据刑事审判工作面临的严峻形势和繁重任务,稳定刑事审判骨干,并不断充实刑事审判队伍,从政治上、业务上、精神上、生活上给予刑事审判法官更多的关心和爱护,努力为他们解决工作、学习、生活上的后顾之忧,增强刑事审判岗位的吸引力,确保刑事审判队伍的相对稳定和不断发展,为开创刑事审判工作新局面,推进和实现刑事审判事业科学发展提供坚实的组织保障和人力资源。

（六）牢固树立和谐政法理念，大力构建和谐司法工作格局

加强和谐司法建设，是我们全面推进刑事审判工作的重要条件。建设和谐政法是建设社会主义和谐社会的必然要求，是发展社会主义民主政治、充分发挥中国特色社会主义司法制度优越性的必然要求。和谐政法是省委政法委提出的先进理念和工作方针，其科学内涵是：在党委的统一领导、人大的依法监督和政府的有力支持下，在宪法和其他法律的制度框架内，各政法机关既依法制约监督、更有力协同配合，以准确有效地执行法律，共同履行维护党的执政地位、维护国家长治久安、维护人民群众利益、维护社会公平正义、保障和服务经济社会发展的神圣职责。和谐政法包括和谐的政法体制、和谐的政法文化、和谐的政法工作目标、和谐的政法工作模式、和谐的政法队伍、和谐的政法工作环境。

由于刑事审判的特殊性，相对于法院的其他审判工作而言，刑事审判构建和谐政法格局更为重要和迫切。各级法院和广大刑事审判法官一定要充分认识这一点。各级法院要始终把维护社会稳定、促进社会和谐、化解社会矛盾、实现案结事了、切实保障人权，作为刑事审判的工作目标；要牢固树立党的领导观念，自觉地把党的路线方针政策和重大决策部署认真贯彻落实到刑事审判工作中，对于刑事审判工作特别是刑事大案要案审理的重大情况和重大问题要及时向党委请示报告，案件审理中遇到的困难要如实向党委反映，在需要有关部门配合或发生意见分歧时要主动提请党委政法委协调，自觉地把刑事审判工作置于党委的统一领导之下。要更加自觉主动地接受人大监督，认真审理好人大常委会和专门委员会批转的案件以及人大代表、政协委员和人民群众高度关注的大案要案和敏感案件，及时汇报和通报案件审理情况，并向人大代表和政协委员做好析法明理、解疑释惑的工作。要高度关注社

会舆论和网络舆情，对于刑事大案要案的审理，特别是对于那些人民群众和社会各界广泛关注、甚至期望值比较高、已经形成热点问题的案件，在宣判后要快速通过召开新闻发布会、刊发答记者问、组织法官接受采访、邀请专家进行评议等多种有效形式，对社会关注的定罪、量刑等重要问题进行全面、充分的回应和说明，牢牢把握宣传舆论工作的主导权、话语权。

当前，构建和谐司法，要特别注意加强与检察机关、公安国安机关、司法行政机关的沟通协调和密切配合，共同做好刑事诉讼的各项工作，共同履行打击犯罪、保障人权、维护稳定、促进和谐的神圣责任。要与检察机关、公安国安机关、司法行政机关一起，完善政法机关联席会议制度、情报信息共享机制及文件交换制度，及时研究解决定罪量刑方面的疑难问题，认真分析在法律适用、证据标准等方面遇到的分歧问题，努力达成共识，形成合力。要自觉接受检察机关对审判活动的法律监督，对检察机关提起公诉的案件，应当认真审查检察机关提供的证据的合法性和关联性，充分考虑检察机关提出的定罪和量刑建议，坚决纠正检察机关提请注意的违法审判行为；要认真对待检察机关的抗诉案件，确有错误的要实事求是地纠正，即使不予支持的也要互相沟通情况，力争形成共识；要积极落实检察长列席审判委员会制度，改善和促进审判工作。要进一步提高对律师在刑事诉讼中的重要作用的认识，充分尊重律师，坚决克服在律师面前的特权思想和霸道作风，特别是在审判过程中要认真对待律师提出的辩护意见和提出的证据，吸收律师的正确意见。要与相关司法行政机关积极沟通，依法规范地做好减刑假释工作、人民调解工作、司法行政基层工作、社区矫正等工作。

同志们，当前我省正处在经济企稳回升的关键节点、巩固发展基础的特殊时期、进行弯道超越的重要阶段，同时各种深层次矛盾日益显露，刑事犯罪率持续升高，维护社会和谐稳定的压力增大。

在这种情况下,刑事审判工作任务更加艰巨,责任更加重大,使命更加光荣。让我们以社会主义法治理念和"三个至上"重要思想为指导,求真务实,改革创新,尽职尽责,协同配合,全面开创刑事审判工作新局面,努力实现刑事司法事业科学发展,为保障经济社会发展、人民群众安居乐业、社会和谐稳定、国家长治久安做出新的更大的贡献!

在公权力与私权利之间实现司法平衡*

1989年4月4日，第七届全国人民代表大会第二次会议审议通过了《中华人民共和国行政诉讼法》。这是我国社会主义民主政治发展中的重大事件，在社会主义法治建设道路上具有里程碑意义。《行政诉讼法》的制定实施，填补了我国诉讼制度的空白，完善了中国特色社会主义司法制度，在维护公民权利、监督依法行政、促进社会和谐、确保公正司法等方面发挥了重大作用。

二十年来，在各级党委领导和人大监督下，在各级人民政府支持配合和社会各界的关怀勉励下，我省各级人民法院忠实履行宪法和法律赋予的司法职能，认真贯彻执行行政诉讼法，积极开展行政审判，依法审理和审查了大量的行政诉讼案件和非诉行政执行案件，切实保护了公民、法人和其他组织的合法权益，促进了行政机关严格执法、依法行政，为保障吉林经济社会发展，为全面实施依法治国基本方略，加快建设社会主义法治国家做出了应有的贡献。

一是坚持依法积极受案的方针，受理和审理了大量行政案件。

---

* 本文是2009年4月1日张文显在吉林省人大常委会、吉林省人民政府和吉林省高级人民法院联合召开的“纪念《中华人民共和国行政诉讼法》颁行20周年座谈会”上的讲话。

我们通过采取诉权保护专项检查和及时清除妨碍受案的"土政策"等一系列措施,不断加大对当事人诉权的保护力度,使我省行政诉讼立案工作连续多年位居全国法院前列。二十年来,全省法院共审理各类行政诉讼案件四万七千余件,仅2008年就受理一审行政诉讼案件2477件,是行政诉讼法实施当年的13倍。随着行政诉讼法的深入贯彻实施,人民群众的维权意识逐步增强,公民、法人越来越多地以提起行政诉讼的方式表达诉愿、申明权利、要求救济;行政机关也越来越依靠行政审判来裁决自身化解不了的矛盾纠纷,因此,行政诉讼案件的数量逐年猛增,行政审判的地位、作用和社会影响越来越突出,行政审判已经成为人民法院审判工作的重要组成部分。

二是坚持行政诉讼法立法宗旨,切实保护公民、法人和其他组织的合法权益。我国建立行政诉讼法律制度的根本目的,是通过司法权对行政权的制约监督,防范和纠正违法行政行为对群众利益的侵害,保护公民、法人和其他组织的合法权益,促进行政机关公正执法、文明执法。二十年来,我省各级人民法院始终把保护公民、法人和其他组织的合法权益作为行政审判工作的出发点和落脚点,依法判决撤销、确认违法或者无效、变更被诉行政行为等一审行政机关败诉的案件约一万件,占已结一审行政诉讼案件的近30%,有效地保护了行政管理相对人的合法权益。

三是坚持维护依法行政,树立行政执法权威。全省法院在坚持保护行政管理相对人合法权益的同时,注重对行政机关依法行政行为给予司法上的保障和支持。二十年来,全省法院通过判决维持、确认合法或者有效、驳回原告诉讼请求等方式维护和支持行政机关的案件达一万六千多件,占已结一审行政诉讼案件的50%左右,办理行政机关申请执行的生效行政案件共六万四千多件,有力地支持了行政机关依法行政,维护了正常的行政管理秩序、市场经济秩序和社会公共秩序。

四是坚持运用协调机制,妥善化解行政争议。全省法院从维护社会和谐稳定的大局出发,积极创新审判工作机制,在全国较早地开始探索运用协调方式处理行政案件,并取得了较好的成效。2006年以来,全省法院通过协调方式处理的行政案件占全部审结案件的三分之一左右,有效防止和避免了矛盾激化,为维护社会和谐稳定作出了积极贡献。

五是坚持维护社会公平正义,着力提高审判质量效率。在行政诉讼法施行之初,我们就郑重地向全省法院提出要把每一起案件都办成经得起人大监督、社会检验和历史考验的"铁案"。最近几年,随着深入学习实践科学发展观,不断强化社会主义法治理念,全省法院行政审判法官公平正义意识进一步增强,审判质量和效率不断提高。早在最高人民法院召开的第一次全国行政审判工作会议上,省高院就在大会上作了确保行政案件质量和效率的先进经验介绍。2007年最高人民法院评查组对我省行政审判工作给予了充分肯定和高度评价。2008年行政案件的上诉率仅为25%,申诉率为6%,发回改判率为3%,大大低于全国平均比率;结案率为92%,比2007年上升了15个百分点。二十年来,经省高院审理的行政案件被最高人民法院改判的只有一件,经本级通过审判监督程序改判的也只有一件。

六是坚持为大局服务,保障我省发展振兴。实施行政诉讼法以来,全省法院行政审判始终坚持为大局服务的神圣使命,全力以赴促进和保障经济社会发展,为吉林老工业基地振兴、特别是为国有企业改革、社会主义新农村建设、招商引资、棚户区改造等提供了良好的司法服务。仅以棚户区改造为例。为了保障全省棚户区改造工作顺利进行,省高院于2005年底就向省委、省政府报送了《关于充分运用审判职能为全省城市棚户区改造提供司法保障的报告》,时任省委副书记的唐宪强同志作了重要批示。2006年初,省高院专门召开了全省法院棚户区改造审判工作会议,并制定下发了《关于人民法院审理和执行城市棚户区改造行政案件若干问题的规定》。2006年,省高院向省委、省政府提交了《全省法院关于为城市棚户区改造提供司法保障和法律服务的阶段性报告》,提出了棚户区改造过程中应当引起各级党委、政府高度重视、认真处置的五个问题和五项建议,并总结了“五个坚持、五个统一”的主要经验。时任省委书记王云坤、省长王珉和其他省领导同志分别作出了重要批示,给予了充分肯定和高度评价。2007年初,省高院又及时出台了《关于人民法院为县(市)棚户区改造提供司法保障和法律服务的指导意见》。开展棚户区改造工作以来,全省法院已审理和执行了近三千件涉及棚户区改造的行政案件,为确保全省棚户区改造工作顺利进行作出了重要贡献,省高院连续两年被省政府授予“棚户区改造先进单位”,人民日报、人民法院报、吉林日报等多家媒体对我省法院运用行政审判职能保障和服务棚户区改造工作做了大量报导,人民法院的工作得到了党委、政府和人民群众的赞誉和认可。

回顾总结行政诉讼法颁布二十年来的行政审判工作,我们深刻地体会到:为了充分发挥行政审判作用,为人民司法,为大局服务,必须正确把握和妥善处理以下几方面的关系。

一是正确处理党的领导、人大监督与依法独立行使审判权的关系。党对行政审判工作的领导是确保行政审判工作沿着正确政治方向和政治道路不断发展的根本保障,是人民法院严肃执法、排除各种干扰和阻力、妥善化解行政争议的政治优势。人大对行政审判工作的监督,是人民法院顺利开展行政审判工作的法律保障和坚强后盾。二十年的行政审判实践证明,只有紧紧依靠党的领导,自觉接受人大监督,人民法院才能真正做到依法独立行使审判权。2007年,省委、省政府联合下发了《关于加强和改进行政审判工作的意见》。在此之前,省委政法委曾先后两次下发《关于加强行政审判工作的通知》。省人大常委会曾连续三年对法院行政审判工作和行政执法情况进行视察、检查和回查。所有这一切,都对我省行政审判事业的发展进步起到了关键作用。

二是正确处理保护合法权益与监督依法行政的关系。保护公民、法人和其他组织的合法权益,监督行政机关依法行使行政职权,是我国行政诉讼法的重要立法目的。保护公民、法人和其他组织的合法权益与监督依法行政,是一个问题的两个方面,二者在本质上是一致的,不存在根本冲突,二者的结合点就是行政行为的合法性。人民法院只有维持合法的行政行为、撤销或变更违法或不当的行政行为,才能实现我国行政诉讼制度的根本宗旨。

三是正确处理服务大局与依法履行职责的关系。人民法院行政审判工作必须始终坚持为党和国家工作大局服务,这是中国特色社会主义司法制度所决定的,也是人民法院的性质、地位和职能的集中体现。二十年的行政审判实践使我们深深体会到,行政审判工作的职责就是依法正确裁判各类行政案件,妥善化解行政争议,确保党的事业不断发展,确保人民利益得到依法保护,确保宪法和法律得到正确实施。人民法院要通过正确运用行政审判权处理具体案件,来实现维护党的执政地位、巩固党的执政基础、保护最广大人民的根本利益的目的,服务党和国家的工作大局。

四是正确处理法律效果与社会效果的关系。多年的审判经验告诉我们,法律效果和社会效果从根本上来说是统一的,法律效果是社会效果的基础,社会效果是对法律效果的延伸和强化。审视和评价行政审判工作,不仅要看是否公正高效,还要看审判的结果是否被社会接受和认可。正确处理法律效果和社会效果的关系,既要恪守司法的公正性,又要增强服务大局的意识,在法律允许的范围内充分发挥司法的能动作用;既要维护当事人的合法权益,又要善于引导当事人正当合法地行使权利;既要保证个案处理的公正性,又要注意裁判的导向性;既要严格执行法律,维护法律的尊严和统一,又要追求社会效益的最大化。

五是正确处理执行政策和适用法律的关系。党和国家的政策是法律的灵魂,法律是政策的体现。在我国,政策与法律本质上是一致的,总体上是相辅相成的,但因为时间差、空间差、规范性、稳定性等方面的原因有时也会出现不够协调、不相一致的情形。经过长期的实践探索和思考,我们逐步形成了以下认识:现行法律有明确规定的,应当适用法律;现行法律没有规定或者规定不明确,而政策有明确规定的,应当执行政策;现行法律与政策都有规定且不抵触的,优先适用法律;法律和政策不尽一致的,要从法律效果、社会效果和政治效果相统一的原则出发,综合考虑、灵活掌握和适用;对于社会改革发展过程中出现的新事物、新情况和新问题,国家和地方尚未制定具体法律法规,而政策有相应规定的,可以依据法的根本精神参照和执行政策。例如,我省近几年行政审判所涉及的国企改革、棚户区改造、社会保障等改革事项的争议和纠纷,主要是依据法的根本精神,运用政策规定来审理的,也产生了较好的效果。

回顾总结二十年来的行政审判工作,我们既为取得的成就感到自豪,更对行政审判工作的未来发展充满信心。不久前结束的十一届全国人大二次会议确定了保增长、保民生、保稳定的工作大局。我们要紧紧围绕这一工作大局,精心谋划、全面部署,深入开展行政审判工作,进一步发挥行政审判职能,为我省经济社会又好又快发展提供司法保障和法律服务。

第一,牢固树立服务大局理念,切实保障经济平稳较快发展。一是高度重视并认真审理好涉及保增长、保民生、保稳定的行政案件。我们要积极运用行政审判职能,妥善化解受国际金融危机和经济衰退影响造成部分经济领域发展放缓而引发的各种行政争议,确保中央和省委保持经济平稳较快发展的部署得到贯彻落实。二是高度重视并认真审理好各类涉农行政案件。我们要认真贯彻落实党的十七届三中全会作出的《关于推进农村改革发展若干重大问题的决定》和省委、省政府的实施意见，根据最高人民法院和省高院充分发挥司法职能保障和推动农村改革发展的指导意见，切实加强对各类涉农行政案件的审判工作，确保党和国家深化农村改革发展的重大决策顺利实施。三是高度重视并认真审理好涉及全省重大项目建设的行政案件。今年我省将加大力度建设一批重大项目，各级法院要认真审理好项目建设过程中发生的征地审批、补偿安置等行政案件，确保这些关系国计民生的重大项目建设顺利进行。四是高度重视并认真审理好涉及集体林权制度改革的行政案件。要依法妥善处理好各类林权争议，确保我省集体林权制度改革深入开展。

第二，牢固树立司法为民理念，切实保障人民群众切身利益。我们要始终坚持为人民司法，把维护好人民群众利益作为行政审判工作的根本出发点和落脚点。一是以积极的态度救济民权。凡是符合行政诉讼要件的诉求，都应当认真受理，切实解决老百姓行政诉讼难的问题。二是以优质的服务减轻民负。进一步完善简易程序、巡回审判制度和司法救助制度等便民惠民措施，尽可能地减轻当事人的诉讼成本和讼累。三是以快捷的审理解除民忧。切实解决一些案件审判效率不高、审理周期过长、久拖不结的问题。四是以公正的裁判保障民利。彻底杜绝关系案、人情案、权力案，防止“官官相护”、“权权交易”，确保行政案件公正裁判。五是以有力的执行实现民愿。加强行政裁判的执行力度，既要多做说服教育、沟通协调工作，又要依法采取必要的强制措施，使生效裁判得到及时执行，切实保护当事人合法权益。当前，还要着重审理好棚户区改造、劳动和社会保障、失业就业、食品药品安全、生产安全等涉及民生的行政案件，解决好涉及群众利益的热点难点问题。

第三，牢固树立公平正义理念，切实保障行政审判质量、效率和效果。一要坚决贯彻执行行政诉讼法，这是确保公正审判的法治基础。当前，要立足以人为本的司法理念，紧紧围绕全面提高审判质量、效率和效果，紧紧围绕严格规范司法行为，加强行政审判管理，确保行政审判程序公正、实体公正、行为公正。二要准确认定事实。要通过严格执行法定程序和正确运用证据规则，最大限度地确保法律事实与客观事实相一致，使案件的裁判达到事实认定清楚，证据充分可靠。三要正确适用法律。要深刻把握法律精神和政策精髓，正确理解和解释法律政策，对法规、规章具体内容存在冲突的问题，要依照法定程序提请有权机关解释和确认；对于相对模糊的法律政策界限，善于进行正确的价值选择和利益衡量，确保同类案件在法律适用上的一致性。四要切实提高审判效率。要正确处理好程序的正当性和快捷性的关系，进一步优化诉讼程序，从审判效率的角度对诉讼程序的每个环节进行检验，用正当程序的观念对程序进行精简，依法对诉讼期间进行压缩，以便迅速化解矛盾纠纷，及时实现权利救济，促进政府与公民和谐共处。五要注重法律效果和社会效果的有机结合。审理行政案件既要做到息诉服判、案结事了，又要从大局出发，注意裁判的正确导向；要不断总结经验教训，对不同的处理方式进行利弊权衡，力求把负面影响减少到最低程度，实现社会公益的最大化。

第四，牢固树立和谐司法理念，切实保障社会和谐稳定。我们要积极探索和创新解决行政争议新机制，采取多种手段、多种方式，合理调整公共利益和个人利益的关系，增进人民群众与政府之间的谅解与信任，促进行政管理关系的和谐。要不断增强协调工作能力，尽可能通过协调的方式化解行政争议。要积极探索建立多元纠纷解决机制，在党委的统一领导下，相关部门分工负责，互相配合，形成整体合力，力争将行政争议处理在初始阶段，解决在萌芽状态。对于一些单纯依靠司法手段难以处理的复杂敏感案件，要及时向党委、人大报告，依靠党委和人大的政治优势予以妥善解决。要充分认识当前群体性行政案件日趋上升的严峻形势，按照中共中央办公厅、国务院办公厅《关于预防和化解行政争议，健全行政争议解决机制的意见》和最高人民法院《关于妥善处理群体性行政案件的通知》要求,高度重视并妥善处理群体性行政案件,防止矛盾激化,维护社会稳定。

第五,牢固树立党的领导和人大监督理念,切实保障行政审判科学发展。要主动接受各级党委的领导,对重大部署、重要决策以及涉及全局问题、敏感问题、社会热点焦点问题的重大案件和群体性行政案件,要及时向党委及其政法委员会汇报,紧紧依靠党委总揽全局、协调各方的政治优势,正确驾驭复杂局面,处理复杂问题,解决当前制约行政审判工作科学发展的机制性障碍和突出问题。要自觉接受人大监督,经常向人大常委会报告行政审判工作情况,重大案件要及时向人大常委会领导汇报。要坚持邀请人大代表观察庭审、听证和列席审判委员会制度,对人大常委会委员、专门委员会委员和人大代表关注的案件要依照有关规定认真办理,并及时反馈办理情况;对他们关于行政审判工作提出的意见、建议和批评,要认真对待,充分采纳。同时,要虚心接受人民政协的民主监督、检察机关的诉讼监督和社会舆论监督,虚心听取广大人民群众的意见、建议和批评,确保行政审判工作在多元性监督之下正确开展。要积极探讨、认真研究建立与行政机关有序畅通的互联工作机制,定期或者不定期交流行政审判和行政执法的信息,增进共识、加强合作,不断增进行政审判与行政执法的良性互动,用依法行政的成果创新行政审判工作,以行政审判和司法监督的成果改进行政执法活动。

同志们,我国行政诉讼是一项比较年轻的法律制度,行政审判是一项充满活力和生命力的事业。让我们站在新的历史起点上,更加深入学习行政诉讼法,更加认真贯彻执行行政诉讼法,共创依法行政、公正司法、依法治国的美好未来!

致力平安吉林建设　服务小康社会发展*

深入推进平安吉林建设，是今年年初省委从我省改革发展稳定大局出发对政法工作提出的一项重要任务，也是我们在今年的省人代会上向全省人民郑重承诺要着力抓好的四项重点工作之一。今天，我们召开这次会议，主要任务是全面贯彻中央和省委关于深入开展平安建设的决策部署，总结成绩，交流经验，表彰先进，推动工作，以进一步发挥司法职能作用，更加致力平安吉林建设，服务小康社会发展。

下面，我讲两点意见。

一、深刻认识深入开展平安建设的重要意义，切实增强维护社会和谐稳定的责任感和使命感

深入开展平安建设，是党中央从中国特色社会主义事业总体布局和全面建设小康社会全局出发提出的重大战略任务，是党的十六大以来中央一以贯之的指导思想，对于维护人民群众切身利益、保证经济社会科学发展具有极其重要的意义。

---

* 本文是2010年10月19日张文显在“吉林省全省法院致力平安吉林建设经验交流暨表彰大会”上的工作报告。

第一,平安是民生之首。保障民生、改善民生、发展民生是党中央深入贯彻落实科学发展观,坚持立党为公、执政为民宗旨的根本体现。党的十七大突出强调要加快推进以改善民生为重点的社会建设,指出“社会建设与人民幸福安康息息相关。”进入21世纪以来,随着我国经济转轨日益纵深,社会转型步伐加快,人民群众的需求更加多样化,民生的内涵也随之更为丰富,包括教育、就业、收入分配、社会保障、医疗卫生和社会和谐稳定等等。在众多的民生需求中,社会安宁、人身安全、安居乐业无疑是首要的需求,正所谓平安才是福。正因为如此,党的十七大报告明确地把完善社会管理、维护社会安定团结作为六大民生问题之一进行了重点部署。在其后12月份召开的全国政法工作会议上,胡锦涛总书记进一步强调“社会平安是极重要的民生问题”,要求“把维护好人民权益作为政法工作的根本出发点和落脚点,着力解决人民最关心、最直接、最现实的利益问题,为人民安居乐业提供更加有力的法治保障和法律服务。”温家宝总理也在多次的政府工作报告中把民生问题提高到人民幸福与尊严的层面,把社会公正与和谐提高到改善民生的首要前提。因此,深入开展平安建设,已经成为增强人民群众安全感、提高人民幸福指数的首要任务。

第二,平安是发展之基。发展是党执政兴国的第一要务,而发展的前提是社会稳定与和谐。所以,党中央始终强调必须坚持稳定压倒一切的方针,把促进改革发展同保持社会稳定结合起来,坚持改革力度、发展速度和社会可承受程度的统一,确保社会安定团结、和谐稳定。胡锦涛总书记在纪念改革开放三十周年大会上精辟地指出:“三十年来,我们既大力推进改革发展,又正确处理改革发展稳定的关系,坚持改革是动力、发展是目的、稳定是前提,把不断改善人民生活作为处理改革发展稳定关系的重要结合点,在社会稳定中推进改革发展,通过改革发展促进社会稳定。”并强调“在当今世界发生广泛而深刻的变化、当代中国发生广泛而深刻的变化的大环境下,必须始终保持社会大局稳定。”因此,党中央始终强调发展是第一要务,稳定是第一责任。加快推进改革发展,必须深入推进平安建设,努力保持和营造社会长期和谐稳定的发展环境。

第三,平安是小康社会的核心指标。在本世纪头二十年,集中力量,全面建设惠及十几亿人口的更高水平的小康社会,是党的十六大确立的新世纪新阶段我国社会主义现代化建设的奋斗目标。全面建设小康社会的目标,既是中国特色社会主义经济、政治、文化全面发展的目标,也是包含经济发展、政治民主、科教进步、文化繁荣、社会和谐、生态文明、人民幸福等丰富内涵的目标。小康社会有很多核心指标,其中就包括社会平安。小康社会必然是平安社会、和谐社会,是人民安居乐业、社会安定有序、国家长治久安的社会。为此,党的十六大把“社会更加和谐”作为全面建设小康社会的六大任务之一明确提出。在党的十六届六中全会作出的《关于构建社会主义和谐社会若干重大问题的决定》中,进一步把构建和谐社会作为全面建设小康社会的重要目标进行了突出强调。因此,平安是小康社会的核心指标,没有平安就没有和谐,没有和谐就没有小康,全面建设小康社会,必须首先确保社会平安。

第四,构建平安是社会主义司法的核心价值。人民法院的各项工作都与构建平安、促进和谐息息相关:立案工作的根本任务是保障人民群众诉权,方便当事人诉讼,为矛盾纠纷当事人提供公权力救济,以防止社会陷入私人报复的恶性循环之中;刑事审判的根本任务是打击犯罪,保护人民,维护稳定,创造人民安居乐业的社会环境;民事审判的根本任务是化解矛盾纠纷,追究侵权责任,维护公平正义;行政审判的根本任务是保护人权,支持管理,构建政府与公民的和谐关系;执行工作的根本任务是通过依法强制执行,确保胜诉的当事人实现权益,彻底完成司法程序,彻底消解法律纠纷;涉诉信访工作的根本任务是有效化解信访甚至缠访、闹访、无理访,维护社会秩序,促进社会和谐;审判监督的根本任务是依法纠错,恢复公正,化解因事实认定不清或法律适用不当而引发的涉诉矛盾。因此,人民法院致力于平安吉林建设,涉及从立案、审判、执行到信访等法院审判工作的方方面面。所有这些方面都充分体现着平安、和谐的社会价值和司法价值。

综上而言,深入开展平安建设,事关人民群众切身利益,事关经济社会协调发展,事关全面建设小康社会。人民法院致力于平安吉林建设,是服务党和国家中心工作的重要方面,是践行"为大局服务、为人民司法"的深刻体现。全省法院一定要站在党和国家工作大局的高度,深刻认识深入开展平安建设的重大意义,准确把握人民法院在推进平安建设中担负的重要职责,扎扎实实地做好各项审判、执行工作,切实履行好中国特色社会主义事业建设者和捍卫者的神圣职责。

二、进一步强化平安建设意识,更加积极地投入平安吉林建设

第一,把保障发展放在首要位置,着力化解经济领域的矛盾纠纷。当前,经济领域的矛盾纠纷已经成为影响社会平安与和谐稳定的突出因素,成为制约经济又好又快发展的羁绊。对此,全省各级法院要有清醒的认识。要着眼于保持经济平稳较快发展,突出加强我省在深化改革、调整结构、扩大内需、促进转变中涉诉案件的审判和执行工作,妥善审理好涉及金融纠纷、企业破产、节能减排、环境保护、知识产权等各类纠纷案件,全力服务好重大项目建设,保障我省重大发展战略的稳步实施。要主动加强我省在加快经济发展方式转变和统筹推进工业化、城镇化、农业现代化进程中新情况新问题新矛盾的前瞻性研判,加大对土地承包、医疗保险、社会保障等重大问题的法律分析,及时做好司法应对。要立足增强服务效果,根据各类案件相对集中的不同情况,设立金融、破产、

涉农、环保和知识产权等审判庭或专门合议庭,以更加及时有效地审理好相关案件,进一步提高司法服务水平。

第二,把维护稳定作为第一责任,全力维护社会治安大局稳定。人民法院履行维护社会稳定的政治责任,首先体现在刑事审判中,关键是要准确把握和正确执行宽严相济的刑事政策。全省各级法院要全面客观地分析经济社会状况和社会治安形势,充分考虑人民群众的安全感和维护社会稳定的实际需要,特别是在现阶段刑事犯罪高发、严重暴力犯罪多发的形势下,必须毫不动摇地坚持依法严惩严重刑事犯罪的方针,严厉打击严重危害社会治安稳定、严重影响人民群众安全感的犯罪,确保打击力度和震慑效果。要坚持以宽促和,对于犯罪情节轻微、主观恶性不深、社会危害不大的初犯、偶犯、未成年犯、老年犯,在坚持严格执法、有罪必究的前提下,依法从宽处理。要进一步充分发挥非监禁刑、减刑、假释、社区矫正等法律规定和司法手段在维护稳定、促进和谐中的积极作用,在法律的范围内适当扩大非监禁刑的适用,适当放宽减刑、假释的适用标准,最大限度地增加和谐因素,减少社会对抗。

第三,把促进和谐作为第一目标,最大限度地预防和化解社会矛盾。人民法院致力平安建设,最根本的任务就是充分发挥司法职能,有效预防和化解社会矛盾。全省法院要准确理解"调解优先、调判结合"的原则,进一步强化调解意识,切实做到只要具备调解可能的要先行调解,不能调解的要尽快裁判,充分发挥调解与裁判两种手段的作用。要根据各类案件的特点,进一步明确调解的时限、要求和程序,全面推进包括立案、审判、执行、申诉、信访等各领域的调解工作,完善调解工作考评机制,提高调解质量和效率。要认真贯彻实施全国人大常委会通过的《人民调解法》,深入贯彻落实省委办公厅和省政府办公厅转发的《关于建立社会矛盾纠纷多元解决机制的意见》,进一步推动诉讼调解与非诉调解的有效衔接,实现当事人法律诉求的合理分流和矛盾纠纷的多元化解,努力预防社会矛盾激化,减少"民转刑"案件的发生。要进一步完善司法审查机制,监督和支持行政机关依法管理行政事务,实现政府职能转变和管理方式创新。同时,要积极参与社会防控体系建设,延伸司法服务职能,有效推动社会治安综合治理。

第四,把案结事了作为根本标准,切实提高化解矛盾纠纷的能力。人民法院立足执法办案、致力平安吉林建设,最根本的要求就是最大限度地实现定分止争、案结事了。首先是确保司法公正高效,特别是要进一步创新和加强审判管理,深入推进审判管理体系建设,全面建立审判绩效综合考评制度,引导广大法官不仅注重案件质量,还要注重审判效率,不仅注重办案的法律效果,还要注重社会效果,不仅注重案结,还要注重事了,不仅确保司法廉洁,还要做到司法文明。其次,要着力加强司法能力建设,切实提高广大法官干警认识和把握社会矛盾、认识和把握社情民意的能力,提高做群众工作的本领,当前要特别强调司法作风建设,培育法官倾听、理解、沟通、析理的职业修养,使广大法官在与当事人的沟通中感受大众的生活经验、法律意识和道德观念,获得化解矛盾、定分止争、案结事了的办案思路和智慧,以理性、平和、文明、规范的司法活动缓解诉辩矛盾,促进社会和谐。

第五,把司法为民作为根本宗旨,依法维护人民群众的合法权益。全省法院要牢固树立以人为本的核心理念,认真践行司法为民的根本宗旨,努力满足人民群众对社会平安、公正和谐、公平正义的司法需求。要进一步强化民生司法,妥善审理好劳动争议、土地征用、房屋拆迁、民事侵权、损害赔偿,以及教育医疗、环境保护、食品药品安全、劳动与社会保障等事关人民群众切身利益的案件,有效化解矛盾、消解对抗,确保社会安定、人民安宁。要突出重点难点问题,切实加强涉诉信访工作,确保全面完成集中清理化解涉诉信访积案的既定目标,切实巩固集中清理执行积案活动的成果,确保打赢官司的当事人及时实现权益,特别是要着力推进息访工作机制和执行工作长效机制建设，努力从源头上、根本上、基础上破解影响社会和谐稳定的突出问题。同时，要认真总结和推广多年来全省法院在便民利民方面积累的成熟经验和做法，进一步推进司法为民制度化、长效化、普遍化建设，以司法为民的实际行动巩固和发展社会和谐稳定的良好局面。

同志们，致力平安吉林建设，是人民法院的一项全局性工作，任务艰巨，责任重大。全省各级法院要紧密结合本地实际，进一步加强组织领导，进一步明确工作目标措施，进一步狠抓各项工作落实，进一步取得实实在在的成效，为保障和促进我省经济社会又好又快发展、夺取全面建设小康社会新胜利，作出新的更大的贡献！

关于涉诉信访和执行积案突出问题及解决建议 *

一、关于当前涉诉信访突出问题及解决建议

（一）当前涉诉信访的一些突出特点和问题

就吉林省来讲，经过这几年艰苦工作，全省涉诉信访工作取得了一定成效，涉诉信访总量呈下降趋势，涉诉信访秩序明显好转。但是，我们也清楚涉诉信访的形势还没有根本好转，还可能出现新的反弹。当前，我省涉诉信访呈现出以下特征和表现形式：

第一，一些经法院受理、判决并执行，诉权已得到实现，一段时间已经息诉，但随着国家政策的调整，特别是有关国企改革、房屋拆迁、土地征用、社会保险、劳动关系等方面的政策调整，当事人又重新上访，要求按新政策来保护他们的诉求，采取缠访、闹访的方式要求法院重新立案受理。这样的案件已不能进入司法程序予以解决，必须依靠党委领导，分流政府有关部

---

* 本文是2009年2月17日张文显在中央领导同志召集的有关涉诉信访和执行积案突出问题座谈会上的发言。

门予以解决。

第二,一些应由政府主管并解决的破产企业职工要求医疗救助引起的纠纷、因社会保险发放标准引起的纠纷以及因土地征用补偿标准引起的纠纷,因政府有关部门不作为而推至法院,对这些案件法院无法从根本上解决,因此导致上访人缠访不止。

第三,一些刑事被害人家属受"杀人偿命"传统观念的影响,对被告人追死欲望强烈,但由于案件证据不充分或法定情节等原因,法院没有判决被告人死刑立即执行;或者由于被害人家属过度主张民事赔偿,而被告人无财产可供执行,致使被害人家属得不到主张的民事赔偿,即使通过司法救助给予适当补贴,也仍然满足不了上访人要求。这两种情况导致一些上访人缠访、闹访甚至反复上访,此类上访人往往是情绪激烈、思想偏执、行为极端、难以稳控,多次反复进京上访。

第四,近年来,吉林省委省政府为解决涉诉信访突出问题,设立了信访救助资金,省委政法委为解决涉法涉诉突出问题也适当拨付了一批救助资金,一些救助对象得到了及时救助,这些被救助的上访人当时已签订息访协议,承诺此后不再上访,但事后又反悔,以各种理由继续进京上访,特别是有的已经息访多年的当事人,看到其他上访人得到金钱救助,产生攀比心理,引发串联上访。

第五,一些已经最高人民法院甄别确认为无理访、司法程序穷尽,应由涉案法院向地方党委政府汇报予以稳控并做好息诉罢访工作的上访老户,由于各种原因仍上访不止。一些中央政法委、中联办交办的且已经高级人民法院审委会讨论确认为无理访的重信重访案件中的上访人,经多方工作仍然上访不止。

(二)解决涉诉信访突出问题的建议

第一,建立和完善涉诉重信重访统一交办、归口管理的协调机制。建议从中央到地方涉法涉诉案件统一由中央政法委和省委政法委对政法各部门进行交办，避免和防止对同一案件多头重复交办，这样既有利于重信重访问题的解决，更有利于做当事人的息诉服判工作。

第二，建立健全党委领导下的涉诉信访案件出口机制。按照党委领导、法院理诉、政府解难、多元化解的信访工作原则，对法院已经作出明确、唯一法律结论并穷尽司法程序已终结的涉诉信访案件，全部移交联席办，分流涉案地党政机关予以稳控。

第三，进一步强化源头治理的长效工作机制。坚持预防为主、关口前移、重心下移、落实责任、源头治理的工作思路，正确引导矛盾纠纷通过人民调解、行政协调、仲裁等途径予以解决；进一步强化诉讼调解，坚持和谐司法，努力提高审判质量；认真做好判后答疑、明法析理；及时化解初信初访，有效控制和减少重信重访。

第四，进一步加大依法纠错工作力度。对因审判不公、司法行为不规范、甚至徇私枉法导致上访人久访不止的案件，领导要亲自包案，纠正错误判决，依法保护上访人的合法诉求，真正帮助他们解决具体困难和问题，真正做到案结事了，使上访人息诉罢访。同时，对有关责任人员进行追究。建议赋予最高人民法院和上级人民法院依法追究错案责任、处分责任人的权力，实现既管案又管人。

第五，尽快建立刑事被害人专项救助基金。对于那些被告人无能力予以赔偿，被害人严重丧失劳动能力或者生活十分困难的，由国家设立刑事被害人专项救助基金，把对刑事被害人及其家属的司法救助纳入到民政救助范畴，使司法救助变为社会救助，从而形成经常性、规范化的救助机制，使被害人及其家属得到必要及时的救助，防止此类案件引发上访问题，影响社会稳定。政府有充足的资金应对天灾，也应拿出一些资金应对人祸。

二、关于执行积案问题处理的建议

(一)关于400万件无财产执行积案的成因及处理建议

1. 400万件无财产执行积案的成因

全国法院清理出来的无财产可供执行的执行积案近400万件。这些积案的形成原因非常复杂,可以说是我国社会转型期的特有现象。

一是经济体制转轨过程中不可避免产生的。

二是资本原始积累过程中因规则虚无、市场混乱、诚信缺位、管理不善等原因造成的。

三是由于破产制度没有在法律意义上得到全面实施。新破产法实施前,我国有很多达到破产要求、应该破产的企业法人没有依法进入到破产程序中,造成大量无财产执行积案。

四是20世纪80年代开始的全民经商热,特别是行政机关、事业单位开办企业,以国家机关的名义对外担保,清理整顿后遗留了不少执行积案。近年来,一些地方政府及部门不顾实际情况,片面强调发展,拖欠了很多贷款和工程款,而行政机关是以预算外资金来承担责任的,故也形成了大量无财产执行积案。

2. 400万件无财产执行积案的处理建议

400万件无财产执行积案听起来数字较大,但要看到,这400万件无财产执行积案的总标的额并不大,是我国改革开放30年来积累下来的,又是在我国经济社会的转型期形成的。总体上来看,其存在没有损害我国社会主义市场经济秩序,也没有阻碍我国经济快速健康发展。

当然,400万件无财产执行积案毕竟是社会矛盾的一种表现形式,应当予以认真对待。我们建议对其实行动态管理,即申请执行人发现被执行人有可供执行的财产,可以随时向法院申请执行,而未申请执行的执行积案则保持原状态,不必重新寻找法律出口。主要理由:第一,这些执行积案中大多数都是"死案",是死账、呆账,被执行人无财产可供执行这种事实,大多数申请执行人是认可和接受的;第二,经过最高人民法院组织的前三次集中清理执行积案活动,这400万件执行积案绝大多数已被法院作结案处理,再为其重新寻找法律出口存在法律障碍;第三,重新寻找法律出口会使国家和法院背上沉重的包袱,且容易激活矛盾。有个形象说法,小孩已经睡着了,不要把他拍醒。

(二)关于32万件有财产执行积案的处理建议

全国法院有财产可供执行积案总数约为32万件。对这32万件积案的处理,我们建议:

1. 努力实现清理执行积案工作法律效果、政治效果和社会效果的有机统一

有财产执行积案的基本执结是我们的目标,但我们不能单纯为实现该目标而忽视执行工作的政治效果和社会效果。处理有财产执行积案,人民法院应从实际出发,从大局出发,充分考虑企业的生存和发展、工人的就业与生存,充分考虑社会的和谐与稳定,充分考虑促进我国经济平稳较快发展。有财产只是解决执行积案的重要条件,并不是全部条件,除了财产因素,还有社会因素、政治因素、历史因素制约着执行工作,甚至有个别案件表面具有合法性,如果执行的话势必导致国有资产流失。去年末,我院协调了一起被执行人为长春中日友好会馆的执行案件。作为贷款抵押物的该会馆4号楼被法院查封,强制执行没有法律障碍。但是,该会馆是长春市对外友谊交流的窗口,若强制拍卖,不仅降低该4号楼的价值,更会影响到政府的形象。为此,我们做了大量的协调工作,该会馆提出以其他房产抵债,得到了申请执行人的同意,取得了很好的效果。

2. 适时调整集中清理执行积案活动的策略和目标

当前我国正处于全力摆脱世界金融危机对我国经济带来严重影响的特殊时期。因此,对于那些疑难、复杂、社会影响较大的执行积案的执行,我们认为不宜对案件执结率和执结期限下达硬性的指标。本次集中清理执行积案活动开展之初,金融危机对我国经济的影响还没有充分显现,但目前我国的经济发展遇到了新的问题,执行工作也同样面临着新的挑战。当前,这次全国性的集中清理执行积案活动已经取得了显著的成效,有近60%的有财产执行积案得到了执结,剩下的执行积案多为"骨头案"。这些案件情况非常复杂,执结的难度越来越大,应给法院执行工作留有一定的时间和空间,不宜对案件的执结率和期限提出过高的要求。

关于修改贿赂犯罪刑法规定的建议*

根据我国反对贿赂犯罪、惩治腐败行为的现实需要，以及加入《联合国反腐败公约》（以下简称《公约》）之后法律对接的要求，对我国刑法有关贿赂犯罪的规定进行修改和完善势在必行。结合《公约》规定和法院审判工作实际，现提出以下修改、完善建议：

一

将刑法第 385 条第 1 款修改为，“国家工作人员利用职务上的便利，索取他人财物、财产性利益的，或者非法收受他人财物、财产性利益，为他人谋取利益的，是受贿罪。”并增加一款作为第 2 款，“明知他人有具体请托事项而收受其财物、财产性利益的，视为为他人谋取利益。”

本修改建议的主旨有两点：一是将贿赂的范围由“财物”扩大到“财物和财产性利益”；二是对“为他人谋取利益”进行扩大解释。理由是：

第一，从实践中看，贿赂的对象除了财物以外，很多表现为公

---

* 本文是张文显与全国人大代表、云南省高级人民法院院长许前飞在第十一届全国人民代表大会第一次会议上提出的立法建议。

费旅游、高消费权证等财产性好处，将贿赂犯罪的对象由“财物”扩大到“财物、财产性利益”，符合我国现阶段惩治贿赂犯罪的实际状况，同时也有利于实现与《公约》第15条第2项“不正当好处”的规定相衔接。

第二，规定第2款有利于惩治现实生活中有些国家工作人员承诺为请托人谋取利益还没有付诸实施或者收受财物后不为请托人谋取利益的情形，同时也有利于区别现阶段受贿犯罪与违反纪律收受礼金等行为的界限，突出打击重点。

二

在刑法第388条增加1款规定，“前款规定以外的人员，利用国家工作人员职权或者地位形成的便利条件，为请托人谋取不正当利益，索取或者收受请托人财物、财产性利益的，依照前款的规定处罚。”

本修改建议的主旨是将非国家工作人员的影响力交易行为入罪。理由是：

第一，从查处的案件情况和反腐败工作的实际需要看，领导干部“身边人”参与作案，已经成为当前腐败犯罪的一个突出特点。在已经查处的李嘉廷、刘方仁、石兆彬、慕绥新、麦崇楷、田凤歧、吴振汉、郑筱萸等人收受贿赂犯罪中都有其配偶、儿子、儿媳以至情人参与实施的情形。

第二，司法实践中对于非公职人员影响力交易而接受不正当好处的，如果国家工作人员受贿得以认定，理论上可以根据共同犯罪的有关规定按照受贿共犯处理。但是，因受贿行为的隐蔽性、收受与谋利的复合性等特点，实践认定中具有很大难度。所以，尽管《公约》在影响力交易刑罚化问题上采用的是弹性条款规定，但是，实现其国内立法转化具有重要的现实意义。

三

在刑法第389条中增加1款,作为刑法第389条的第3款:“为谋取不正当商业利益,给予外国公职人员或者国际公共组织官员以财物、财产性利益的,以行贿论处。”

本修改建议的主旨是将向外国公职人员和国际公共组织官员的商业行贿行为入罪。理由是:

第一,《公约》第16条规定了向外国公职人员和国际公共组织官员行贿的犯罪,并要求各缔约国采取必要的立法和其他措施,将这种行为规定为犯罪。增加该款规定,有利于我国履行《公约》规定的义务。

第二,从维护我国公司在世界市场上的形象,申明中国政府同国际贿赂犯罪作斗争的严明立场,以及顺利地进行国际刑事司法协助与合作的角度考虑,我国有必要根据国际刑法的发展,把向外国公职人员和国际公共组织官员行贿行为刑罚化。

第三,随着经济全球化急速发展和我国在国际商业舞台中的地位和作用日益突出,规定商业领域向外国公职人员和国际公共组织官员行贿犯罪,有利于维护我国的整体商业声誉,规范我国公民、法人和其他组织在国际商业活动中的行为。

四

将刑法第383条修改为:“贪污数额较大或者有其他较重情节的,处五年以下有期徒刑或者拘役,并处或者单处罚金;贪污数额巨大或者有其他严重情节的,处五年以上有期徒刑,并处罚金;贪污数额特别巨大或者有其他特别严重情节的,处无期徒刑或者死刑,并处没收财产。

贪污数额较小或者情节较轻的，由其所在单位或者上级主管机关给以行政处分。”

本修改建议的主旨是取消刑法上关于贪污、受贿罪的数额规定，以此完善贪污、受贿罪的法定刑规定。理由是：

第一，对贪污、受贿罪规定具体犯罪数额与立法体例不协调。现行刑法绝大多数条文没有以具体的犯罪数额为定罪量刑的主要标准。取消刑法第383条的数额规定，有利于立法体例的统一。

第二，规定具体犯罪数额不利于维护刑法的稳定性。刑法修订以来，随着我国经济、社会快速发展，现实情况已经发生了巨大变化。同样的贪污、受贿数额在经济发展的不同时期对社会的危害程度存在差别，而现行刑法的数额规定难以反映这种差别。修改刑法，取消贪污、受贿罪中的具体数额规定，由“两高”通过司法解释对贪污、受贿罪的定罪量刑数额作出规定，并随着经济、社会的发展及时进行调整，有利于维护刑法的稳定性。

第三，现行刑法对贪污、受贿罪的规定虽然注意到了数额以外的情节的作用，但尚存在一些不足。在实践中，一些案件的数额虽然相差不大，但由于其他犯罪情节轻重不同，导致其社会危害性差别很大。由于现行刑法主要以贪污、受贿数额确定定罪量刑幅度，容易造成数额相同但其他犯罪情节不同的犯罪，只能在一个量刑幅度内判刑，导致量刑失衡。

第四，从近年来的司法实践看，对贪污、受贿一二十万元的案件和贪污、受贿一二百万元甚至更多的案件，通常都判处10年以上有期徒刑，致使在量刑上难以体现出明显的差别。

第五，现行刑法关于受贿罪按照贪污罪法定刑处罚的规定，虽然体现了打击贪污贿赂犯罪并重的立法精神，但从司法实践看，贪污罪与受贿罪社会危害性的表现形式有较大差别：贪污罪的社会危害性主要是通过数额大小体现的；而受贿罪的社会危害性，除了取决于受贿数额大小以外，往往还通过国家工作人员滥用权力的情况或者给国家利益造成重大损失等情节表现出来,特别是严重损害了国家权力的公共性和公职人员职务行为的廉洁性,在有些案件中,其他情节的危害性甚至比受贿数额的危害性更大。因此,修改刑法时充分考虑其他情节的量刑作用,更有利于从严惩治贪污贿赂犯罪。

第六,把贪污、受贿罪的法定刑调整为三个量刑幅度,一是考虑到刑法中的严重犯罪多数是两个或者三个量刑幅度;二是每个量刑幅度分别对应数额较大和情节较重、数额巨大和情节严重、数额特别巨大和情节特别严重,便于解释和统一适用;三是把有期徒刑、无期徒刑和死刑分别规定,有利于司法机关办理此类案件时确定级别管辖。

关于尽快理顺铁路、林业、农垦等部门和企业法院管理体制的建议*

党的十一届三中全会以来，我国的司法体制改革取得了重大成就，在坚持党的正确领导、保证人大的法律监督的前提下，充分保障了人民法院依法独立行使审判权。党的十六大提出“推进司法体制改革”，十七大进一步提出“深化司法体制改革”，在中央的统一领导下，法院的外部性体制改革和内部性体制改革均取得了新的进展，公正高效权威的社会主义司法制度进一步完善。然而，有关铁路、林业、农垦等法院的管理体制改革进展缓慢，严重制约司法公正，妨害社会主义法制的统一和权威。为此，我们建议在深化司法体制改革过程中，加快理顺铁路、林业、农垦等法院的管理体制。

众所周知，铁路、林业、农垦等隶属行政部门或企业管理的法院，产生于计划经济时期，在过去几十年中为铁路、林业、农垦等事业的发展做出过积极贡献。但是，随着社会主义市场经济的发展、政府职能的转变和政企分离，特别是依法治国基本方略的确立，这种由部门或企业所属和管理的法院体制，越来越显露出其问题和

---

* 本文是张文显与全国人大代表、黑龙江省高级人民法院院长南英、黑龙江省人民检察院检察长姜伟在第十一届全国人民代表大会第二次会议上提出的建议案。

弊端,越来越与维护社会公平正义不协调、不适应。

第一,这种法院管理体制违反宪法所确立的国家根本政治制度。人民代表大会制度是我国的根本政治制度,在人民代表大会制度下,法院与人大的关系是:人民法院由人民代表大会产生、向人民代表大会负责、接受人民代表大会监督。但是,铁路、林业、农垦等法院却是由行政部门和企业组成,这种隶属关系导致法院主要向其管理机关负责,既不利于人民代表大会监督,也不利于获得人民代表大会的支持。

第二,这种由行政部门领导和企业管理的法院体制违反宪法规定的人民法院独立行使审判权的原则。我国《宪法》第126条规定:"人民法院依照法律规定独立行使审判权,不受行政机关、社会团体和个人的干涉。"然而,由于铁路、林业、农垦等法院的人财物均由行政机关和企业管理并向其负责,所以在实际运行中不可能真正做到独立行使审判权,不受行政机关、社会团体和个人的干涉。

第三,妨碍司法公正,影响司法公信力。由于这些法院人财物均由部门或企业管理,干部也主要由部门或企业派出,有些法院院长同时也是企业领导班子成员,这就难免滋生部门保护主义和企业本位主义,或受到这些部门和企业的干涉。当这些法院审理其所属部门或企业为一方当事人的案件或这些部门或企业与案件有利害关系时,很难保证公正裁决,即使做到了公正裁决,也难免受到另一方当事人的合理质疑,损害人民法院的公信力。

第四,这种管理体制不利于法官队伍建设。这些法院的人员多数属于企业编制,而企业编制管理远不像公务员管理那样严格,其用人标准、进人程序、晋职晋级也不规范,这就严重制约法官队伍整体素质的提高。同时,这些法院脱离国家经费保障体系,由部门或企业供给,由于一些企业经济效益欠佳,致使许多法院经费紧张、装备落后,干警收入难以保障,许多干警生活十分困难。此外,这种性质的法院很难吸引法律人才，为数不多的法律人才又不断流失，从而制约了这些法院的发展和审判职能的履行。以吉林省现有的18个林区基层法院为例，多年来几乎没有新补充法官，35岁以下的法官一个也没有，这样的法官队伍根本无法保证审判工作的质量、效率和效果。

鉴于上述问题和弊端，为了保证人民法院依法独立公正行使审判权，树立国家的司法权威，建议中央和国家有关部门尽快将铁路、林业、农垦等法院一律纳入国家司法体系，由国家核定机构和编制，由各级党委按照干部管理权限管理法院人员，由同级人大常委会任命法律职务，由政府财政保障法院行政经费，实现法院与部门、企业彻底脱钩，改变部门和企业办法院的现状。

铁路、林业、农垦公安机关、检察机关的情况与法院基本相同，也应当一并理顺。

与铁路、林业、农垦法院类似的，还有在名目繁多的“开发区”所设置的法院，它们的管理体制也存在同样的问题和弊端，也需要通过深化司法体制改革尽快加以解决。

关于设立民事申请再审案件有限收费制度的立法建议*

十届全国人大常委会第三十次会议通过的《关于修改〈中华人民共和国民事诉讼法〉的决定》(以下简称《决定》),针对人民群众反映强烈的“申诉难”问题,对原审判监督制度做出了修改,特别是对申请再审审查程序从法律上作了定位和完善。《决定》明确了申请再审审查程序的独立程序价值,突出了对当事人申请再审权利的法律保障,只要当事人申请再审的事由成立,符合法律规定,人民法院就应当裁定再审。同时,《决定》也明确规定了当事人申请再审权利的行使要件和人民法院的审查程序。这些立法修改,对于充分保障当事人行使申请再审权利无疑具有重要意义。

据了解,最高人民法院为应对《决定》实施,合理调整了全国民商事案件的级别管辖标准,加强了对各级人民法院尤其是高级人民法院的指导和培训,并科学划分立案与审判监督职能,增设机构和人员编制,加强和改进再审审查工作,使新民事诉讼法得以顺利实施。近三年来的实践表明,当事人申请再审难的问题基本得到解决。但是,即便采取了积极应对措施,自2008年4月1日《决定》

---

* 本文是张文显在第十一届全国人民代表大会第四次会议上提出的立法建议。

实施以来,最高人民法院和高级人民法院的再审审查工作仍然面临着不少困难。

一是再审审查任务大大加重。许多高级法院案件数量成倍增长,广东、河南高级法院年受理申请再审案件数量达七千件以上,北京、上海、山东等地也达3000件至5000件,人口仅2700万的吉林省,省高院每年受理的民事申请再审案件也有两千五百多件。除案件数量激增外,民事诉讼法对审查程序的新要求,也使审查工作的任务更加繁重,案多人少的矛盾更加突出,办案法官身心疲惫,不堪重负。

二是涉诉信访形势更加严峻。民事申请再审管辖上提一级,客观上把诉讼矛盾提至上一级法院,再审申请被驳回后,当事人往往继续向上级法院申诉,上级法院接待来访任务加重成为必然结果。

三是审查工作的数量激增和难度加大使高级法院的运行成本明显增加。以吉林高院为例,2009年以前年均受理各类案件只有一千多件,而现在达到三千五百多件,直接从事民事申请再审审查工作的法官达到五十多人,法院的办案经费近二分之一用于再审审查。

四是滥用申请再审权的现象时有发生。如有的当事人隐瞒裁判已经被原审法院再审并调解结案的情况,向上一级法院申请再审;有的当事人不积极行使原审中的异议权、复议权、上诉权等法定诉讼权利,出于规避诉讼费、拖延执行等目的申请再审;有的代理人伪造代理手续,申请再审。

实践中存在的这些困难和问题,与申请再审的门槛降低、诉讼成本低廉有直接的关联。由于申请再审成本低廉,一些当事人无视生效裁判的既判力,随意甚至恶意申请再审。为此,建议设立民事申请再审案件有限收费制度,对申请再审实行预收费,如经再审审查提起再审程序的,除当事人自身有过错外,人民法院应将申请费用退回申请再审人;如被裁定驳回再审申请的,则预收的申请费用不予退回。

设立有限收费制度的意义除了对当事人诉讼心理和诉讼行为进行调节、构建更加合理的民事申请再审秩序外,还有一个不应忽视的理由,那就是:诉讼费用通常是由败诉方承担的,收取适当的诉讼费也是惩恶扬善的司法机制的内在要求。同时,民事申请再审环节不收取诉讼费,而把违约、侵权当事人应当承担的司法负担转嫁给社会,对于纳税人来说也是不公正的。

关于构建"大调解"工作体系的建议 *

当前,我国社会正处在经济转轨和社会转型的特殊历史时期,利益分化和利益纠纷不断加剧,各种社会矛盾叠加凸显,涉及企业改制、征地拆迁、教育医疗、"三农"利益、劳动争议、社会保障、房地产、物业管理等民生问题的矛盾不断增加,违约、侵权、损害赔偿、离婚、抚养、赡养、家庭财产分割等矛盾纠纷更是层出不穷,引发"民转刑"案件和群体性事件的种种因素大量存在。各种矛盾纠纷的叠加凸显使得诉讼和准诉讼案件逐年激增。据粗略测算,全国每年约有一亿人口牵涉矛盾纠纷并进入诉讼或准诉讼程序。最高人民法院最新统计,2009 年,全国各级法院共受理各类案件 1050 万件。以每一个案件平均涉及 6 个当事人及利益直接关联人(如离婚案件中的子女、继承案件中的老人、非法集资案件中的众多群众、企业破产案件中的员工、刑事案件中的受害人及其家属、被告人及其家属、群体诉、群体访中的连带人等)、证人、司法鉴定人员等计算,约有 6300 万人(次)涉诉,约占全国人口的 5%。如果把行政处罚、行政复议、行政调解、人民调解、合同及财产纠纷仲裁、劳动纠纷仲裁等准诉讼活动涉及的 3000 万人(次)包括进来,则涉诉人口约占全国人口的 7.15%;再把群众诉诸民间组织和单位调处

---

* 本文是张文显在第十一届全国人民代表大会第三次会议上提出的建议案。

的矛盾纠纷加进来,则涉诉人口比例可能超过1亿。如果把进入新世纪十一年来的涉诉情况合并统计,全国约有10亿人(次)与诉讼或曾经与诉讼沾边——被别人起诉(告诉)或起诉别人(告诉),主动或被动地充当证人,或者因为与案件当事人有直接利益关联而涉诉。所以,有专家认为,我国已经超乎预想地提前进入"诉讼社会"。"诉讼社会"这一概念表征一个社会涉法纠纷急剧增长、诉讼案件层出不穷的态势。一般而言,一个社会每年约有10%的人口涉诉,该社会即可被认定为"诉讼社会"。

面对诉讼社会的到来,面对蜂拥而至的矛盾纠纷和诉讼与准诉讼案件,仅仅依赖国家审判机关是不够的,单纯依赖裁判更是无助于彻底化解矛盾纠纷,必须高度重视调解,通过加强调解来化解矛盾纠纷。最近两年,全国各级法院自觉坚持"三个至上"的重要指导思想,牢固把握"为大局服务,为人民司法"的工作主题,认真贯彻"调解优先、调判结合"的工作原则,诉讼调解理念不断强化,调解工作机制不断健全,调解方式方法不断创新,调解案件范围不断扩大,调解工作质量不断提高,调解工作成效不断提升,使将近10%的纠纷在进入诉讼之前得以化解,约50%的案件通过立案调解、审理调解、执行调解做到了案结事了、息诉罢访。

然而,由于案多人少,人民法院无法应对这么多的矛盾纠纷,也难以做到及时有效化解矛盾,必须建立多元纠纷解决机制。在多元纠纷解决机制当中,调解无疑是最为有效的办法。调解是根植于我国历史文化传统并经过长期司法实践证明行之有效的纠纷解决方式。我国自古以来"和为贵"、"中道"、"中庸"、"天时、地利、人和"等和谐理念根深蒂固,而调解正是这种和谐理念的一种体现。所以,在古代社会就形成了通过调解化解矛盾纠纷的传统。这一传统在新民主主义革命时期和社会主义建设时期,特别是进入新世纪以来,得到进一步重视并不断规范化、常规化。目前,除了司法调解之外,人民调解、行政调解和其他调解也发挥着重要作用。但是,由于缺乏统一领导、统一规范有效的联动机制,调解工作的作用还没有充分发挥出来。为此,我建议,在全国范围内构建“大调解”格局。具体建议如下:

第一,各级党委、人大、政府和司法机关要高度重视调解工作,促进人民调解、行政调解、司法调解和民间调解的有机结合,大力发展专业调解组织,充分发挥群团组织和其他社会组织、企事业单位调解力量的作用,构建人民调解、行政调解、司法调解互相衔接、配合联动,社会各界广泛参与的“大调解”工作体系。

第二,全国要自上而下普遍建立由各级党委统一领导、社会治安综合治理委员会牵头,人民法院、人民检察院、司法行政机关、政府法制部门、信访部门和其他行政机关共同参与配合的“大调解”体系。在各级综治委设立专门办公室(可称为“调解工作协调办公室”),吸收相关部门的人员参加,整合调解资源,定期或者不定期地排查和通报社会矛盾纠纷态势,交流调解工作经验,协调调解工作中遇到的问题,召集相关部门的调解工作联席会议,对调解工作及其成效进行评估。

第三,推动诉讼调解与非诉讼调解的对接,在加强行政机关、人民调解组织、社会团体、行业协会、企事业单位调解工作的同时,对非诉讼调解给以司法支持。法院应当支持、尊重有关组织在不违反法律、行政法规和地方性法规强制性规定的前提下,参照行业惯例、村规民约、社区公约和当地公序良俗等社会规范处理纠纷,经诉讼外调解达成的调解协议,经双方当事人申请,法院立案后进行审查,依法予以确认,使之取得司法效力,提高调解的履行率。

第四,在条件成熟的时候,在总结各地经验的基础上,适应化解社会矛盾纠纷的需要,制定“调解法”,以法律的形式明确规定调解工作的领导体制、工作机制、工作原则、法律效力等,使调解工作法律化、制度化、长效化。

关于进一步加强和改进民事执行工作的立法建议 *

虽然近年来法院的执行工作取得了一定成效，但“执行难”问题仍然是人民群众反映强烈的热点问题，也一直是困扰人民法院工作的难点问题。特别是随着经济和社会形势的快速发展，执行工作中的新情况新问题不断涌现，一些新类型案件的执行缺乏相应的法律规范。为了从根本上破解“执行难”问题，我提出以下建议：

一、抓紧制定民事执行法

执行工作中的许多问题唯有通过立法途径才能加以解决，建议全国人大将制定单独的民事执行法列入立法规划。从域外立法实践看，制定单独的民事执行法是一种普遍选择和发展趋势。要解决民事执行难的问题，其根本途径之一，就是要改变民事执行立法滞后的现状，尽快制定出适合实际需要的、独立的民事执行法。

---

* 本文是2009年9月23日张文显在全国人大常委会李建国副委员长到吉林省调研民事执行工作时提出的立法建议。

从理论层面看，民事执行权是独立于民事审判权而带有司法强制权性质的一种国家权力，其在基本理念、指导原则、功能和作用及具体的程序设计上有着特殊性。从实践层面看，近年来最高人民法院加强对执行实践经验的研究和总结，先后制定了一系列司法解释或司法解释性文件，为民事执行法的制定奠定了较好的基础。1999 年中央 11 号文件明确提出要“加快执行立法”，要求“最高人民法院要抓紧起草强制执行法，尽早提请全国人大常委会审议。”最高人民法院 2000 年即成立起草小组，着手起草民事强制执行法草案。应当说，在我国出台单独的民事执行法，时机已经成熟，建议国家立法机关尽快启动立法程序，尽早出台符合我国国情的民事执行法，为从根本上解决执行难和执行乱提供制度保障。

在民事执行法中，至少应当赋予人民法院三项权力：第一，法院通过公安机关查控被执行人的权力，以明确公安机关的职责，提高实际查控率，威慑外逃、躲避的被执行人。第二，人民法院通过技术手段侦查被执行人及其财产的权力。在当前社会信用严重缺失、债务人逃债成风、拒不执行已成普遍现象、被执行人及其财产隐蔽性强的情况下，赋予人民法院执行机构一定的侦查权，就能很好地解决被执行人及其财产难找这一问题。第三，人民法院有要求有关部门和机构协助的权力。当前，法院在调查财产中，有关部门往往以法律没有明确、直接规定为由不予协助。要解决这个问题，最为有效的方法就是写出明确的法律条文。同时，可配套建立律师调查财产制度，律师可以持法院发出的协助调查通知，到有关部门调查被执行人财产。这既有利于发挥债权人和律师的积极性，也能够减轻法院负担，节约执行成本。

二、抓紧修改人民法院组织法

修订后的民事诉讼法明确规定了人民法院可以根据需要设立

执行机构,这是对当前全国法院执行机构设置的立法确认。随着我国司法制度改革的进一步深入,民事执行机制的创新和民事执行机构的重置,已成为民事执行制度改革中一项势在必行的重大改革,但现行的人民法院组织法涉及民事执行部分的规定已经严重滞后于司法实践。为此,我们建议,国家立法机关要抓紧修改人民法院组织法。一方面,建议在法院执行局内部设立若干执行庭,并对执行局长、执行庭长实行由人大任免。由于地方组织法没有提及,目前各地对执行局长、执行处长是否应由人大任免的问题认识不一,做法各异。考虑到执行局的性质和职能,从有利于接受监督、有利于依法行使职权和有利于规范任免出发,执行局长和执行处长(庭长)应由同级人大任免。另一方面,建议以法律的形式明确执行委员会的设立,使之作为法院内部研究重大执行问题、处理重大执行案件的组织机构,进一步加强对执行工作的领导、管理和监督。

三、抓紧建立民事执行救助制度

民事执行救助是司法救助的重要组成部分,随着“执行难”问题的日益凸显,这一制度越来越受到社会各界的广泛关注。然而在司法实践中,民事执行救助基金在实际操作过程中还存在着一些亟待解决的问题,如:民事执行救助基金的资金来源缺乏法律上的保障;民事执行救助基金的发放范围、对象和标准很不统一;民事执行救助基金的使用、管理和操作程序很不规范;等等。为此,我们建议国家立法机关通过立法的形式建立民事执行救助制度,尽快出台统一的民事执行救助基金管理办法,明确民事执行救助基金的性质和民事执行救助的范围、对象、标准,从法律制度层面对民事执行救助予以保障,并将民事执行救助统一纳入到社会保障体系之中,实现民事执行救助的社会化。

四、尽快从立法上完善执行终结制度

在执行实践中，大量遇到被执行人确无财产可供执行的情况，对这类案件，司法实践中采取了程序终结的办法，即穷尽执行措施和被执行财产后仍不能执行完毕的，终结本次执行程序，予以结案，以后若发现有新的可供执行的财产，可立案恢复执行。这一做法有积极的实践意义：一方面符合执行工作的规律。案件确无财产可供执行的情况，是一种客观存在，法院执行只是转移财富，而非创造财富，当案件确无可供执行的财产时，执行不能的责任不能归咎于法院执行不力。同时，确无可供执行财产案件以程序终结方式结案后，有利于人民法院集中力量执行有财产的案件。另一方面，可以为当事人所接受。在执行措施和被执行财产均已穷尽的情况下，通过解释，申请执行人一般多能理解程序终结的合法性。同时，程序终结后如发现新的可供执行财产，仍可立案恢复执行，这样的制度设计有利于保护申请执行人的权利。但是，民事诉讼法没有关于程序终结的规定，导致大量无财产案件积压在执行环节，给人以法院执行不力、打法律白条的误导，既挫伤了执行人员的积极性，也严重损害了司法权威。为此，我们建议，对于确无财产可供执行的案件，应当通过立法的形式建立程序终结制度。

后　记

去年国庆节，吉林大学法学理论专业2000级博士生从海内外四面八方回到母校，纪念他们入学十周年。期间，有同学提议在我六十周岁之际出版《张文显法学文选》和《张文显教育文选》。这一提议立即得到了吉林大学法学院和理论法学研究中心师生们的赞同，也得到了我的认可。2011年元旦过后，两部文选的编辑工作正式启动。

依平常想象，编辑文选无非是将作者公开发表及未刊发的文章进行筛选，择取其中具有理论价值、现实作用和纪念意义的文章汇编成册。然而，真正做起来的时候，却不是想像的那么简单。编辑出版文选是一件纷繁复杂的工作。我撰写的论文、评论、书稿、随笔和其他文章约五百篇（部），其中已经公开发表的近四百篇（部），如何从中选择，选择出来的文章如何归类入卷，各卷之间的逻辑联系以及选定文章的打印、勘误、校订等均需要做大量工作。于是，法学院和理论法学研究中心领导决定成立《张文显法学文选》编辑小组，全面策划和组织文选的编辑、出版事宜，之后又组建了以青年教师（研究人员）、博士生和青年法官为主体的校订队伍，负责文稿和清样的勘误和校对工作。正是由于有这样一个团队的高效运作，才使我的心愿得以如期完成。记述本文选的启动、编辑和出版过程,中心思想是要致谢。

感谢由姚建宗、黄文艺、刘景辉、杜宴林、郑万和、杨春福、刘雪斌、苗炎、王奇才、丰霏等组成的编辑小组,他们创造性的策划、组织、协调活动和示范性工作,是本文选得以高质量地面世的关键因素。

感谢所有参与书稿搜集、整理、校勘和清样校对工作的同事和同学,他们尽善尽美的工作态度和优秀的学术规范素养,确保了本文选的出版进度和质量。他们是吉林大学的王克金、王蕾、张琪、侯学宾、蔡建芳、马克俭、王霞、付健、兰金莹、刘星显、刘涛、李双、李玄、辛欣、张传祥、郑怀宇、孟欣然、赵良杰、胡成蹊、郭珂琼、常玲玲、崔丽、薛爱昌、瞿郑龙;吉林省高级人民法院的李爽、王博、孙妍、胡玉明;吉林省社会科学院法学所的邢宜哲、宋慧宇。

感谢那些虽未直接承担编辑、校订工作,但以各种方式提供支持和帮助的同志、同学和朋友们,在此恕不一一道名。

感谢法律出版社社长黄闽同志、总编胡一丁同志,他们高度重视并亲自组织了本文选的策划、编辑、设计、出版、发行工作。感谢资深编辑丁小宣先生、谢清平女士和责任编辑陈慧女士,我们和小宣同志心心相印、配合默契,使文选编辑出版工作得以顺利推进。乔智炜设计师的创意使本文选的形式与内容协调一致、相得益彰。

感谢我的太太辛亚珍,从同学、情侣到妻子,数十年如一日在生活上、精神上,乃至政治上对我无可替代的关心、体贴、照顾和协助。感谢我的女儿张吉豫和女婿刘先华,他们在学业上、学术上和工作上的杰出表现为我编辑文选增添了助力,他们对文选编辑工作提出的一些很有见地的思想和建议对本文选独特风格的形成起到了智力支持的作用。

在文选出版之际,我还要深情地说:文选承载的我的学术成就归结于父母的养育、老师的教诲、领导的关爱以及同志们的帮助,归结于党和人民的培养和教育。对此,几句致谢的话是远远不足以表达我的感恩之心的,我唯有在今后的学术之路上更加勤奋地治学和工作,用更加丰硕的成果和更加突出的业绩予以回报。

张文显

2011年6月20日于长春净月书屋

图书在版编目(CIP)数据

张文显法学文选. 第7卷,司法理念与司法改革/张文显著. —北京:法律出版社,2011.7
ISBN 978-7-5118-2347-2

Ⅰ.①张… Ⅱ.①张… Ⅲ.①法学—文集②司法—文集 Ⅳ.①D90-53

中国版本图书馆 CIP 数据核字(2011)第151541号

张文显法学文选卷七·司法理念与司法改革

张文显 著

策划编辑 丁小宣
责任编辑 陈 慧
装帧设计 乔智炜

开本 720×960 毫米 1/16
印张 24.75 **字数** 309千
版本 2011年8月第1版
印次 2011年8月第1次印刷
出版 法律出版社
编辑统筹 教育出版分社
总发行 中国法律图书有限公司
经销 新华书店
印刷 北京嘉恒彩色印刷有限责任公司
责任印制 张宇东

法律出版社/北京市丰台区莲花池西里7号(100073)
电子邮件/info@lawpress.com.cn
销售热线/010-63939792/9779
网址/www.lawpress.com.cn
咨询电话/010-63939796

中国法律图书有限公司/北京市丰台区莲花池西里7号(100073)
全国各地中法图分、子公司电话:
第一法律书店/010-63939781/9782
西安分公司/029-85388843
重庆公司/023-65382816/2908
上海公司/021-62071010/1636
北京分公司/010-62534456
深圳公司/0755-83072995

书号:ISBN 978-7-5118-2347-2
定价:38.00元

(如有缺页或倒装,中国法律图书有限公司负责退换)